Hohenheim

Dieter Zimmer

Deutsches Allerlei

Erinnerungen an ein
merk-würdiges Heimatland

Hohenheim Verlag
Stuttgart · Leipzig

Die Deutsche Bibliothek – CIP Einheitsaufnahme
Ein Titeldatensatz für diese Publikation ist bei der Deutschen Bibliothek erhältlich

Satz: Satz & mehr, Besigheim
Druck: Henkel-Druck, Stuttgart
Bindearbeiten: H. Koch, Tübingen
Printed in Germany
ISBN 3-89850-087-X

Inhalt

1 Leipzig (DDR), 1939

Ein Vorwort lasse ich weg, weil es die meisten nicht lesen. An seiner Stelle eine kleine Geschichte, die erklärt, warum ich unter anderem glaubte, so ein Buch schreiben zu sollen.

Vor einiger Zeit hatte ich bei einer Behörde zu tun. Dort saß mir eine hübsche junge Sachbearbeiterin gegenüber und prüfte freundlich mein Leben.

„Name: Dieter Zimmer?“ fragte sie.

„Ja“, sagte ich wahrheitsgemäß.

„Geboren am 19. Dezember 1939?“

„Ja. Verdammt lang her.“

„Geboren in Leipzig/DDR?“

„Nein“, sagte ich.

Sie schaute mich etwas irritiert an.

„Nein“, sagte ich.

„Aber Leipzig stimmt doch?“

„Ja.“

„Und Leipzig war DDR“, hielt sie mir mit einem kleinen Triumph in der Stimme vor.

„Ja. Aber nicht 1939.“

„Da haben Sie eigentlich recht.“

Ihr junger Kollege vom Schreibtisch nebenan wurde neugierig.

„Aber Sowjetzone auch nicht“, sagte er. „Das war alles viel später.“

„Deutsches Reich“, erklärte ich.

Eigentlich hätte ich sagen müssen: Großdeutsches Reich. Denn so hieß das, als ich auf die Welt kam. Steht auch auf den Briefmarken von damals. Ich habe mal ein bißchen gesammelt.

Ich erklärte den beiden: „Leipzig war Deutsches Reich bis 1945, dann Sowjetische Besatzungszone oder SBZ, ab 1949 Deutsche Demokratische Republik oder DDR, seit 1990 alles Bundesrepublik Deutschland oder BRD."

Gerhard Löwenthal, fiel mir plötzlich ein, kämpfte in seinem „ZDF-Magazin" lange wütend dagegen, daß wir „BRD" abkürzten, das stamme aus der ideologischen Giftküche der SED. Dabei hatte die SED ihrerseits Probleme mit diesem Kürzel, weil darin das vermaledeite Wort „Deutschland" versteckt war, das ans Gesamte erinnerte. Sie sprach zeitweise von der „Deutschen BR". Und die Becher-Hymne mit der – inzwischen gesamtdeutsch gejubelten – Zeile „Deutschland, einig Vaterland" durfte in der DDR nicht mehr gesungen, nur noch musiziert werden. Löwenthal nannte die DDR noch unverdrossen „SBZ", während die Kollegen bei Axel Springer, ideologisch angetaut, immerhin „DDR" in Gänsefüßchen schreiben durften. Um die inkriminierte Abkürzung zu umgehen, hatte Kurt Georg Kiesinger sogar den fabelhaften Begriff „Phänomen" ins Spiel gebracht. Und in den achtziger Jahren, erinnerte ich mich auch, wurde die gute alte „Zone" wieder entdeckt: von kritischen DDR-Bürgern als Provokation gemeint.

Alle diese längst vergangenen Geschichten schossen mir durch den Kopf, während die junge Frau sagte: „Dann haben Sie ja in vier Ländern gelebt, ohne sich vom Fleck zu bewegen: Deutsches Reich, Sowjetzone, DDR, BRD. Toll!"

„Stimmt beinahe", sagte ich, denn ein bißchen hatten wir uns schon bewegt. „Aber tun Sie mir bitte den Gefallen und schreiben sie nicht: ‚1939 – Leipzig/DDR'. Sonst denkt noch jemand, das hätte ich Ihnen diktiert."

Nein, nein, wir haben uns schon vom Fleck bewegt. Zum Beispiel sind wir, wie drei Millionen andere, aus unserer ollen Zone in den Westen geflüchtet. Abgehauen. Weggemacht, wie wir in Sachsen sagten. Nicht unter Todesgefahr, aber mit zitternder Angst im kümmerlichen Gepäck. Nur das Allernotwendigste! Nichts Verräterisches! Haben drüben – vom Osten aus gesehen war „drüben“ der Westen – alles neu erkämpft, die Bettwäsche und das ganz andere Leben.

Manche haben diese verdammte Zone so schnell wie möglich aus dem Gedächtnis gestrichen. Andere nicht. Wir haben Briefe geschrieben, telefonieren konnte man ja nicht, und Päckchen geschickt: „Geschenksendung! Keine Handelsware!“ Ich habe irgendwann angefangen, über das Thema zu berichten und zu schreiben. Im ZDF gehörte ich sogar zu den „DDR-Spezialisten“. Und bei der Öffnung der Mauer haben wir kollektiv geheult.

Um auf meinen Behördenbesuch zurückzukommen: Die beiden jungen Leute wollten von mir wissen, wie das alles zusammenhing. Als hätten sie es nicht in der Schule gelernt. Und wie es sich lebte, fragten sie, als Kind in der Zone und dann als Flüchtling im Westen. Und wie es war, in der DDR Filme zu machen und Live-Sendungen zu kommentieren. Und wie man sich heute fühlt, wenn man die alte Heimat besucht. Wir kamen ins Reden, und wenn nicht die Wartenden in der wachsenden Schlange unruhig geworden wären, hätten wir noch manches klären können.

Das alles steht nun in diesem Buch. Es ist aus dem Gedächtnis geschrieben. Diesmal ohne Quellenstudium. Einfach so, wie ich es erlebt habe. Das Lexikon half nur mal, eine Jahreszahl zu überprüfen oder eine Schreibweise. Zum Beispiel Kurt Georg ohne Bindestrich. Ein paar Zitate sind als solche gekennzeichnet, Geschichten, die ich schon vor Jahren geschrieben habe und die hier hineingehören.

Und wenn jemand sagen sollte, er habe das eine oder das andere nicht so in Erinnerung, dann werde ich sagen: Aber ich! Es ist sozusagen meine Wahrheit.

2 Die Bockwürste ließen auf sich warten

„Laß doch deine Geschichte auf einem Bahnhof beginnen", hat mir Thomas vorgeschlagen. „Fast alles Wichtige im Leben hat irgendwie mit Bahnhöfen zu tun: wegfahren, ankommen, sich begegnen, sich trennen, sich wiedersehen. Alles Bahnhof."

„Oder heute Flughafen", sage ich.

„Aber ihr damals", antwortet er, „ihr seid ja noch nicht geflogen."

Der Gedanke ist nicht übel. Unser Sohn hat eben Sinn fürs Schreiben, Deutsch war sein bestes Fach in der Grundschule und ist es auch auf dem Gymnasium, Mathe und Physik könnten besser sein.

Also: Bahnhof. Wenn ich es recht bedenke, hat sich auch für mich ein entscheidender Tag, vielleicht der entscheidende meines Lebens, auf dem Bahnhof abgespielt. Genaugenommen: am selben Tag auf mehreren Bahnhöfen.

Diese Geschichte, damals alltäglich, aber für jeden, der sie erlebt hat, aufregend, habe ich zehn Jahre, nachdem sie sich zutrug, zum ersten Mal aufgeschrieben. Es war am Anglistischen Seminar der Universität Heidelberg.

Mr. Ronald Hindmarsh, mit seinem trockenen englischen Witz ein gerngehörter Privatdozent, versuchte uns in die Geheimnisse der „American Short Story“ einzuführen. Eine eigenständige literarische Gattung, wie wir lernten, vertreten durch Autoren wie Mark Twain, Nathaniel Hawthorne, O. Henry, Ambrose Bierce, Edgar Allan Poe und viele andere. Die Besonderheit, erklärte uns Mr. Hindmarsh voller Hingabe, war am Schluß der „Twist“: die unerwartete Wendung oder überraschende Auflösung. Eine solche Geschichte sollten wir uns als Prüfungsarbeit selbst einfallen lassen.

Mir fiel meine alte Bahnhofsgeschichte ein. Mr. Hindmarsh hätte mir eine Eins gegeben, wie er sagte, aber wegen einiger Unzulänglichkeiten im englischen Ausdruck reichte es nur zu einer Zwei.

Später, viele Jahre danach, als ich meinte, ich müsse endlich ein Buch schreiben, das dann „Für'n Groschen Brause“ hieß, machte ich die alte Geschichte aus dem Gedächtnis zum ersten Kapitel.

Die Bockwürste ließen auf sich warten.

Thomas wunderte sich ohnehin, daß die Mutter noch etwas zu Essen bestellt hatte, anstatt gleich weiterzufahren bis zum Ziel. Er traute sich aber nicht, etwas zu sagen. Er hielt sich an den dringenden Rat der Mutter, an diesem Tag kein überflüssiges Wort zu verlieren: „Ich muß mich da auf dich verlassen können“, hatte sie ein paarmal gesagt, „du bist ja schon bald dreizehn.“

Es war voll und laut in dem Bahnhofsrestaurant. An den Tischen saßen vor allem junge Leute in blauen Hemden, am linken Ärmel das Abzeichen mit der aufgehenden Sonne und den drei Buchstaben FDJ. Zusammengerollte rote Fahnen und Transparente lehnten an den Wänden und Heizkörpern. Auf zwei Pappschildern stand in weißer Schrift auf rotem Grund zu lesen: „Es lebe der 1. Mai 1953!“

Obwohl es recht warm war, hatten Thomas und seine Mutter ihre Mäntel nicht abgelegt. Zwischen ihre beiden Stühle hatten sie ihre drei Koffer gestellt. Die Mutter schaute immer wieder zur Theke hinüber: „Wo die bloß mit den Bockwürsten bleiben“, flüsterte sie.

„Die müssen eben erst mal die ganzen Friedenskämpfer hier abfüttern, weil die zur Kundgebung müssen“, sagte Thomas eine Spur zu laut. Die Mutter zischte ungehalten.

Blöde Bockwürste, dachte Thomas. Dabei mußte er sich eingestehen, daß er nach der langen Zugfahrt großen Hunger hatte. Denn vor lauter Aufregung war ihm das Frühstück beinahe im Halse steckengeblieben, das die Oma zu Hause in aller Herrgottsfrühe bereitet hatte.

Am Eingang erschienen zwei Polizisten und sahen sich um, vielleicht suchend, vielleicht auch nur beiläufig. Die Mutter stieß Thomas an und machte eine Kopfbewegung. Sie nahmen ihre Koffer, Thomas den kleinsten, und strebten dem Nebenausgang zu.

Als sie ihn fast erreicht hatten, traten auch dort zwei Polizisten ein. Die Mutter schaute an ihnen vorbei und beschleunigte den Schritt.

„Na, junge Frau, wo wollen Se denn hin?“

Jetzt! dachte Thomas. Jetzt ist es passiert. Und es schoß ihm durch den Kopf: Jetzt stecken sie uns ins Gefängnis.

“Wir...äh...wir wollen zu unserm Zug“, antwortete die Mutter zittrig.

"Und wo geht der hin?" fragte der Polizist, nicht einmal unfreundlich.

„Nach Neubrandenburg. Zu meiner Cousine. Die heiratet heute."

„Gegen wen?" flachste der Polizist, und die Mutter sagte etwas erleichtert: „Gegen einen Kollegen von Ihnen."

„Wie schön. Und besonders lobenswert, daß sie es am Ersten Mai tut."

Thomas hatte das Gefühl, etwas sagen zu müssen: „In unserer Familie wird so was oft auf den Ersten Mai gelegt. Ich hatte sogar einen Onkel, der ist am Ersten Mai gestorben."

Der Polizist wurde strenger: „In den Koffern alles Geschenke?"

Die Mutter nickte: „Bettwäsche vor allem. Die braucht ja so'n junges Paar. Und ich hatte noch welche übrig."

„Sagen Sie: Sie wollen doch nicht zufällig nach drüben?"

„Nein, was sollen wir denn da?"

Der Polizist wandte sich ab, denn sein Kollege am anderen Eingang hatte ihm etwas zugerufen.

Thomas sah den Kellner mit zwei Bockwürsten und suchendem Blick.

„Komm!" sagte die Mutter.

Sie stiegen in eine rot-gelbe Bahn, die mäßig voll war und gemächlich über ausgefahrene Schienen schaukelte. Thomas las die Stationsschilder: Jannowitzbrücke, Alexanderplatz, Friedrichstraße.

An der Friedrichstraße hielt die Bahn sehr lange. Draußen auf dem Bahnsteig gingen Uniformierte paarweise auf und ab. Thomas beobachtete, daß die Mutter starr auf einen Punkt schaute, und er tat es ihr nach. Über den Lautsprecher kam eine Ansage: „Dies ist der letzte Bahnhof im Demokratischen Sektor von Berlin!“

Deutsche Demokratische Republik, dachte Thomas, auferstanden aus Ruinen, erster Arbeiter- und Bauernstaat auf deutschem Boden, an der Seite der großen Sowjetunion, und so weiter. Und was kam nun? Der freie Westen: Kaugummiland, Kreppsohlenland, Cocacolaland. Wollte er überhaupt dorthin? Von wo es kein Zurück gab? So richtig gefragt hatte man ihn nicht. Aber er hätte auch keine richtige Antwort gewußt.

Die Türen schlossen sich, und der Zug ruckte an. Die Mutter schaute immer noch auf den unsichtbaren Punkt.

Als die Bahn wieder hielt, fragte Thomas leise: „Sind wir jetzt drüben?“

Die Mutter nickte.

„Und warum freust du dich gar nicht?“ fragte er lauter.

„Gleich“, sagte sie, „gleich fange ich an. Und warum fängst du an zu weinen?“

Wie gesagt, eine alltägliche Geschichte. Jedenfalls damals. Im Nachhinein klingt sie gar nicht mehr so aufregend. Kein Treck über das zugefrorene Haff. Kein Marsch mit erfrorenen Füßen. Keine Fahrt im überfüllten Schiff. Keine Flucht durch den Tunnel oder im Kugelhagel über die Mauer. Nur eine Bahnfahrt, in meinem Fall von Leipzig-Hauptbahnhof mit Umsteigen in Berlin-Ostbahnhof und über Berlin-Friedrichstraße zum Bahnhof Zoo.

Aber diese Geschichte haben bis 1961 viele Hunderttausende erlebt. Auch Hunderttausende Kinder. Darunter meine heutige Frau mit ihren Eltern, meine Cousins und Cousinen, Freunde und Klassenkameraden. Und für alle war es der entscheidende Tag, die entscheidende Weichenstellung in ihrem Leben, an dessen Anfang noch kein Gedanke stand an alle die Turbulenzen.

3 Im Auge des Taifuns

Sommer 1945. Endlich fuhren wieder Züge. Aber was für welche! Eine meiner ersten Reisen mit der Eisenbahn wurde eine meiner aufregendsten. Nicht weit, aber endlos lang.

Zwar hatte unser Bimmelbähnchen, das mit Dampflok und zwei Waggons von Georgenthal im Thüringer Wald nach Gotha und zurück schnaufte, den Krieg unbeschadet überstanden. Offensichtlich war es nicht strategisch wichtig. Aber zehn Kilometer weiter, in der Kreisstadt Gotha, begann das Desaster: Warten, warten, warten! Stunde um Stunde. Zum Glück war warmer Sommer. Endlich fuhr ein Güterzug in Richtung Erfurt. Was er dort sollte, wußte wahrscheinlich niemand im Durcheinander des Nachkriegs. Er nahm uns mit. An sich war es nicht ungemütlich im Stroh der Viehwaggons – wenn nur nicht, trotz weit aufgerissener Türen, der bestialische Gestank von Kuhdung gewesen wäre. In Erfurt: Warten, warten, warten! Bis wiederum nach Stunden ein neuer Zug rangiert wurde, diesmal mit offenen Güterwaggons. Frische Luft! Aber sobald die Lokomotive sich in Bewegung setzte, wirbelte uns nicht nur ihr schwarzer Qualm um die Nasen, sondern auch der Kohlenstaub, der auf den Waggons zurückgeblieben war. Nach kurzem sahen wir aus wie Mohren:

pechschwarze Gesichter mit rosa Mündern und weißen Augen. Der Zug fuhr – nein: zockelte – nach vielem Halten und Rangieren bis zu einer Station, deren Name mir seither unvergeßlich ist und die ich still grüße, wenn ich heute mit dem klimatisierten ICE durchfahre: Großkorbetha. Dort war Schluß: die Schienen noch nicht wieder repariert. Also: Warten, warten, warten! Wiederum nach Stunden und schon weit in den Abend: Ein Lastwagen hielt vor dem Bahnhof. Meine Mutter stürzte auf den Fahrer zu. Was immer sie ihm erzählt haben mag, wie immer die hübsche blonde junge Frau auf ihn gewirkt haben mag: Wir kriegten samt unseren Koffern einen Platz auf der Ladefläche. Bis nach Leutzsch, immerhin schon ein Vorort von Leipzig. Dort: na, was schon? Als wir uns schon mit unserem Hab und Gut zu Fuß Richtung Stadt aufmachen wollten, kam von dort ein Bummelzug. Wir stürzten, auf gut Glück, hinein und harrten. Und oh Wunder! – Er fuhr tatsächlich zurück in die Stadt!

Ich war fünf Jahre alt, und alles war ein großes Abenteuer. Auch die Ankunft auf dem Leipziger Hauptbahnhof. Unser berühmter Hbf.! Die riesige verglaste Dachkonstruktion über dem endlos langen Querbahnsteig war von Bomben getroffen und herabgestürzt. Damit man von den Längsbahnsteigen in die Bahnhofshalle kam, die unzerstörte der beiden, waren Stege aus Holzbohlen angelegt, über die man mit seinem Gepäck balancierte. Man kam sich fast vor wie ein Drahtseilartist.

Wir traten hinaus auf die Straße, meine Mutter schlug die Hände vors Gesicht: Trümmer, Trümmer, Trümmer. Ich glaube, ich ahnte in diesem Augenblick in meinem kindlichen Kopf, daß nun für mich ein völlig anderes Leben begann. Georgenthal war zu Ende.

Jeder Mensch trägt in seiner Erinnerung so eine Kindheitsidylle mit sich herum. Es kann eine glänzende Metropole sein, in der er aufgewachsen ist, es kann ein Nest sein, eine „Kuhbläke“, wie wir Sachsen sagen. Es muß nur „mein“ sein.

Meine Geschichte geht so: Am 4. Dezember 1943 brach über Leipzig ein Inferno herein. Der schwerste Bombenangriff auf die Stadt im Zweiten Weltkrieg. Bis heute wird jedes Jahr des Tages und seiner Opfer gedacht. Wir saßen im provisorischen Luftschutzkeller unter unserer Erdgeschoßwohnung. Die Erwachsenen waren stumm vor Angst, nur wir paar kleinen Kinder aus den verschiedenen Etagen wußten nicht, was da oben geschah, und amüsierten uns königlich: „Was machen die ’n da für’n Krach?“ Bis wir energisch zur Ruhe gerufen wurden. Es krachte und bebte, Brandgeruch und Qualm drangen durch die Türritzen, das Licht flackerte und verlöschte schließlich. Alles mäuschenstill. Vom Keller des Nachbarhauses her wurde die Ziegelwand durchbrochen, Menschen kletterten zu uns herüber, mit rußigen Gesichtern und angesengter Kleidung. Als es endlich draußen still wurde, wagten wir uns die Treppe hinauf und aus der Tür. Ein heißer Sturm fegte durch die Straße. Beißender Qualm schlug uns entgegen. Aus den Fenstern der Nachbarhäuser loderten Flammen. Unseres war verschont geblieben. Diesmal noch.

Das ist meine erste Erinnerung.

Meine Oma wollte danach nichts wie weg aus der Stadt. Meine Mutter besorgte ein möbliertes Zimmer, eben in jenem Georgenthal im Thüringer Wald. Ich packte meinen Teddybären zuoberst in den Rucksack, damit er Luft bekam.

Wenn ich an die Zeit denke, scheint es mir unvorstellbar: Ringsherum gingen Deutschland und Europa und die halbe Welt im Chaos unter, Millionen starben, Städte verbrannten, Dresden noch kurz vor Toresschluß – aber der kleine Junge lebte auf seiner grünen Insel, freute sich der Tage und ahnte nichts.

Wir wanderten tagtäglich durch die Wälder ringsumher, und wenn ich inzwischen auch den Amazonasurwald kennengelernt habe und Dattelhaine in der Sahara, so ist für mich ein Wald in des Wortes eigentlicher Bedeutung stets ein Thüringer Wald geblieben. Die Sonne schien in hellen Flecken durch die Baumkronen, und auf dem Moos lief man wie auf kühlen Kissen. Alles war pikobello sauber damals, wie gefegt, denn ein jeder konnte alles brauchen: Reisig und Tannenzapfen für den Ofen im nächsten Winter, Blaubeeren und Himbeeren zum Einkochen, Pilze zum Schmoren oder Braten. Ich war vier und kannte mich perfekt aus: Steinpilze, Maronen, Pfifferlinge, Wiesenchampignons – auf der anderen Seite die igittigen: Fliegenpilze, leicht zu unterscheiden, Knollenblätterpilze, leicht zu verwechseln. Rehe traf man manchmal im Wald, zu meiner aufgeregten Freude, denn ich liebte natürlich Bambis, und erst heute frage ich mich pragmatisch, warum sie angesichts des Mangels niemand in die Nahrungskette integrierte. Im Winter wurde gerodelt, unermüdlich, immer wieder den Holzabfuhrweg hinunter und ins Dorf bis zur Kreuzung der Bimmelbahn. Damals gab es selbstredend nur Winter, die diesen Namen verdienten: Tag für Tag knackiger Schnee unter knallblauem Himmel.

Als ich groß war, fiel mir das Wort ein für diese Idylle: Es war wie im Auge des Taifuns.

Nur selten, erinnere ich mich, hatte ich eine Begegnung mit der Zeitgeschichte. Da hielt im Ort ein LKW mit Rädern so groß wie ich, und es stiegen Männer in schwarzweiß gestreiften Anzügen herab und vertraten sich die Beine. Einer von ihnen strich mir mit der Hand über den Kopf und sagte, zu Hause habe er einen kleinen Jungen wie ich einer war, aber er fürchte, er werde ihn nie mehr sehen. Warum nicht? Keiner wollte mir das sagen. Das seien Sträflinge, erklärte man mir. Was hieß das, was war das? Es waren Häftlinge aus dem Buchenwald-Außenlager in Ohrdruf, unserem Nachbarort, und sie arbeiteten wahrscheinlich im nahen Jonastal daran, das letzte Führerhauptquartier, das nicht mehr fertig wurde, in den Fels zu hauen.

Erst nach und nach kam der Krieg zu uns. Da waren die Kriegsversehrten, die sich in unserem Örtchen erholten von Front und Verwundung und Lazarett. Sie beeindruckten den kleinen Jungen derart, daß er seine Zukunft glänzend vor sich sah: Wenn ich groß bin, werde ich Soldat, ein Bein, zwei Stöcke!

Von unserem Dachfenster aus sahen wir immer öfter, wie das zehn Kilometer entfernte Gotha bombardiert wurde. Wegen der Waggonfabrik, wie die Leute sagten. Erst wurden die „Christbäume" am Nachthimmel gesetzt, um das Ziel zu markieren. Dann krachten die Bomben und ließen die nächtliche Landschaft taghell aufblitzen. Wenn die Bomber hoch über unserem Haus abdrehten, zogen wir die Köpfe ein, obwohl die Erwachsenen versicherten, unser Nest sei kein Ziel. Am nächsten Morgen liefen wir Kinder über die Felder und sammelten die Stanniolstreifen ein, die die Bomber abgeworfen hatten. Kindliche Trophäen! Wozu sie gedient hatten, wußten wir nicht. Was wir damit anfangen sollten, wußten wir auch nicht. Also wurden sie gesammelt.

Wir nahmen den Krieg noch nicht richtig ernst. Wir gingen noch im Wald spazieren, während schon die Granaten über die Wipfel hinwegzischten. Erst als sie im Ort einschlugen, bequemten wir uns in den Keller. Ein Zeichen von Mut? Bestimmt nicht. Höchstens von Wurstigkeit. Was sollte noch kommen? Ein letzter versprengter Haufen von Wehrmachtssoldaten grub sein Maschinengewehr vor unserem Haus ein. Ein Nachbar beschwor sie, sich zu verdünnisieren, denn es sei sowie alles vorbei. Ein anderer Nachbar drohte jedoch mit Anzeige und Kriegsgericht, und die Soldaten buddelten weiter. Aber sie schossen nicht mehr lange. Später fanden wir im Wald roh gehauene Holzkreuze mit Stahlhelmen neben einem nutzlos gewordenen MG.

Es gibt Situationen, die auch einen kleinen Jungen so beeindrucken, daß er sie für sein Leben nicht vergißt. Der Ami kommt! Gespenstische Stille im Ort. Von den Feldern hinterm Haus ein kreischendes Geräusch. Das sind Panzerketten, erklärte der Hauswirt geheimnisvoll. Aus den Fenstern wurden weiße Bettlaken gehängt: Wir ergeben uns! Wir kauerten hinter der Balkonbrüstung und hielten den Atem an. Da! Der erste Panzer! Wie eine urweltliche Echse schob er sich die enge Straße hinunter. Links und rechts am Turm, mit Waffen im Anschlag: Neger. Echte Neger! Sowas hatte ich noch nie gesehen. Ich kannte den verspotteten Mohren aus dem Struwwelpeter, aber diese hier waren echt. Es gab sie also! Sie warteten, vielleicht eine viertel Stunde. Als erste wagten wir Kinder uns aus dem Haus. Herzklopfend pirschten wir uns an den Panzer. Die Mohren lachten mit blitzenden

Zähnen und winkten uns heran. Wir verstanden sie nicht, aber sie schienen uns nicht erschießen zu wollen. Sie warfen uns etwas zu, wir fingen es auf und rupften gierig an dem Papier: Schokolade! Echte Schokolade!

Ich denke heute manchmal, meine erste Begegnung mit dem Volk von jenseits des Atlantik, von dem ich damals noch nichts wußte, hat den Grund gelegt für eine Sympathie, die über viele Zweifel hinweg angehalten hat.

Die Amis richteten sich im Kurhaus ein, und wir Kinder lernten rasch, dorthin betteln zu gehen, Lebensmittel abzustauben. Sie schienen alles in Hülle und Fülle zu haben, was wir längst entbehrten.

Wir lebten, wie meine Mutter sich erinnert, in jenen Wochen im Frühjahr 1945 wie in einem luftleeren Raum. Wir hatten kein Geld mehr, keinen einzigen Pfennig, denn alle Konten waren gesperrt. Die Gemeinde zahlte für unser Essen. Wir wußten nicht, ob unsere Verwandten noch lebten, denn es gab keinerlei Verbindungen, keine Post, kein Telefon. Wir wußten nicht, ob unsere Wohnung noch stand. Wir hatten keine Ahnung, wann die ersten Züge nach Hause wieder führen. Ich glaube, es war damals ein Gefühl, als schwebe man über der Erde.

Wir erfuhren auch nicht, was politisch vor sich ging. Keine Zeitung, kein Radio. Eines Tages bepackten die Amerikaner ihre Lastwagen und reisten ab. Warum? Wohin? Die Menschen aus dem Ort standen am Straßenrand und winkten. Es gab ein Gerücht: Der Russe kommt! Eine furchtbare Vorstellung für die meisten.

Später konnten wir nachlesen, wie das alles gekommen war. Die Teilung, die Vereinbarungen der Alliierten, der Gebietstausch: Die westlichen Sieger kriegten den größeren Teil von Berlin und gaben Thüringen und Westsachsen an die Sowjetunion. Das hätte man bejammern oder begrüßen können. Aber wir in Georgenthal wußten nichts. Überhaupt nichts.

Es ist tausendfach beschrieben worden: der Einzug der Roten Armee. Immer mit denselben Worten: abgerissene Soldaten, primitive Panjewägelchen mit struppigen Pferdchen. Das sind die Vokabeln. Aber so war es. Die Erkenntnis kam bald: Die Deutschen hatten gemeinsam den Krieg verloren, aber die Ostdeutschen hatten auch den Nachkrieg verloren.

Wir kamen also, meine Mutter und ich, vollgepackt zurück nach Leipzig. Inzwischen wußten wir, weil die Post manchmal wieder ging, daß keine weiteren Mitglieder der Familie zum Schluß zu Tode gekommen waren.

Unser Fazit: Mein Vater seit drei Jahren tot. Mein Stiefvater tot, noch kurz vor Ende des Krieges gefallen. Mein Onkel in russischer Gefangenschaft. Unsere Wohnung ausgebombt. Die Firma unserer Familie ausgebombt. Unser ganzes Geld futsch. Wir waren davongekommen.

Also traten wir aus dem zerbombten Hauptbahnhof, der Zukunft zugewandt. Der ungewissen.

Meine kleine Geschichte hat eine Fortsetzung, die jeder versteht, der ebenfalls die Erinnerung an so ein Kindheitsparadies mit sich herumgetragen hat.

Die ersten Wochen nach der Ankunft in Leipzig schlich sich jede Nacht der Traum von Georgenthal herbei. Dann wenigstens zweimal die Woche, schließlich zweimal im Monat. Viele Jahre lang. Jedesmal sah der Ort wieder anders aus. Mal standen in der Mitte hohe Häuser, mal querten breite Alleen, mal schwangen sich Parks bis zum

Horizont, mal strömte ein breiter Fluß. Manchmal erinnerte nichts an das bescheidene Örtchen. Aber das machte nichts. Ich wußte, wo ich war.

Es wäre als Kind mein seligster Wunsch gewesen, einmal wieder hinzufahren. Aber wie? Es war Nachkriegszeit, man gondelte nicht einfach aus Spaß in der Gegend herum. Höchstens, wenn man hatte, zu Verwandten aufs Land, um sich aufzupäppeln. Aber einfach mal so nach Georgenthal?

Später fuhr ich oftmals nahe dran vorbei. Wenn der Interzonenzug in Gotha hielt, wartete auf dem Gleis gegenüber die alte Bimmelbahn. Einfach aussteigen und umsteigen, ohne Genehmigung? Wahrscheinlich hätte mir niemand den Kopf abgerissen, aber ein Zoni blieb eben auch als Westler ein Zoni und gehorchte den Vorschriften.

Erst als diese Vorschriften gelockert wurden, in den Siebzigern, fuhr ich hin. Ich gestehe: mit Herzklopfen. Ich passierte das Ortsschild, und als ich dachte, nun müsse es endlich losgehen – war ich schon wieder auf der Landstraße. Wie konnte das sein? Zurück! Diesmal ganz langsam. Doch, da war der Platz, da standen die beiden Hotels, die paar Läden, die geduckten Wohnhäuser. Wie auf einer Modelleisenbahnanlage. Märklin HO. Wie konnte man sich derart getäuscht haben?

Natürlich, man brauchte ja nur zu überlegen: Der kleine Junge hatte mit dem Kopf im Nacken hinaufgeschaut zu allem. Alles war ihm riesig erschienen.

Ich klingelte bei unseren Wirtsleuten von damals. Im Haus, vor dem der Panzer mit den beiden Mohren gehalten hatte. Großes Hallo! Vor allem, als sich klärte, daß ich der Studioredakteur war, der ihnen Abend für Abend die „heute“-Nachrichten über die Grenze brachte.

Inzwischen war ich oft in Georgenthal. Das Hotel „Deutsches Haus“ ist schick geworden. Das Kurhaus am See war leider auch letztes Mal noch eine Ruine. Und auf der Wiese, von der wir die Stanniolstreifen klaubten, ist ein ganzer neuer Ortsteil entstanden mit schicken Eigentumshäusern.

Bald sechzig Jahre sind vergangen seit Rodeln und Pilze sammeln.

4 Stalingedichte und Buntmetall

Gibt es, fragten sich manche im Jahr 1980, eine Ulbricht-Renaissance? Wird der Spitzbart in der DDR wieder salonfähig? Sieben Jahre, nachdem er, als Politrentner von seinem einstigen Musterzögling Erich Honecker ins Abseits geschoben, das Zeitliche gesegnet hatte, wurde in seiner Heimatstadt Leipzig wieder etwas nach ihm benannt! Eine Schule. DDR-Bürger wie auch berufsmäßige Beobachter im Westen horchten auf und begannen zu spekulieren.

Wie so oft im Leben, ist eine Geschichte, aus der Nähe betrachtet, ganz anders. Totrecherchiert, wie wir Journalisten sagen. Zum Beispiel auch diesmal. Ende der siebziger Jahre hatte die Stadt Leipzig beschlossen, ihre Schulen nicht mehr, wie seit Jahrzehnten üblich, mit profanen Nummern zu bezeichnen, sondern einer jeden den Namen einer verdienten Persönlichkeit zu verleihen. In der Regel natürlich Namen von Kommunisten, Friedenskämpfern, Antifaschisten, möglichst Leipzigern. Anfang 1980 war diese Aktion so gut wie abgeschlossen. Eine einzige Schule wartete noch auf ihre feierliche Namensverleihung: die

Polytechnische Oberschule an der Max-Planck-Straße nahe dem Sportforum. Warum wohl? Ganz einfach: Diese Schule hatte Walter Ulbricht als Junge acht Jahre lang besucht. Er war inzwischen Persona non grata. Aber nach wem hätte man diese seine Schule benennen sollen, wenn nicht nach dem ehemals „größten Sohn“ der Stadt? Also biß man endlich in den sauren Apfel: „POS Walter Ulbricht“. Nichts mit Renaissance!

Wir wollten damals in dieser Schule Filmaufnahmen für eine ZDF-Reportage machen. Wir rechneten nicht mit einer Genehmigung. Erstens gab es im streng geführten Reich der „Volksbildung“ von Margot Honecker so gut wie nie eine Dreherlaubnis. Und zweitens war da eben diese Sache mit Walterchen. Aber siehe da: Wir durften! Warum, habe ich nie erfahren. Wir durften zwar nicht in ein Klassenzimmer und durften auch keine Lehrer oder Kinder interviewen. Aber wir durften zeigen, daß auf dem Korridor des Erdgeschosses eine Art Devotionalienschrein zur Erinnerung an den Verschmähten aufgebaut war, in der Mitte ein großes Foto mit seinem berühmten gütigen Lächeln. Wie seid ihr denn da reingekommen? fragten Kollegen nach der Sendung.

Ich will nicht sagen, man hätte die Schule auch nach mir benennen können, aber besucht habe ich sie ebenfalls. Von 1946 bis 1948.

Der Krieg war vorbei, die Stadt lag zum guten Teil in Trümmern, auch viele Schulen waren getroffen. Lehrer waren im Krieg geblieben oder noch in Gefangenschaft, andere hatten sich nach dem Westen abgesetzt oder waren aus dem Schuldienst entlassen worden. In der Sowjetischen Besatzungszone wurde – zumindest auf einigen Gebieten – rigoros „entnazifiziert“, im Unterschied zum Westen. Also durften keine ehemaligen Parteigenossen auf uns Kinder losgelassen werden.

Aus all diesen Gründen war das Bemühen, möglichst viele Kinder möglichst spät einzuschulen. Gern wurde das entschuldigt mit Unterernährung der armen Kleinen und Vitaminmangel. Wir müßten erst ein wenig aufgepäppelt werden! Ich war schon längst sechs, konnte bereits aus der Zeitung vorlesen, welche Lebensmittel auf Marken „aufgerufen“ waren, also abgeholt werden konnten, und schrieb schon wacker auf der Schreibmaschine. Ich begann mich zu langweilen und freute mich auf meine Wirkungsstätte!

Am ersten Tag gab es eine Zuckertüte. Das ist an sich normal, aber woher wir sie – damals! – hatten, weiß ich nicht mehr. Nach meiner Erinnerung wurden allerdings nach Kriegsende auf Teufel komm raus eigentlich unnütze Dinge weiter produziert, während es an Lebenswichtigem fehlte. Das Beharrungsvermögen eingespielter Zustände? Oder hatte es der Zufall gewollt, daß die Zuckertütenfabrik nicht zerbombt worden war? Neue Schuhe zum Beispiel hätte ich benötigt. Dringend! Aber ich bekam eine Zuckertüte. Was drin war? Mit Sicherheit Fondantkringel. Mit Sicherheit keine Schokolade.

Ich hatte einen weiten Schulweg. Er führte aus unserem Wohnviertel an der Gohliser Straße über ein Flüßchen hinein ins Rosental, durch den Wald und über die Große Wiese, noch mal durch Wald und über einen weiteren Fluß ins Waldstraßenviertel, das bis zum anderen Ende zu durchqueren war. Das war für einen wackeren Jungen eigentlich kein Problem. Aber es gab Tücken. Ich mußte durch ein – sehr vornehmes und fast unzerstörtes – Viertel, in dem sich die Sowjetische Kommandantur eingerichtet hatte und viele Offiziere der Roten Armee wohnten. Deren Sprößlinge hatten es auf deutsche Kinder abgesehen. Die Jungen trugen, wie in der SU damals üblich, die Uniform ihrer Väter in klein. Dazu auch einen kleinen, aber gut geschärften Säbel. Und mit dem gingen sie am liebsten auf deutsche Kinder los. Sicher hatte man ihnen eingeschärft, sie müßten den faschistischen Aggressor schlagen. Sie taten es mit Inbrunst. Sie stellten uns regelrecht an der Brücke, die wir überqueren mußten. Wir rannten wie die Hasen, wenn die Russenjungen versuchten, mit ihren geschliffenen Klingen unsere sommerlich barfüßigen Fersen zu erwischen. Wir gewöhnten uns an, einen Knüppel in der Hand zu haben. Aber erstens waren wir in der Minderzahl, und zweitens hatte sich über viele Jahrhunderte erwiesen, daß die Säbel der Herrschenden den Knüppeln der Unterdrückten weit überlegen sind. Ich klagte zu Hause über den Zustand und bat, die Volkspolizei mit der Angelegenheit zu befassen. „Da hast du wirklich eine prima Idee“, wurde ich lakonisch beschieden.

Das zweite Problem brach über uns herein mit dem Winter von 1946 auf 1947. Er war einer der kältesten, längsten und an Schnee reichsten des vergangenen Jahrhunderts. Das bestätigt die Statistik der Meteorologen. Morgen für Morgen kämpften wir uns durch hohen Schnee in unsere Schule und mittags zurück. Wir hätten mit der Straßenbahn fahren können, falls sie nicht gerade eingeschneit war. Aber das hätte, hin und zurück mit Umsteigen, vierzig Pfennig am Tag gemacht. Indiskutabel. Im Schulzimmer trockneten wir für den Rückweg unsere Schuhe an der Heizung. Nur zwei Vorteile hatte dieser Winter: Die Russenjungen blieben zu Hause und ließen uns in Ruhe. Und wir konnten nachmittags die Rodelschlitten herausholen. Leipzig ist zwar fast so flach wie ein Küchentisch, aber wer sich auskannte, wußte die Stellen, an denen man ein paar Meter abrutschen konnte. Der „Monte Scherbelino“ war unser Dorado, der Rosentalhügel, aufgeschüttet im 19. Jahrhundert aus den Abfällen der Stadt. Eine besonders gewagte Abfahrt nannte sich „Teufelsbahn“ und stellte eine wahre Mutprobe dar. Dort standen wir geduldig Schlange, und Schlange stehen konnten wir.

Ende meines zweiten Schuljahrs zogen wir um, und ich mußte wechseln. Meine Oma erschrak fürchterlich, als sie hörte, ich ginge nun auf die „rote“ Schule. Aber nach dem ersten Tag konnte ich sie beruhigen: „Rote“ hatte die Schule schon zu Kaisers Zeiten geheißen – wegen ihrer roten Backsteine. Ansonsten war sie nicht roter als alle zu jener Zeit.

Der neue Schulweg war kurz und im Ernstfall, wenn man die Beine in die Hand nahm, in fünf Minuten zu schaffen. Wutsch! hinein in den Eingang mit der Aufschrift „Knaben“. Über dem anderen Eingang stand „Mädchen“, aber das zählte nicht mehr. Der rechte Eingang gehörte jetzt den Jungen und Mädchen der 38. Volksschule, der linke hingegen uns von der 37., die ausgebombt war und hier Unterschlupf gefunden hatte. Das bedeutete Schichtunterricht: An manchen Tagen der Woche konnten wir schlafen bis in die Puppen und kamen erst heim, wenn es schon dunkelte. Wie Erwachsene, die von der Arbeit kamen! Ich genoß das Gefühl und bummelte, an erleuchteten Schaufenstern vorbei, eine gute Stunde lang bis nach Hause, wo um diese Zeit gerade die Stromsperre begann.

Natürlich waren wir eine reine Jungenklasse. Den modernen Verfall der Sitten, der sich in sogenannter „Koedukation“ niederschlug, kannten wir noch nicht. Leider! So beschränkte sich unser Kontakt mit dem anziehenderen und leider ach so fernen Geschlecht auf die Schulhofpausen, in denen wir durch besonderes Gebaren Aufmerksamkeit zu erregen trachteten: durch Rennen, Schubsen, Balgen, Schreien. Vielleicht sogar Rad schlagen. Oder wir versuchten uns auf dem Schulweg heranzuarbeiten. Als Höhepunkt empfanden wir, der Auserkorenen den Schulranzen tragen zu dürfen, den sie vor ihrer Haustür wieder an sich nahm, um uns ohne irgendeine Form der Anerkennung stehenzulassen. Leider hatte man kein Geld, um seinen Gefühlen mit einer Limo oder einem Brausepulver Ausdruck zu verleihen.

Schulzimmer von damals sind noch im Museum zu besichtigen. Die geschwungenen Doppelbänke mit den schrägen hochklappbaren Tischplatten und dem gläsernen Tintenfaß. Generationen hatten ihre Spuren hinterlassen, verbotswidrig ihre Initialen eingekerbt oder ungeschickt Tinte zu bizarren Klecksen verschüttet. Die Ära von Schiefertafel, Schwämmchen und Griffel ging gerade zu Ende, wir durften schon mit dem Federhalter umgehen, der Füller war zwar erfunden, aber noch nicht für uns.

Wir waren neun oder zehn Jahre, als man begann, uns mit Politik zuzuschütten. Wir verstanden anfangs nichts und hatten eingebleut bekommen, daß Vorsicht die Mutter der Porzellankiste sei. Kein verkehrtes Wort! Lieber blöd stellen. Wenn der linientreue Neulehrer fragte, wie uns gestern abend die „Insulaner“ im RIAS gefallen hätten, durfte man auf keinen Fall antworten: Ich fand sie richtig doof! Schon war man in die Falle getappt. Die richtige Antwort hätte gelautet: Was für Insulaner in was für 'm RIAS? Manche Familien übten mit ihren Kindern Antworten auf solche Fragen. Bald waren wir wach genug, um zu erkennen, welche Lehrer uns gefährlich werden konnten.

Unsere Aufsatzthemen! Auf einem meiner vielen Besuche in Leipzig, lange Jahre nach der Flucht, entdeckte ich beim Stöbern auf dem Dachboden meiner Verwandten ein paar meiner zurückgelassenen alten Schulhefte. Vorn und hinten, wie damals üblich, verziert mit grobgedruckten braunen oder grünen Fotos von Ernteschlachten und Hochofenanstichen, von hochqualifizierten Forschern und hocherfolgreichen Sportlern, von vorbildlichen Aktivisten wie Frieda Hockauf und dem unvermeidlichen Adolf Hennecke. Ein Aufsatzheft aus der 5.Klasse. Erstes Thema: „Wir wollen Freunde sein wie Bolelaw Bierut und Wilhelm Pieck". Ein toller Aufsatz, benotet mit einer Eins. Er beschrieb die tiefe Verbundenheit zwischen den Präsidenten der Volksrepublik Polen und der Deutschen Demokratischen Republik, die Hand in Hand in eine lichtvolle Zukunft schritten. Man konnte nur gerührt sein! Zu Hause sagten sie damals: Alles Lüge! Die Polen haben nicht den geringsten Grund, Deutschen wohl zu wollen. Leider! Unsere Schuld. Die Polen und die Deutschen können sich nicht ausstehen. Leider! Und die beiden alten Männer, die beäugen sich voller Mißgunst: Wer ist zur Zeit bei Stalin besser gelitten? Davon stand natürlich kein Wort, keine Andeutung in meinem Aufsatz.

Mehr als die Hälfte der Themen in meinen Heften von damals: Politik. Angstvolle Versuche eines kleinen Jungen, nur ja nichts falsch zu machen, damit „sie" – wer immer das genau sein mochte – nicht eines Morgens vor der Tür standen: Ab nach Bautzen! Doch, wir Kinder trugen schon eine große Verantwortung!

Beim Buntmetallsammeln stand die Klasse im harten Wettbewerb. Wir stöberten durch Ruinen auf der Suche nach noch unentdeckten Regenrinnen und Fallrohren. Die Versuchung lag nahe, selbst bewohnte Häuser heimzusuchen, um Kilos auf die Waage zu bringen. Aber auch Kleinvieh mußte Mist machen. Wir klapperten die Wohnungen ab und fragten nach leeren Zahnpastatuben. Einmal gelang uns ein großer Coup: Wir entdeckten unter Trümmern eine riesige verbeulte Zinkbadewanne und buddelten sie aus. Das gab Gewicht und den Ersten Preis für die Besten: für jeden eine Taschenuhr.

Kartoffelkäferaktion! Der Klassenverband trat auf den Feldern vor der Stadt an zum Kampf gegen den Weltimperialismus. Denn man erzählte uns allen Ernstes, die gefräßigen Schädlinge würden bei Nacht und Nebel von eingedrungenen US-Bombern über der friedliebenden DDR abgeworfen. Zu Hause lachten sie sich halbtot über diesen Unsinn und verrieten mir einen einfachen Trick: Die amerikanischen Kartoffelkäfer erkenne man am einfachsten daran, daß sie an den Füßen kleine Kreppsohlen trügen.

Eine unserer Hauptaufgaben war, den Genossen Stalin und die Sowjetunion zu preisen. Genauer gesagt: die große Sowjetunion und den großen Genossen Stalin. Ein Gedicht, das ich x-mal aufsagen mußte, weiß ich bis heute fast auswendig. Ein wirkliches Kuriosum der Dichtkunst:

„Stalin! Von Munde zu Munde zu Munde,
nah und fern, von Orte zu Ort,

von den Grenzen der Heimat weit in die Runde
klingt immer neu dieses strahlende Wort.
Schon wissen die Menschen in jedem Land:
Stalin – das heißt: der Krieg ist verbannt.
Stalin heißt: frei in die Zukunft schauen.
Stalin heißt: den Sozialismus erbauen.
Darum hörst du überall rings in der Runde,
an der Weichsel, am Ganges, von Orte zu Ort,
in allen Sprachen von Mund zu Munde
klingen das stahlhart strahlende Wort: Stalin!"

Die Sowjetunion war das fortschrittlichste Land der Erde. Und Iwan Wladimirowitsch Mitschurin züchtete über dreihundert völlig neue Obstsorten, darunter angeblich auch den Apfel, bis er eines Tages, so der Volksmund, beim Pflücken seiner neuen Erdbeersorte von der Leiter stürzte und sich das Genick brach. In der Sowjetunion, wenn nicht gar von Stalin persönlich, spotteten wir, wenn wir unter uns waren, war auch beinahe alles Große und Nützliche erfunden worden, unter anderem die Straße, die Brücke und das Haus, das Wetter ebenso wie sein Gegenteil, das Unwetter.

Aber, dachte ich als Kind, war nicht doch irgend etwas daran? Wir hatten gut spotten, das war der einzige Triumph der Unterlegenen. Aber sahen wir nicht auf ganzen Zeitungsseiten und in der Kinowochenschau die riesigen Häusertürme in Moskau. Die Lomonossow-Universität! Und die gewaltigen Stauseen im ganzen Land! Den Stausee von Zimljanskaja! Schon der Name beeindruckte mich. Die horizontweiten Weizenfelder mit den Armaden von Mähdreschern. Die Automobilfabriken, die Traktorenfabriken, die Lokomotivfabriken. Alles Potemkinsche Dörfer?

Mein Onkel erzählte von seiner Gefangenschaft in Rußland, von den Dörfern ohne Strom und Wasserleitung, ohne Kanalisation und Straßenpflaster. Häuser ohne Toilette. Im Winter die Familie nachts auf dem Ofen zusammengedrängt. Süffisant erzählte er von den Rotarmisten, die als Kriegsbeute deutsche Küchenlampen und deutsche Wasserhähne nach Hause gebracht hatten und unter den Gefangenen „Spezialisten" suchten, die ihnen die teuren Stücke montierten. Sie hätten nicht verstanden, sagte der Onkel, daß es nicht genügt, einen Wasserhahn an die Wand zu schrauben, damit Wasser herausläuft. Geschimpft hätten sie auf die Gefangenen und ihnen Prügel versetzt: „Du Sabotage!"

Wer hatte nun recht? Ich wollte gern etwas glauben, wußte aber nicht, was.

Unsere Klasse zählte zeitweise fast vierzig Jungen. Aber immer häufiger kam es vor, daß einer morgens nicht erschien, sich nicht abgemeldet oder entschuldigt hatte, auch am nächsten und übernächsten Tag nicht auftauchte. Dann wußten wir: Aha! Wieder mal einer geflüchtet. Abgehauen. Weggemacht. Vielleicht hätte er uns gern noch feucht die Hand gedrückt, denn es war ja meistens ein Abschied für immer, aber die Eltern hatten's ihm strengstens untersagt. Kein Sterbenswörtchen! Zu niemandem! Sonst plaudert einer, und wir sitzen hinter Schloß und Riegel.

Die Reihen lichteten sich, und man dachte: Wer ist der Nächste? Bist du vielleicht schon an der Reihe?

Bis zur siebenten Klasse waren fast alle von uns „Junge Pioniere" geworden. Bis auf vier. Ich gehörte dazu. Der Klassenlehrer duldete es wortlos, doch eines Tages wurden wir vier gemeinsam vorgeladen zur Pionierleiterin der 37. Schule. Wie wir uns das denn vorstellten. Seien wir nicht für den Sozialismus? Was sollten wir auf diese Frage antworten? Wir wanden uns in gemurmelten Erklärungsversuchen. Bis die Pionierleiterin endlich auf ein konkretes Argument zu sprechen kam: Wir wüßten doch, in der achten Klasse habe sich zu entscheiden, wer von uns anschließend für vier Jahre die Oberschule besuchen dürfe und wer nicht. Unsere Leistungen seien ja in Ordnung, mehr noch, wir seien die vier besten Schüler der Klasse – aber unser gesellschaftliches Engagement sei absolut unzureichend. Da hülfen auch ein paar vordere Plätze beim Buntmetall- oder Kartoffelkäfersammeln nicht. Also?

Wir hatten uns besprochen und verabredet, in der Einsicht, daß wir keine Wahl mehr hatten. In die gespannte Stille hinein sagte ich als der Sprecher von uns vieren: Wir wollen auch helfen, den Sozialismus zu errichten. Wir haben uns entschlossen, gemeinsam einzutreten. Wir haben auch einen Termin dafür festgelegt: den 21. Dezember 1952.

Die Pionierleiterin war nicht nur erleichtert, sie war gerührt: 21. Dezember! Am 73. Geburtstag des größten Menschen seiner Epoche, des größten Freundes des deutschen Volkes, des geliebten Genossen und hoch verehrten Generalissimus Josef Wissarionowitsch Stalin.

Unsere Viererbande wurde sogleich zu „Gruppenleitern“ ernannt. Jeder von uns hatte also ein Viertel der Klasse unter sich und mußte darauf achten, daß seine Schäfchen nicht nur in die Schule kamen, sondern auch gewaschen waren, Hausarbeiten gemacht hatten, sich anständig benahmen und überhaupt sozialistischen Vorstellungen entsprachen. Wir bekamen feierlich unser blaues Halstuch ausgehändigt sowie rote Ärmelstreifen als Ausweis unserer Autorität.

Nach wenigen Wochen waren meine Mutter und ich nach West-Berlin geflüchtet. Abgehauen. Weggemacht. Meine Karriere als Junger Pionier war beendet.

5 Kalter Kartoffelbrei mit Zucker

Auf die erste Banane meines Lebens war ich, wie man volkstümlich sagt, spitz wie Nachbars Lumpi.

Was hatte ich für Geschichten gehört über diese geheimnisvolle Wunderfrucht! Alle Düfte der großen weiten Welt mußten ihr entströmen. Eine Sinnen betäubende Mischung aus Kara ben Nemsis wildem Kurdistan und der grünen Hölle des Amazonas, versetzt mit einem Schuß Sahara-Oase und einer Prise Mississippidelta.

Meine Mutter fuhr in jenen Jahren gelegentlich mit der Bahn für einen Sonntag von Leipzig nach Berlin, um nachzuschauen, ob die Grenze noch offen sei. Denn was am 13. August 1961 geschah, die Abriegelung West-Berlins, zuerst mit Stacheldraht, bald mit einer Mauer, das war in der Ostzone schon seit vielen Jahren befürchtet worden und nur für westliche Menschen und Geheimdienste eine Überraschung. Wenn ihr abhauen wollt, hieß es warnend, dann geht bald! Irgendwann machen sie Berlin dicht.

Von ihren Besuchen dieser so nahen, aber ganz anderen Welt brachte meine Mutter also die Wunder westlicher Lebensart nach Hause in unsere düstere Zone. Diesmal eine Banane! In der abendlich fast leeren Straßenbahn vom Hauptbahnhof nach Hause kündigte sie mir den Hochgenuß an. Ich wollte aber nicht so lange warten. Ich drängelte und quengelte, bis sie ihren Widerstand aufgab und das Wunderding aus der Tasche zog. Exotischer Duft füllte den Waggon. Ich wollte zubeißen, bekam aber erklärt, daß und wie man zunächst die gelbe Schale aufriß.

Der erste Biß! Ich war immerhin zwölf. Jetzt also: der erste Biß in eine Banane!

Die Enttäuschung war groß. Die Banane schmeckte eigentlich nach nichts. Wenn man noch einmal hineinbiß und sorgfältig kaute, kam man vielleicht auf den Geschmack von kaltem Kartoffelbrei mit einer Prise Zucker. Mehr nicht. Eine bittere Erfahrung.

Andere Köstlichkeiten der alten Art hatten mich weit mehr beeindruckt. So gab es im Sommer zwei Jahre nach dem Krieg erstmals wieder Speiseeis. Die Ausgehungerten hatten oft davon geschwärmt und standen nun geduldig Schlange vor einer Holzbude gegenüber dem Hauptbahnhof. Speiseeis! Wie in Friedenszeiten! Ich erinnere mich genau, daß es ein leicht angetautes Wassereis war mit einem sehr künstlich schmeckenden Vanillearoma. Aber welcher Genuß!

Zu meinem achten Geburtstag, ein Jahr nach dem Eis-Erlebnis, ein weiterer kulinarischer Höhepunkt: weiße Brötchen! Weiße! Vielleicht nicht ganz weiß, vielleicht ein wenig angegraut, aber jedenfalls nicht dunkel wie gewohnt. So etwas kannte ich nicht. Kein Mensch konnte in einen Laden gehen und sagen: Ich hätte gern ein Kilo weißes Mehl. Er wäre kopfschüttelnd oder hohnlachend der Schwelle verwiesen worden. Weißes Mehl gehörte zu den wertvollen Gütern, für die man allenfalls im Tausch etwas Adäquates anzubieten haben mußte.

Es muß ein weiteres Jahr später gewesen sein, als mich wieder ein Wunder ereilte: Schweinsohren! In einem Café am Karl-Marx-Platz wurde die Sensation feilgeboten. Ich mußte eines haben! Meine Großmutter schüttelte sorgenvoll den Kopf. Sie war Kleinrentnerin. Wenn sie mich einmal die Woche ausführte, um mir die verbliebenen Schönheiten und kulturellen Höhepunkte meiner Stadt näherzubringen, kehrten wir am Ende in irgendeine Wirtschaft ein, auf eine Fleischbrühe oder ein Selterswasser. Das war drin. Aber so ein Schweinsohr kostete sage und schreibe zwei Mark! Das klingt heute wie ein Klacks, aber damals kosteten zum Beispiel eine Straßenbahnfahrt für Erwachsene zwanzig Pfennig und ein Dreipfundbrot 53 Pfennig. Die Rente meiner Großmutter dürfte, nach Abzug der Altersheimkosten, weit weniger als hundert Mark im Monat betragen haben. Aber ich kriegte mein Schweinsohr! Nicht nur einmal.

Zum Glück bekam die Großmutter ab und zu Päckchen aus dem Westen, und darin war Schokolade. Nicht dieser elende Ersatz, der in der Ostzone unter dem Namen „Vitalade“ die Gaumen verhöhnte und heute zum Glück vergessen ist. Wenn meine Kinder – warum auch nicht? – gelegentlich auf einen Ritt eine halbe Tafel Schokolade verspachteln oder eine ganze, denke ich amüsiert daran, daß meine Großmutter stets mit der gleichen Zeremonie zu ihrem alten Eckschrank schritt, die echte West-Schokolade herausholte und mit bedeutungsvoller Geste ein Häuschen abbrach. Nicht gleich einen ganzen Riegel! Ein Häuschen. Kommende Woche war schließlich auch noch eine Woche.

Aufs ganze gesehen, war Essen nicht mein Steckenpferd. Daß ich dennoch als Junge nicht lange schlank blieb, hatte wohl mit der ungesunden Ernährung zu tun, dieser Mischung aus mehlreicher traditioneller sächsischer Küche und Mangel an gescheiten Zutaten. Dicke Soßen und kräftige „Einbrenne“ verhunzten das wenige Gute, das gelegentlich zu ergattern war.

Zum Frühstück gab es Schwarzbrot mit Margarine, dazu die berühmte Vierfruchtmarmelade oder auch Kunsthonig. Gern aßen wir Sirup, das kohlschwarze, flüssig-klebrige Zeugs, das anderswo Rübenkraut genannt wird, und das wir selbst aus Zuckerrüben kochten. Das war verboten, denn Zuckerrüben gehörten in die volkseigene Zuckerfabrik. Aber wer Beziehungen hatte und irgend etwas zum Tauschen, der ergatterte auch mal ein paar Säcke Rüben. Die wurden in Schnitzel geschnitten und in der Waschküche zu Sirup gekocht. Potentielle böswillige Mitwisser wurden in die Aktion eingebunden und am Ergebnis beteiligt – also mundtot gemacht. Da hielten auch Linientreue dicht.

Mittags, wenn ich aus der Schule kam, bereitete meine Oma fast immer Salzkartoffeln mit aufgewärmtem Gemüse. Das war der absolute Tiefpunkt meiner kulinarischen Erfahrungen. Das Gemüse: eine geschmacklose Pampe. Die Kartoffeln: einfach – Entschuldigung – zum Kotzen! Wir nannten sie „Schweinekartoffeln“. Aber was da ein- oder zweimal im Jahr angeliefert und durchs Kellerfenster gekippt wurde, hätte man in Friedenszeiten, wie wir sagten, selbst seinem ärgsten Schwein nicht vorgesetzt. Der Zentimeter dicke Dreck ließ sich abwaschen. Nicht so die schwarzen Einstiche der Mistgabeln oder die vielen sonstigen Verwüstungen der Knollen. Manchmal war die ganze Ladung auf dem Weg zu uns erfroren und taute in unserem Keller wieder auf, glasig und mit süßlichem Geschmack. Genug! Ich entwickelte einen regelrechten Ekel, der auch nach der Flucht in den Westen anhielt.

In besonders schlechten Zeiten – denn selbst auf niedrigem Niveau kann es noch bergab gehen – hoben wir die Kartoffelschalen auf und buken daraus Puffer. Wenn kein Fett zum Braten da war, genügte es auch, die Herdplatte mit einer halbierten Zwiebel einzureiben.

Besonders haßte ich auch Schnippelbohnen. Die sommerliche Ernte unseres Gartens wurde mit einem Kurbelmaschinchen kleingeschnitten und in einem Steingutfaß mit Essig eingestampft. Damit es richtig sackte, wurde mit bloßen Füßen nachgeholfen. Das war meine Aufgabe, wegen der Schuhgröße 35. Im Winter wurde dann Bohnensuppe gekocht. Ich haßte ihren etwas anrüchigen säuerlichen Geschmack und ging ihr aus dem Wege, wo immer ich konnte.

Fleisch gab es nur sonntags. Aber nicht jeden Sonntag. Niemand – außer vielleicht ein paar Bonzen und verdienten Künstlern – wäre in jenen Jahren auf die Idee gekommen, am Mittwoch oder Donnerstag einen Braten auf den Tisch zu bringen. Fleisch bedeutete Sonntag! Das Fleisch, das wir bekamen, ließ sich allerdings selten zu etwas anderem verarbeiten als zu einem Gulasch. Und der Sachse träumte doch so gern davon, „e Batzen heeßes Fleesch“ auf dem Teller vorzufinden. Nein, auf den Teller kam ein Berg Schweinekartoffeln mit einer Kelle Gulasch. Dazu ein grüner Salat, auf sächsische Art zubereitet: mit Essig und Zucker! Nach meinem Dafürhalten eine schlimme kulinarische Verirrung. Sonntagsessen!

Milch gab es auf Marken nur für Kinder. Zu meiner entscheidenden Zeit, da der Körper Aufbaustoffe benötigt hätte, war es ein Viertelliter Magermilch pro Tag. Dafür mußte man eigens mit seinem Kännchen zum Milchgeschäft traben, wo man mit etwas Glück auch ein Gläschen Joghurt ergatterte oder zwei. Ich frage mich: Was wäre aus mir geworden mit einem halben Liter Vollmilch?

Abendbrot hieß Abendbrot, weil es in der Tat aus Brot bestand: „Bemme mit was drauf". Im Sommer half uns unser Gärtchen mit frischen Tomaten und Gurken. Im Winter waren wir aufs HO angewiesen. Es gab ein – wahrlich nicht geistreiches – Kinderlied, das wir sangen und das die normale Versorgungslage charakterisierte:

„Tschia-tschia-tschia-tscho,
Käse gibt es im HO,
lange Schlange mußte stehn,
aber Käse kriegste keen."

Schlangestehen im HO – ein wesentlicher Beitrag zum Lebensgefühl eines DDR-Bürgers. Allein die Nase dafür zu haben, wann und wo es lohnte, sich einzureihen. Und sein Leben so zu organisieren, daß nicht Unwiederbringliches verlorenging, während man zentimeterweise vorankrückte.

An drei Sorten Käse erinnere ich mich. Am liebsten kauften wir Schnittkäse, der im Volksmund „Igelitkäse" hieß, nach dem Kunststoff, aus dem unter anderem Schuhe gefertigt wurden, die die Füße im Sommer brütend warm und im Winter eiskalt hielten. Kochkäse war bekömmlich, aber geschmacklos und erinnerte eigentlich eher an einen Alleskleber. Harzer Stangenkäse hieß im Volksmund „Leichenfinger" und war manchmal, bis er beim Werktätigen auf dem Tisch gelandet war, so lange unterwegs gewesen, daß er fast von allein laufen konnte.

Will sagen, er wimmelte von Maden. Zu normalen Zeiten hätte man ein solches Produkt in den Müll geworfen, aber wir sagten uns: Augen zu und durch!

Brotaufstrich war als Notlösung beliebt. Er wurde aus Fett, Mehl und irgendwelchen Gewürzen bereitet. Manchmal merkt man sich ganz belanglose Dinge: Unser alter Geldbriefträger Krause, der, lange vor dem Hereinbrechen des bargeldlosen Zahlungsverkehrs, oft bei uns klingelte, um zehn Mark fünfzig oder gar größere Summen auszuzahlen, dieser Geldbriefträger zog in seinem Gärtchen Majoran. In meiner Oma besaß er eine treue Kundin, denn sie schwor auf Brotaufstrich mit Krauses Majoran!

Zu trinken gab es meistens Pfefferminztee. Das ist der Grund, weshalb ich dieses Getränk heute nicht mehr anrühre. Außer in der orientalischen Zubereitung mit frischen grünen Blättern. Auch Hagebuttentee hatte ich in jungen Jahren, wie ich finde, genug fürs Leben. In der warmen Jahreszeit schworen wir auf Leitungswasser mit Himbeersirup. Und zu ganz besonderen Gelegenheiten wie Geburtstagen oder Familienjubiläen wurde ich mit einem Krug losgeschickt, um im Gasthof „Zur Weintraube“ Bier einzuholen. Auf dem Heimweg probierte ich davon, um an der Schwengelpumpe bis zum Eichstrich aufzufüllen. Ich kann mich nicht erinnern, daß es jemals Wein gab – außer zu Weihnachten oder Silvester.

Die Sucht nach dem Nikotin mußte irgendwie befriedigt werden. Ein gewohntes Bild auf der Straße: ein Mensch, der sich rasch bückte und eine weggeworfene Zigarettenkippe auflas, um sie in einem Schächtelchen verschwinden zu lassen. Es ließ sich vorstellen, daß man daheim aus einer Handvoll Kippen eine Zigarette drehen konnte.

Meine Leute waren Selbstversorger und bauten ihren Tabak an. Wenn er geerntet, auf der Leine getrocknet, fermentiert war, durfte ich die Blätter mit einem immer wieder scharf gewetzten Küchenmesser in Millimeter feine Streifen schneiden. Vorrat für ein Jahr.

Wahrscheinlich haben wir manchmal auch fabelhaft gegessen! Wenn ich richtig in mich gehe, fallen mir Gelegenheiten ein. Ja, manchmal gab es durch irgendein Versehen der Versorgungsplanung richtig gute Kartoffeln. Da war beim Kochen die Schale geplatzt, und wir schmierten ein wenig Butter hinein und streuten Salz darauf. Gibt es irgend etwas Besseres auf der Welt? Und dazu brieten wir, wenn's gab, grüne Heringe in der Pfanne. Meine Lieblingsgerichte der Kindheit, alles andere als originell: Griesbrei mit Zimt und Zucker. Milchreis mit brauner Butter. Hefeklöße mit Heidelbeerkompott. Wir sind nicht verhungert. Aber solch eine Freude war Essen selten.

Dafür die Sommerabende auf dem Balkon, in deren Zentrum die Eismaschine stand! So etwas brauchen wir heute nicht mehr, wir haben sechs Sorten Mövenpick oder Schöller in der Tiefkühltruhe. Damals stand vor dem Genuß ein kleines Abenteuer. Einmal die Woche kam der Eismann vorgefahren mit seinem Pferdewagen voller Stangeneis. Wenn er seine Schelle schwenkte, rannten wir mit einem Eimer oder zweien los und stellten uns an. Mit seinem Eispickel und großem Geschick zerteilte der Eismann rasend schnell die mehr als Meter langen, feucht glänzenden Stangen in handliche Stücke, die wir nach Hause trugen. Wir hatten in der Küche einen Eisschrank stehen. Keinen Kühlschrank. Nichts Elektrisches. Einen Eisschrank. Das Stück Eis vom Eismann hielt gerade mal eine Woche kühl. Ein kleines Stück wurde mit einem Pickel zerschrotet für die Eismaschine. Eine halbe Stunde oder länger hatte man ohne Pause zu kurbeln, ehe aus Vanillepudding eine Art Vanilleeis geworden war. Eine Köstlichkeit allerersten Ranges! Das Leben war auf einem seiner seltenen Höhepunkte angelangt!

6 Der weiße Rand der Unterhose

„Mensch, wie hast du dich denn wieder angehost!“ fragten wir in Sachsen, wenn jemand unmöglich angezogen war. Eigentlich hätte man diese Frage damals, in der ersten Zeit nach dem Krieg, fast jedem stellen müssen. Ganz bestimmt auch mir.

Im Sommer mochte es gerade noch angehen. Da trugen wir kleinen Jungs meistens eine kurze Turnhose und im übrigen braune Haut. Alles übrige mußte geschont werden für die kalte Jahreszeit. Insbesondere Schuhe. Unsere Fußsohlen waren daher hart wie Schweinsleder und widerstanden manchem spitzen Stein. Nur scharfe Glasscherben oder rostige Nägel ließen manchmal das Blut spritzen. Und beim Fußballspielen, beim Kicken, Bolzen, Knöcheln, gab es reichlich verstauchte Zehen und blaue Schienbeine. Aber das war männlich. Auch die Mädchen liefen barfuß, aber sie tänzelten nur vorsichtig übers Pflaster und wichen jeder Gefahr aus und heulten, wenn sie sich anstießen. Woran sich viele nicht mehr erinnern oder erinnern mögen: Sogar mancher Erwachsene hütete sommers sein einziges verbliebenes Schuhwerk und marschierte mit nackten Füßen zur Arbeit oder zum Schlangestehen.

Wenn wir in die Schule oder in die Christenlehre mußten, trugen wir zur Turnhose ein weißes Unterhemd. Diese unsägliche Mode ist auch heute noch am Steuer mancher Familienlimousine zu beobachten, sogar mitten in Venedig trifft man deutsche Männer, die mit völligem Unverständnis reagieren, wenn sie nicht im Unterhemd die Kirche von San Marco betreten dürfen. Man müßte sie eigentlich fragen, warum sie nicht konsequenterweise auch in der Unterhose Einlaß begehren. Aber damals mußte man eben buchstäblich mit jedem Fetzen Textil schonend umgehen, und wie schont man seine Kleidung besser, als indem man sie nicht trägt?

Schlimm der Winter, besonders wenn er so hart war wie der von 1946/47. Da mußte man sämtliche Pellen übereinanderziehen und kam sich vor wie eine Zwiebel. Ich erinnere mich, manchmal nur voller Scham aus der Tür getreten zu sein und in der Hoffnung, keinem Mädchen zu begegnen, das ich mochte.

Diese Strickhosen! Kurze Hosen, gestrickt aus Wolle, die von alten aufgeribbelten Pullovern stammen mochte. So kurz, daß fast immer ein Stück weißer Unterhose hervorschaute. Peinlich! Den ganzen Tag war man bemüht, den weißen oder angegilbten Rand hineinzustopfen ins viel zu kurze Hosenbein. Noch schlimmer die groben langen Wollstrümpfe, x-mal an Ferse und großem Zeh gestopft. Nicht nur, daß sie furchtbar kratzten: Sie gaben einen Jungen vollends der Lächerlichkeit preis. Denn sie waren nie lang genug. Immerzu schauten die Strumpfhalter hervor und ein Stück winterlich bleiches nacktes Bein. Wenigstens blieb das Leibchen, an dem sie festgeknöpft waren, in der Hose verborgen. Es wäre der Gipfel der Lächerlichkeit gewesen. Leibchen: allein dieses Wort!

Mädchen hatten diese Probleme nicht. Strumpfhalter waren ja sogar ein Attribut weiblicher Erotik, leider nur nicht zu sehen unter den halblangen Röcken. Und Mädchen trugen damals nichts anderes als Röcke. Es gab keine Mädchen in langen Hosen. Auch keine Frauen. Das hätte ja an Marlene Dietrich erinnert. An Sodom und Gomorrha!

Doch, es gab so etwas. Die Trümmerfrauen, die mit spitzem Hammer den Mörtel von den Ziegelsteinen klopften. Sie trugen oftmals lange Hosen, Trainingshosen meistens – aber darüber einen Rock. Damit es anständig aussah.

Die Erwachsenen, sofern sie nicht ausgebombt waren oder bei der Vertreibung alles verloren hatten, konnten wunderbar ihre Vorkriegssachen auftragen. Meine Großmutter ihre allmählich abgeschabten Seidenkleider, schwarz, wie es sich mit über sechzig schickte. Mein Großvater seine Anzüge mit Weste und Uhrkette, das Gesäß und die Ellenbogen von Jahr zu Jahr blanker gewetzt, aber sonst noch prima in Form. Zumal niemand eine Chance hatte, dicker zu werden und aus den Nähten zu platzen. Großvaters lange Unterhosen amüsierten mich köstlich, die mit Hilfe der Hosenträger am Bund befestigt wurden. Eine durchaus sinnreiche, aber inzwischen ausgestorbene Technik.

Wir Kinder hatten all das nicht, wuchsen hinaus aus unseren Sachen, waren darauf angewiesen, daß irgendwo auf dem Dachboden noch eine Kiste versteckt war mit Kindersachen von Vater und Mutter, Onkel und Tante, nicht beim Bombenangriff verbrannt, nicht bei Kriegsende geklaut, nicht von den Motten aufgefressen. Ich hatte da nicht viel Glück.

Mit den Jahren wurde auch die Versorgung mit Textilien leidlich. Ich fühlte mich in meinem Aufzug nicht mehr so sehr der Lächerlichkeit preisgegeben. Ich trug zu festlichen Anlässen meine schicken Knickerbocker und fühlte mich modisch auf der Höhe der Zeit. Die Strickhosen, sofern nicht zerschlissen, wurden aufgeribbelt und umgearbeitet zu gestreiften Pullundern, wie man sie damals gerade hatte. Meine langweilige Baskenmütze, die ich immer entsetzlich brav gefunden hatte, wurde ausgetauscht gegen eine fesche dunkelblaue Schiebermütze. Ich trug sie am liebsten auf die amerikanische Art, also ins Gesicht gezogen. Andere bevorzugten die russische Art, also ins Genick geschoben.

Es war im übrigen noch die Zeit, da kein Mensch, der auf sich hielt, ohne Kopfbedeckung auf die Straße trat. Herren mit breitkrempigen Hüten, Damen und Mädchen mit Hüten oder raffiniert geschlungenen Kopftüchern, wir Jungen eben mit Schiebermütze.

Alles in allem war zu beobachten, daß die meisten Menschen mitten im Mangel bemüht waren, einen gewissen, wenn auch konventionellen Schick zur Schau zu tragen. Das belegen Filme und Fotos aus der damaligen Zeit. Bei allen Gelegenheiten waren die Menschen sorgfältiger gekleidet als heute, da man fast vermuten möchte, die Mehrzahl sei auf die Altkleidersammlungen des Roten Kreuzes angewiesen.

Worauf ich als Junge besonderen Wert legte, das war meine Frisur. Wie es Mode war, trug ich die Haare lang nach hinten gekämmt. Sie mußten, nach vorn gestrichen, bis zur Kinnspitze reichen, dann waren sie genau richtig. Im Nacken und an den Seiten waren sie hingegen kurzgeschnitten. Das Kunstwerk wurde mit einer heftig riechenden und wahrscheinlich leicht brennbaren Flüssigkeit getränkt, die sich Fixativ nannte. Wenn es getrocknet war, konnte man mit den Fingern sachte auf diese Haube klopfen und einen leisen dumpfen Ton erzeugen. Die Familie fand meine Aufmachung schrecklich. Aber ich kämpfte sie durch. Es war ja das einzige modische Attribut, das ich mir leisten konnte.

Wir waren eben noch keine „fashion kids“.

7 Eigene vier Wände. Beinahe

Eines Tages kam mal wieder der Möbelwagen. „Fenthol & Sandmann“ stand drauf, damals eine bekannte Umzugsfirma. Eine kräftige Zugmaschine mit wummerndem Motor und ein großer geschlossener Anhänger auf kleinen Vollgummirädern, nur geeignet für die Stadt oder die Fahrt zum Güterbahnhof. Die Möbelmänner schleppten sich ab, denn wir wohnten im vierten Stock unterm Dach.

Drei Jahre hatten wir es dort in großer Enge ausgehalten. Aber richtig Platz zum Leben hatten nur ganz wenige. An den meisten Wohnungstüren standen mehrere Namen mit der Aufforderung: „1 x klingeln“, „2 x klingeln“, „3 x klingeln“ und so weiter. Vor allem die Vertriebenen aus Schlesien, Pommern, Ostpreußen und noch weiter her waren von den Behörden der Stadt irgendwo hineingequetscht worden – was die alten „Hauptmieter“ selten erbaute. Solidarität: schön und gut! Aber es mußte einen ja nicht gleich persönlich treffen.

Wir hatten in unserer Heimatstadt bleiben können, waren aber ausgebombt. Zum Teil wenigstens. Das

Mietshaus in der Springerstraße war nicht völlig vernichtet worden. Der vordere Teil war bis zur ersten Etage weggerissen, so daß man, wenn man das Treppenhaus hinaufstieg, irgendwann unter freiem Himmel stand. Der hintere Teil war erhalten. Ich erinnere mich, daß wir im Wohn- und im Eßzimmer mit Schaufeln den Schutt wegschippten, um die leicht beschädigten Möbel und die verstaubten Teppiche zu bergen. Wir lauschten ängstlich, ob es irgendwo über uns im Gebälk knackte. Denn die Decke stemmte sich gegen den Schutt von drei Stockwerken und hing schon bedrohlich durch. Eines Tages, als wir fast alles gerettet hatten, brach sie wirklich herunter.

Ich empfand das Ganze als ein großes, manchmal sogar lustiges Abenteuer. Wenngleich die halbzerstörte dustere Wohnung, mit Staub überzogen, vollgestellt mit Möbeln, Koffern, Kisten und Gerümpel, etwas gruselig auf mich wirkte. Was ich als kleiner Junge noch nicht begriff, war die Trauer meiner Oma: Hier war der Ort, an dem sie mit ihrer Familie gelebt hatte, mit ihrem Mann, meinem Opa, der inzwischen tot war, mit ihrem jüngsten Sohn, der noch in sowjetischer Gefangenschaft war. Hier hatten sie Feste gefeiert, auch mit den Freunden, vielen jüdischen darunter, die hoffentlich in Palästina oder Amerika oder China in Sicherheit waren.

Aber nun hatten wir das große Los gezogen! Mein zweiter Stiefvater Walter Müller mit seinen vielfältigen und undurchsichtigen Beziehungen hatte es geschafft, daß wir eine Wohnung zugewiesen bekamen. In einem ansehnlichen Mietshaus der Jahrhundertwende im Vorort Gohlis. Eine „gute Gegend", wie die Oma befand. Sie hatte vor vielen Jahren schon einmal in derselben Straße gewohnt, sogar genau gegenüber.

Die Zugmaschine mit dem Möbelwagen rumpelte gemächlich über das Kopfsteinpflaster der Pölitzstraße. Wir saßen in der zweiten Reihe hinter dem Fahrer. Die Oma lauschte angestrengt, ob von hinten verdächtige Geräusche zu hören wären. Sie bangte um ihre verbliebenen, ohnehin beschädigten Möbel, um ihr dezimiertes Meißner Porzellan, ihr übriggebliebenes böhmisches Kristall und ihre kompletten Sammeltassen. Aber der Schaden, stellte sich nach dem Auspacken heraus, war ganz gering.

Die Wohnung! Drei große Zimmer nach vorn, mehrere kleinere nach hinten, vom Flur bog, wie in diesen Leipziger Häusern üblich, ein schmaler Gang ab, der zur Küche, zum Bad, zum Kämmerchen und zum Balkon führte. Oh ja, wir waren in einer Gegend für bessere Leute gelandet. Natürlich hatten wir die Wohnung nicht für uns allein. Außer uns vieren lebten weitere sechs Personen hier, darunter unglückseligerweise eine Gesangslehrerin. Zu meiner Freude aber auch zwei Jungen meines Alters, Vertriebene aus einem pommerschen Dorf, die sogleich meine Freunde wurden.

Wir waren also zehn und mußten uns sowohl die Küche als auch das Bad mit Toilette teilen. Zuerst versuchten wir es mit einer Art Benutzungsplan. Aber was, wenn der Mensch mal dringend mußte? Ja, mach nur einen Plan! sagte Brecht. Wir rauften uns ohne Plan zusammen. Wobei es natürlich heikle Punkte gab. Zum Beispiel hatte jeder sein eigenes Klopapier. Wir bezogen die „Leipziger Volkszeitung", die vor allem ich sorgfältigst studieren mußte, um für meine Schulaufsätze gerüstet zu sein. Einmal die Woche schnippelte ich nun mit einem großen Küchenmesser die Zeitung in handliche

Stücke und spießte sie auf ein Drahtgestell, wie man es heute längst nicht mehr zu kaufen bekommt, wozu auch? Das Zeitungspapier war ziemlich hart, und mein Stiefvater beschwerte sich gelegentlich, dieses SED-Blatt sei von geradezu verletzender Schärfe. Aber noch war eben längst nicht die Zeit des berühmten rauhen DDR-Einheits-Klopapiers angebrochen. Meine geschnippelte, aufgespießte „Leipziger Volkszeitung“ war ausschließlich für unsere Familie gedacht. Aber bisweilen hatten wir den dringenden Verdacht, unsere Untermieter hätten diese eherne Regel einfach weggewischt. Das führte zu Mißtrauen.

Keinen Ärger gab es mit der Badewanne. Sie funktionierte nämlich nicht mehr. Der Badeofen war durchgerostet, und es waren auch mit Tricks und Tauschgeschäften keine Ersatzteile zu bekommen. Aber man stelle sich auch vor, zehn Personen hätten am traditionellen Samstag abend jeder ein warmes Bad nehmen wollen! Von diesem Problem blieben wir auf einfache Art verschont.

In späteren Jahren gelang es, einen kleinen Durchlauferhitzer zu organisieren, aber bis dahin war kalte Katzenwäsche angesagt. Uns Kindern kam das entgegen, denn wir liebten übermäßige Sauberkeit ohnehin nicht. Ich glaube, wir rochen kaum weniger streng als die Menschen im Barock, die auch nicht groß mit Wasser in Berührung kamen. Und wenn wir Jungen beim Balgen einmal näheren Körperkontakt bekamen, hatten wir das Gefühl, es müsse uns die Luft nehmen.

Die Prunkstücke unserer Küche waren der mit Kohle befeuerte Herd der Marke „Senking“, der wahrscheinlich schon zur Erstausstattung der Wohnung gehört hatte, und ein Eisschrank aus den dreißiger Jahren. Neben dem Wasserbecken gab es noch einen extra Ausguß für schmutziges Wasser. Wenn das Bad besetzt war und wir Kinder mal dringend mußten, tat es auch dieser Ausguß. Dabei konnten wir gut unser körperliches Wachstum kontrollieren, denn anfangs brauchten wir eine Fußbank, aber eines Tages mußten wir uns nur noch auf die Zehenspitzen stellen.

Der Balkon war im Sommer der schönste Ort. Dort stand auch der selbstgebastelte Käfig, in dem mein Kaninchen „Hasi“ vor sich hin mümmelte. Einziger Nachteil war, daß man sich auf dem Balkon, sobald die Sprache auf ein politisches Thema kam, nur noch flüsternd unterhalten konnte. Und damals waren die meisten Gespräche politisch. Selbst ein Bericht über den Versuch, im Konsum oder im HO einen Kohlkopf zu kaufen, konnte als Kritik am Staat aufgefaßt werden. Also saßen wir bei Wasser mit Himbeersirup und machten „Psst!“, wenn jemand sich vergaloppierte. Im Baum hinterm Balkon tschilpten indes aufgeregt die Spatzen, die wir Kinder liebten, weil sie irgendwie waren wie wir, und die Mauersegler fegten mit Gekreisch in halsbrecherischem Flug zwischen den Häusern hindurch. Die Ameisen zogen fleißig ihre Straße die Holzbalken des Balkons hinauf und hinunter, und das Leben war schön.

Lange Zeit roch die ganze Wohnung nach Leim. Meine Mutter hatte eine Hausarbeit angenommen. Sie beklebte Schuheinlegesohlen aus Pappe mit Stoffresten und umsteppte sie auf der Nähmaschine mit schmalem Band. Das war eine furchtbar eintönige Arbeit, die außerdem heftig auf den Rücken ging. Aber irgendwie mußten noch ein paar Mark ins Haus. Ich half und entwickelte ein gewisses Geschick, die Stoffreste so anzulegen, daß kaum Abfall entstand.

Ich hatte für mich ein winziges Kämmerchen, das früher einmal Schlafraum des Hausmädchens gewesen sein mußte. Jedenfalls war an der Wand noch eine elektrische Anzeigetafel, auf der das Mädchen in jeden Raum der Wohnung gerufen werden konnte. Zum Glück funktionierte das verstaubte Gerät schon lange nicht mehr.

Im Wohnzimmer stand unser gutes „Blüthner"-Klavier, auf dem ich seltener übte, als ich sollte. Am liebsten tat ich es noch dann, wenn im Zimmer nebenan die Untermieterin ihre Schüler in der Kunst des Gesanges zu unterweisen suchte. Dann hämmerte ich begeistert in die Tasten, richtig oder falsch. Es war ein Racheakt, nicht nur geduldet, sondern gefördert von meiner Familie, die die Dame gern losgeworden wäre.

Wenn der Familie nach Gemeinsamkeit war, versammelte sie sich im Zimmer der Oma. Dort stand unser einziges Radio. Den Volksempfänger hatten wir nach Kriegsende bei der Besatzungsmacht abliefern müssen. Wie den Fotoapparat. Am Sonntag spät nachmittags mußte ich die Radioreportagen aus der Fußballoberliga mit Heinz Florian Oertel hören. Leider hielt es die Oma, wie fast alle Omas, für völlig unsinnig, daß sich zweiundzwanzig Erwachsene um einen Ball stritten. Also gab es jeden heiligen Sonntag Streit.

Einigkeit herrschte, wenn „Die Insulaner" kamen, das politische Kabarett des RIAS. Dieses Programm aus der Frontstadt West-Berlin war damals in der Ostzone vom nervtötenden Pfeifton eines Störsenders überlagert. Wir mußten fast hineinkriechen in den Apparat. Wenn es an der Wohnungstür klingelte oder sonst ein verdächtiges Geräusch zu hören war, schoß jemand zum Apparat und drehte ihn aus. Denn wer wußte, ob nicht der „Hausbeauftragte“ durchs Treppenhaus schlich und an den Türen schnüffelte? Er wußte natürlich auch: heute „Insulaner“! Ein „Straßenfeger“ der frühen Jahre.

Fünf Jahre lebten wir in dem Haus. Jedesmal, wenn ich später die Stadt besuchte, schaute ich in der Pölitzstraße 11 nach dem Rechten. Klingelte bei den alten Nachbarn. Mußte erzählen über das Leben im „goldenen Westen“. Schilderte in rosigen Farben. Sagte nicht, daß wir immer noch ziemlich zu strampeln hatten.

Das Haus verkam von Mal zu Mal mehr. Hätte dringend ein paar Bottiche frische Farbe benötigt. Das Treppengeländer zur ersten Etage war eingestürzt und nicht ersetzt. Einstmals farbige Fenster im Treppenhaus mit Pappe vernagelt. Der Gartenzaun verrostet, der Vorgarten verwildert. Die Aschetonnen verbeult. Der linke Pfeiler des Gartentors kippelte. Das Schild mit der Hausnummer war eines Tages weg. Geklaut, was sonst? Die „11“ wurde mit Kreide angeschrieben. Ich besuchte auch den Besitzer oben unterm Dach. Er hatte resigniert. Die alte Geschichte: Von den staatlich verfügten niedrigen Mieten konnte er nicht renovieren. Abgesehen davon, daß es weder Handwerker gab noch Material. Erstes Wasser lief schon durch das undicht gewordene Dach. Der Anfang vom Ende?

Gleich 1989 wurde das Haus, in dem wir gewohnt hatten, von neuen Besitzern als erstes der ganzen Straße renoviert. Bald kam ein zweites und drittes und sechstes an die Reihe. Bald fielen diejenigen ins Auge, die noch nicht renoviert waren. Heute ist alles in „unserer“ Straße wieder in Ordnung. Überlebt, wenn auch manchmal knapp.

8 Aschetonnen nur für Asche

Ein gewöhnlicher Wintertag.

Der Wecker klingelt. Vorsichtig streckt man eine Hand unter der Decke hervor und zieht sie schnell zurück. Es ist eiskalt. Natürlich, man kann nicht alle Zimmer einer Altbauwohnung heizen. Dafür bräuchte man die vierfache Kohlezuteilung und einen hauptamtlichen Heizer. Man dreht sich noch mal um. Bis auch die letzte Frist verstrichen ist. Man tastet auf dem Nachttisch nach der Petroleumfunzel und den Streichhölzern. Es ist wichtig, diese beiden Utensilien abends immer am gewohnten Ort zu deponieren. Denn ab sechs Uhr morgens ist Stromsperre.

Jeder in der Familie besaß eine Petroleumlampe und war auch für ihre Wartung verantwortlich, fürs Reinigen und Auffüllen. Auf dem langen Korridor unserer Altbauwohnung war es spannend, im Stockdunklen zuerst einen flackernden Schein zu sehen und zu raten, wer da mit seiner Funzel nahte. Aha, die Oma! Oder der Vater. Oder die Untermieterin. Der Gestank nach Petroleum begleitete die Jahre.

Katzenwäsche in der bitteren Kälte. Bis heute hasse ich weniges mehr als ein ungeheiztes Badezimmer. Eine Art Kindheitstrauma? Nun, wir wollen nicht übertreiben, aber es war für mich ein Festtag, als ich viele Jahre später meine erste eigene Wohnung bezog – mit Badewanne!

Frühstück im Flackerlicht. Schwarzbrot, Margarine, Vierfruchtmarmelade, Pfefferminztee mit Zucker. Vielleicht gab es irgendwann auch etwas anderes zum Frühstück. Dieses andere muß jedoch in meiner Erinnerung so wenig Eindruck hinterlassen haben, daß es das Normale nicht verdrängen kann: Schwarzbrot, Margarine, Vierfruchtmarmelade, Pfefferminztee mit Zucker.

Der Ofendienst. Immer reihum, also war ich wochenweise auch dran. Die Kachelöfen waren morgens ausgekühlt. Die Asche raus. Die Eimer nach unten in die Aschetonnen. Sie hießen Aschetonnen, weil es anderen Abfall als Asche damals nicht gab. Neues Feuer. Zu unterst Zeitungspapier, darauf Holzspäne, zuoberst Scheite. Wenn alles flackerte: Briketts. Zuletzt Eierkohlen. Ganz zum Schluß, zur richtigen Zeit: Klappe zu! Das war nicht nur eine Arbeit, sondern auch ein Handwerk, wenn nicht gar eine Kunst. Es zahlt sich selbst heute, im Zeitalter der vollautomatisierten Gaszentralheizung, noch aus, zum Beispiel beim Grillen.

Der Kampf um die Kohlen beherrschte das Denken spätestens ab Ende des Sommers. Wie hätte man einen strengen Winter überleben sollen mit einem leergefegten Keller? Ein Festtag, wenn die Kohlenmänner endlich anrückten! Man kann es auch heute noch hier und da beobachten: die Anhänger mit den schmutzigen Kohlensäcken, die schwarzgesichtigen Arbeiter, die die schweren Säcke schultern, zum Kellerfenster schleppen und mit Schwung über die Schulter hineinkippen. Unten stand ich und begann zu stapeln. Immer eine Schicht längs, eine Schicht quer. Damit das Werk nicht in sich zusammensank. Ganz wie ich's gelernt hatte.

Abends im Winter. Um sechs, man konnte die Uhr danach stellen, erstarb das Leben in der Wohnung. Das Licht erlosch. Das Radio verstummte. Stromsperre. Wer seine Petroleumfunzel nicht morgens am gewohnten Platz abgestellt hatte, irrte suchend durch die Zimmer.

Wir saßen meistens noch lange nach dem Abendbrot am Tisch und redeten über das Leben. Was wäre sonst im Dunkeln zu tun gewesen?

Sollte man mal wieder Stromsperre haben?

9 Kennen Sie Winnetou?

Nein, es ist ihnen nicht gelungen, uns unseren geliebten und verehrten Karl May madig zu machen. Unseren Old Shatterhand. Unseren Kara ben Nemsi. Aber sie haben es ja auch nur halbherzig versucht. Es stimmt nicht, wenn geschrieben wird, die Bücher von Karl May seien in der DDR „verboten" gewesen. Tausende waren verboten, aber nicht diese. Sie wurden von den Kulturfunktionären der SED, wenn man so sagen kann, halbherzig verpönt.

Karl May war aber auch eine harte Nuß für die Partei. Einerseits ein bürgerlicher, christlich gefärbter Fabulierer – also ein Klassengegner. Andererseits ein Aufsteiger aus proletarischem Milieu, der für die Gleichheit der Unterdrückten und Verfolgten dieser Welt schrieb – also zumindest ein klassenmäßig Nahestehender. Was sollte man mit so einem anfangen? Es gab ihn also nicht in Buchhandlungen zu kaufen oder in Bibliotheken zu leihen. Aber er war auch nicht indiziert wie zum Beispiel Bücher, die die Helden des Ersten Weltkriegs glorifizierten, sofern sie nur Deutsche gewesen waren. Ich las mit Begeisterung aus dem Familienbücherschrank die Sagas der kaiserlichen Kriegsmarine: „Vom Skagerrak nach Scapa Flow", der Weg „unserer" Flotte von ihrem größten Sieg bis zur heldenhaften Selbstversenkung. Ich glaube nicht, daß ich diesen Schinken heute noch ertrüge.

Mein Lieblingsbuch war „Emil und die Detektive“. Ich wußte nichts über Erich Kästner, seine links-bürgerliche Gesinnung, seinen hinreißenden „Fabian“, seine satirischen Balladen, sein Durchlavieren im Dritten Reich. Ich kannte nur seine Emil-Geschichte, und zwar auswendig, und wußte: An den Berliner Nollendorfplatz, da mußt du eines Tages hin! Als ich dann, als Flüchtling, voller Erwartung aus der U-Bahn stieg, empfing mich ein öder Platz mit langweiligen Neubauten und ein paar Halbruinen. Abgehakt.

Zweitens – oder vielleicht doch erstens? – Mark Twains „Tom Sawyers Abenteuer“. Ich will es nicht überschätzen, aber so eine Kindheitslektüre mag Sehnsucht wecken nach dem Land, wo sie spielt. Ich wußte damals, ich würde Amerika immer wieder besuchen und eines Tages auch das Nest Hannibal und den Zaun sehen, den Tom im ersten Kapitel anstreichen soll, und auf den Spuren von Mark Twain mit dem Raddampfer den Mississippi hinunterfahren bis nach New Orleans. Inzwischen ist ein halbes Jahrhundert vergangen, und ich war in vielen Ecken zwischen New York und San Francisco, aber Hannibal steht noch aus. Nächstes Jahr!

Drittens verschlang ich „Grüne Hölle Amazonas“. Manaus, eine der kuriosesten Städte der Welt, mit schweißtreibendem Klima und Geiern auf den Dächern und dem verrückten Opernhaus. Ich habe Manaus besucht. Es war, außer daß immer noch der größte Fluß floß, ganz anders als in meinem Buch damals, aber es war eindeutig Manaus. Jedenfalls stand das am Flughafen.

Sehnsucht wecken – das sollen Bücher. Ich kam als Junge selten über die Grenzen meiner Stadt hinaus. Und wenn, dann gerade mal bis Meißen oder Jessen an der

Elster. Aber laßt mich nur eines Tages groß werden! Berlin! Hannibal! Manaus!

Die neuen Bücher der wackeren sozialistischen Autoren ließen uns ziemlich kalt. Wir lasen sie und „analysierten“ sie in Aufsätzen, aber sie hatten keine Chance. Vor allem nicht gegen Karl May! In jeder deutschen Familie, sofern sie nicht vertrieben oder völlig ausgebombt war, stand mindestens ein gutes Dutzend von ihm im Bücherschrank. Sie wurden unter der Hand getauscht. Ich kam in kurzer Zeit auf fünfunddreißig Bände, die ich hemmungslos verschlang, bei Tag und bei Nacht, bei Stromsperre mit Petroleumfunzel. Es wären auch noch fünfundsechzig geworden, wären wir nicht geflüchtet und hätten „drüben“ plötzlich anderes im Kopf gehabt.

Natürlich wollte ich, sobald ich groß genug wäre, mein Bündel schnüren und auswandern in den Wilden Westen. Winnetou und Old Shatterhand helfen bei der Durchsetzung von Recht und Gerechtigkeit. Und wenn das erledigt wäre, ab in den Orient! Kara ben Nemsi zur Seite stehen und seinem Hadschi Halef Omar ben Hadschi Abul Abbas usw.

Karl May gelesen haben wir fast alle, einige haben über ihn geschrieben. Die May-Biografie „Swallow, mein wackerer Mustang“ ist bestimmt nicht das wichtigste Buch, das Erich Loest verfaßt hat. Aber vielleicht ist es sein schönstes. Es wirkt wie mit Herzblut geschrieben. Aber auch mit Witz. Ein Sachse über einen Sachsen!

Es gibt eine Episode, die bei Loest fehlt und die ich hier nachtragen möchte. Allerdings ist die Quellenlage nicht ganz eindeutig, so daß man nur wird sagen können: Es mag so gewesen sein:

„Babba, Babba!" rief der kleine Junge wie aus dem Häuschen, „guggema, Inchaaner!"

Dem Vater war die lauthalse Aufregung seines Achtjährigen einerseits peinlich, andererseits war er selbst aufgeregt: Indianer! Mitten in Dresden!

„Bravo!" rief er, den Hut schwenkend, und der Häuptling der Truppe winkte freundlich zurück.

„Babba, meensde, die sin ächd?" fragte der Kleine.

„Nu!" bestätigte der Vater, „die sin genauso ächd wie Winneduu!"

Viele Tausende Dresdner, von der Presse neugierig gemacht, geradezu aufgestachelt, säumten den Weg vom Hauptbahnhof durch die enge Prager Straße und über den weiten Altmarkt, vorbei an der Frauenkirche und über die Elbe zum Circus Sarrasani in der Neustadt. Selbst der König, wenn er ausritt oder mit der Kutsche über die Augustusbrücke fuhr, mobilisierte, außer vielleicht an seinem Geburtstag, bei weitem nicht so viele Untertanen. Indianer in Dresden! Zum ersten Mal! Nicht seit Menschengedenken, sondern zum ersten Mal überhaupt. Trompetende Elefanten und brüllende Löwen hatte man hier und da schon bestaunen können, auch schwitzende Eskimos und frierende Mohren. Aber Indianer? Dabei lebte doch in Radebeul, also unmittelbar vor den Toren der Stadt, leibhaftig Old Shatterhand, der wie kein anderer Deutscher seinen Landsleuten die Rothäute ans Herz gelegt hatte.

„Meensde, dem sei Schgalb is noch ächd?" fragte der kleine Junge, der ein begeisterter Karl-May-Leser war.

„Nu!" bestätigte sein Vater, mit einem ganz kurzen „u", was im Dresdner Dialekt soviel heißt wie „ja".

„Und wieder einmal", schrieb am Spätnachmittag des selben Tages der Redakteur Bruno Meyer für die morgige Ausgabe seines Blattes, „hat Sarrasani eine wahre Weltsensation in die Mauern unseres geliebten Elb-Florenz gezaubert. Die sächsische Metropole verdankt dem wackeren Manne Unglaubliches, seitdem er sein Circusunternehmen von Brandenburg an der Havel nach Radebeul an der Elbe und schließlich nach Dresden verpflanzt hat. Wir sind sicher, daß Häuptling Two-Two und seine Truppe von Sioux die Hauptstädter in hellen Scharen herbeitreiben werden."

Der Zirkusdirektor schenkte seinem Gast noch einmal vom prickelnden Sekt nach, Marke „Schloß Wackerbarth" von den Elbhängen Radebeuls.

„Sie haben ganz recht behalten mit Ihrer Prognose damals", sagte er, anerkennend das Glas zum Anstoßen hebend, „unsere Indianer in Dresden stellen wirklich alles in den Schatten, wahrscheinlich seit den Festivitäten zur Hochzeit Augusts des Starken."

„Das war keine schwierige Prognose", wehrte der Redakteur Bruno Meyer bescheiden ab. „Sie sind eben ein alter Fuchs, Herr Direktor. Als nächstes werden Sie uns wahrscheinlich einige grüne Männchen von einer Lichtjahre entfernten Galaxie präsentieren, die blaue Lava aus den Augen sprühen."

„Etwas Ähnliches wird es wohl sein müssen", schmunzelte der Direktor, „denn die Menschen haben sich an dauernde Steigerungen gewöhnt. Aber bis dahin müssen wir Häuptling Two-Two und seine Truppe für weitere Wochen oder gar Monate interessant machen."

Meyer mußte zugeben, daß das äußerst schwierig würde, denn rein rechnerisch hatte schon jeder Einwohner der sächsischen Hauptstadt knapp 1,5 mal Sarrasanis Rothäute besichtigt, eine Zahl, die natürlich nur dadurch zustande kommen konnte, daß die Leute aus dem ganzen Elbtal zwischen Schandau und Riesa gekommen waren, um die Weltsensation zu bestaunen, und vereinzelt sogar Leipziger, die ansonsten glaubten, alles zu kennen. Wie denn nun noch mehr Menschen zum Kommen bewegen?

„Ich hätte eine Idee“, sagte Meyer.

Der Direktor schaute erwartungsvoll. Er mochte übrigens Meyer nicht besonders, weil dieser seine Ideen und Geistesblitze stets mit dem Hinweis verband, sie seien bares Geld wert. Aber manchmal, das war zuzugeben, zahlten sie sich wirklich aus und rechtfertigten die vielen Gratiskarten für Logenplätze, die Meyer großzügig in seinem Bekanntenkreis verteilen konnte.

„Also?“ fragte der Direktor.

Meyer nahm sich dankend noch eine von Sarrasanis Havanna-Zigarren, zündete sie beinahe zeremoniell an und machte noch eine Kunstpause. „Herr Direktor“, sagte er sodann, „vor den Toren unserer Stadt, in Radebeul, lebt bekanntlich Deutschlands Indianer-Experte Nr. 1.“

„Ach!“ rief der Direktor, „hören Sie mir auf mit Old Shatterhand! Den haben wir doch sofort nach der Ankunft unserer Sioux gebeten, Häuptling Two-Two zu empfangen und ein gemeinsames Lichtbild für unsere Werbung zu machen.“

„Aber er wollte, vermute ich stark, keine solche Begegnung?“

„Richtig. Er hat aufs schroffste abgelehnt. Keine Zeit! Muß schreiben.“

Meyer sog genüßlich den Rauch seiner Havanna ein und lächelte überlegen: „Er traut sich nicht. Er hat Angst, daß ein echter Indianer ihn fragen könnte nach dem wahren Leben in der Prärie. Dann wäre nämlich sein Mythos endgültig zerstört."

„Mag ja sein. Aber was hätten wir davon?"

Meyer setzte erneut sein Lächeln auf, das dem Direktor allmählich auf die Nerven ging: „Wir verabreden ein Geschäft mit Herrn May: Er macht kostenlose Reklame für Ihre Indianer, und wir lassen ihm seinen Nimbus."

Der Direktor griff nun selbst zu einer seiner edlen Zigarren, und Meyer gab ihm großzügig Feuer.

„Gut", sagte der Sarrasani-Direktor nach langem Nachdenken, das auch die Frage einbezog, ob eine Vernichtung Karl Mays dem Zirkus eher geschäftsschädigende Antipathie einbrächte, „gut, Herr Meyer, versuchen Sie's!"

Als Meyer einige Zeit später das Büro des Direktors verließ, rieb er sich beschwingt innerlich die Hände: Er war kurz vor seinem Ziel! Wie konnte man, hatte er seit Jahren überlegt, Karl May, die lebende Ikone des romantischen deutschen Spießertums, entlarven, das Denkmal vom Sockel stoßen? Viele hatten den Zweifel gesät und genährt, ob der schmächtige blasse Schriftsteller in Radebeul tatsächlich einmal fäusteschwingend als Old Shatterhand den Wilden Westen oder als Kara ben Nemsi das wilde Kurdistan durchstreift habe, aber alle Versuche, an der Ikone zu kratzen, waren kläglich gescheitert, untergegangen im Protestgeheul fanatischer May-Gläubiger.

Aber nun!

Häuptling Two-Two verneigte sich höflich, wenn auch stolz: „Ich begrüße meinen weißen Bruder Old Shatterhand!“

Er hatte in den Monaten seines Aufenthalts in Dresden ein manierliches Deutsch für den alltäglichen Gebrauch gelernt, wobei ein leichter sächsischer Zungenschlag nicht zu überhören war. Karl May erwiderte den Gruß mit einer würdevollen wortlosen Verbeugung.

Mehrere Photographen hatten sich in Position gebracht und baten die Herren, einen Moment im Handschlag zu verweilen, damit sie ihre Aufnahmen zustande brächten. Der Häuptling trug seine farbige Festkleidung mit Federschmuck wie bei den Vorstellungen des Zirkus, allerdings ohne Waffen. Der Schriftsteller hatte abgelehnt, seinen abgetragenen ledernen Anzug zur Schau zu stellen; der symbolisiere für ihn, hatte er gesagt, den wichtigsten, aber leider vergangenen Abschnitt seines langen Lebens. May bat den Gast über die Schwelle seiner „Villa Shatterhand“.

Der Redakteur Bruno Meyer wollte nachdrängen, auch einige seiner Kollegen schickten sich dazu an, aber May wies ihnen mit einer deutlichen Geste unmißverständlich die Tür.

Meyer hatte sich nicht bemüht, in Wort und Bild exklusiv über das ungewöhnliche Treffen zu berichten. Im Gegenteil kam es ihm darauf an, daß die Entzauberung des Radebeuler Volkshelden einem möglichst breiten Publikum zur Kenntnis komme. Das würde, kalkulierte Meyer, seinen Ruhm als listiger Jäger noch steigern und ihm Schlagzeilen wie auch neue Kontakte weit über Dresden hinaus sichern.

„Sie sprechen ein gutes Deutsch“, lobte der Schriftsteller, indem er dem Häuptling einen mit Büfelleder bezogenen Sessel anbot und auch selbst in einem solchen Platz nahm.

„Seulement un tout petit peu d'allemand“, erwiderte der Häuptling bescheiden mit einem recht ordentlichen französischen Zungenschlag.

„Eh bien“, schlug der Schriftsteller daher vor, „si vous voulez, on parle français.“

(Um es dem nicht dieser Sprache kundigen Leser zu erleichtern, geben wir das Gespräch hier in deutscher Übersetzung wieder.)

„Woher kommt aber Ihre gute Kenntnis des Französischen?“ fragte May.

„Nun, Sie wissen zweifellos“, erwiderte Two-Two, (wie gesagt: auf Französisch), „daß wir, das Volk der Sioux, ein großes Gebiet bewohnen, das vor der Gründung der Vereinigten Staaten zum überwiegenden Teil in französischer Hand war.“

„Das weiß ich sehr wohl, habe ich das Gebiet doch unzählige Male in meist gefährlicher Mission bereist. Wo ist Ihre engere Heimat?“

„Wir stammen aus dem Norden des Siedlungsgebiets der Sioux, also aus dem heutigen Staat Dakota.“

May nickte wissend: „Dakota ist ja sogar der zweite Name des Stammes der Sioux. Sie haben also“, fragte er weiter, „keine Berührung mit meinen Freunden, den Apachen?“

„Zum Glück nicht.“

Der Häuptling registrierte, daß der Schriftsteller erstaunt die Augenbrauen zusammenzog, und beeilte sich zu erklären, daß sein Stamm froh sei, mit dem bekann-

termaßen kriegerischen Volk der Apachen weder eine gemeinsame Grenze noch divergierende Interessen zu haben.

„Kannten Sie meinen roten Freund Winnetou?" fragte Karl May.

„Wie ist der Name?" fragte Two-Two. (Wörtlich: Comment il s'appelle?)

„Winnetou".

„Ach so, das ist der Häuptling, den Monsieur Meyer mehrfach erwähnte."

„Winnetou ist, auch lange nach seinem frühen Tod, im gesamten Westen berühmt", sagte May mit dem Ausdruck großer Verwunderung.

„Winnetou?"

„Mais oui", bestätigte May: „Winnetou."

„Merkwürdig, ich habe in Amerika nie von ihm gehört. Und ich sage Ihnen: Es ist fast nicht möglich, daß ich von einem derart berühmten Häuptling der Prärie, wenn es ihn denn gegeben haben sollte, nicht gehört hätte."

Karl May zuckte nervös mit den Brauen. Jetzt war der Augenblick der Wahrheit gekommen. Jetzt stand seine Glaubwürdigkeit wieder einmal auf des Messers Schneide. Hätte er sich doch nicht auf diese Begegnung eingelassen! Hätte er die unterschwellige Drohung dieses widerwärtigen Zeitungsschreibers einfach ignoriert! Er spürte mit Unwillen, daß die Innenflächen seiner Hände feucht wurden. Wie konnte er einem stolzen Häuptling der Sioux klarmachen, daß es dessen eigene Schuld war, wenn er noch nie von einem der berühmtesten Häuptlinge der nordamerikanischen Prärie Kenntnis erhalten hatte?

May folgte einer plötzlichen Eingebung und suchte eine letzte Chance. Entweder oder! Er reckte sich ein wenig und schaute den Gast durchdringend an: „Sie sind doch, sagten Sie, ein Häuptling vom Stamme der Sioux."

„Aber ja."

„Daran besteht nicht der geringste Zweifel!"

„Aber nein."

„Nehmen wir an, Sie und ich träten nachher vor die Dresdner Presse oder, noch besser, heute abend in die Manege des Circus und tauschten uns aus über unsere Erfahrungen im Wilden Westen: Sie könnten mir jede Frage zutreffend beantworten?"

Häuptling Two-Two begann unruhig auf seinem Büffelledersessel herumzurutschen und zeigte kleine Schweißperlen auf der Stirn.

„Sioux?" fragte May. „Ohne jeden Zweifel?"

Der Häuptling nickte, aber es wirkte wie ein letztes Aufbäumen.

„Ich glaube, Sie sind mir ein schöner Indianer", sagte May.

Häuptling Two-Two holte tief Luft: „Monsieur May, wir sind eine Künstlertruppe. Wir sind echte Künstler. Wir und unsere Kinder leben vom Erfolg unserer Darbietungen. Und wir sind eine sehr gute Compagnie, das wird uns überall bestätigt, wo wir auftreten."

„Echte Indianer?"

„Ist das wichtig?"

„Ich verstehe. Woher?"

„Marseille."

„Ich hatte im Westen einen guten Freund, der aus Marseille kam."

Die Journalisten und Photographen sowie einige neugierige Radebeuler und Dresdner hatten eineinhalb Stunden ausgeharrt, bis Karl May und Häuptling Two-Two endlich aus der Tür der „Villa Shatterhand“ traten.

Der Redakteur Bruno Meyer fühlte sein Herz klopfen fast bis zum Hals. Jetzt entschied sich, ob sein sorgfältig eingefädelter Coup zum erhofften Ende und er selbst zum Ruhm kam. Hatte der Häuptling den Lügner entlarvt?

„Herr May“, rief er, „darf ich fragen, worüber Sie sich so lange und, wie ich hoffe, angeregt unterhalten haben?“

Der Schriftsteller maß den Journalisten mit einem zunächst prüfenden, dann herablassenden Blick: „Es wird Sie nicht wundern, daß unsere Zeit nicht ausreichte, um über alle Gemeinsamkeiten zu sprechen, die uns verbinden.“

Meyer hob verwundert die Brauen: „Und worauf beziehen sich diese Gemeinsamkeiten?“

„Junger Mann“, antwortete May geduldig, „ich verstehe Sie ja. Sie sind ein ziemlich bedeutender Journalist und möchten gern das breite Spektrum ihrer Kenntnisse einbringen, auch wenn es um ferne Länder geht. Aber Häuptling Two-Two“ – er schaute diesen an, und der Häuptling nickte zustimmend – „und meine Wenigkeit haben unser Leben, zumindest große Teile desselben, in jener fernen Welt zugebracht, von der Sie nur träumen können. Das unterscheidet uns. Und nun lassen Sie uns zum Ende kommen. Der Häuptling möchte noch gern meine Sammlung von Andenken an den Westen besichtigen.“

„Eine letzte Frage“, rief Meyer: „Kennt Häuptling Two-Two auch Häuptling Winnetou?“

Karl May wandte sich an den Häuptling: „Mon très cher ami, le jeune homme me demande, si vous connaissez Winnetou.“

Der Häuptling nickte eifrig: „Mais naturellement je connais Winnetou.“

Karl May übersetzte: „Natürlich kennt Häuptling Two-Two seinen roten Bruder Winnetou! Ich danke Ihnen allen für Ihre Aufmerksamkeit.“

„Herr Meyer, ich bin Ihnen wirklich zu außerordentlichem Dank verpflichtet“, sagte der Zirkusdirektor. „Aber wie, zum Kuckuck, haben Sie es hingekriegt, daß sich der große Karl May für unsere Werbung einspannen ließ?“

Meyer lächelte gelassen: „Herr Direktor, Sie sind ein Fachmann fürs Circensische, für Sensationen unterm Zeltdach. Mein Gewerbe ist ein anderes. Und jeder von uns beherrscht eben seines. Im übrigen: Warum soll ein echter Westmann nicht werben für Indianer? Noch dazu für echte?“

Der Direktor musterte seinen Gast einen Moment fragend, dann zog er aus seiner Brusttasche einen Umschlag und reichte ihn dem Redakteur.

„Aber bitte kein Geld!“ rief dieser.

„Aber nicht doch! Nur eine Dauerehrenkarte. Bis zu Ihrem Lebensende.“

Wie gesagt, diese Episode aus dem Leben von Karl May ist bisher nicht bekannt und kommt auch bei Erich Loest nicht vor. Das liegt daran, daß ich sie erfunden habe. Alles Lüge. Wie bei Karl May.

Wir waren damals May-gläubig. Für uns waren alle seine Geschichten bare Münze, echtes Leben. Das ist uns heute unverständlich. Wie konnte man diesem schmächtigen Bleichgesicht abnehmen, daß es Feinde aller Herkunft und jeglicher Konstitution mit einem Hieb seiner bloßen Faust ins Reich der Träume schickte? Heute müßte er dafür Beweise liefern, mindestens auf Video. Heute käme ihm ein ZDF-Team aus dem Studio Washington oder dem Studio Kairo sofort auf die Schliche. Aber damals genügte als Beweis der Wahrheit, daß die Unwahrheit nicht zu beweisen war.

Wenn ich heute versuche, den „Schatz im Silbersee" noch einmal zu lesen, lege ich ihn nach einigen Seiten entnervt aus der Hand. Diese endlosen Beschreibungen der Landschaft! Es ist ja bemerkenswert, daß einer mit solcher Präzision Gebirgszüge und Flußläufe beschreibt, die er nur aus dem Lexikon kennt – aber muß ich das wissen? Die Scherze über „Tante Droll" oder „Hobble Frank" entlocken mir kein Jauchzen mehr. Und wenn Winnetou aus einem zertretenen Kieselstein herausliest, daß an dieser Stelle ein blonder Reiter auf einem Rappen kehrtgemacht hat, um das Camp der Viehräuber zu überraschen, erinnere ich mich wehmütig der Zeit, da ich das alles gläubig verschlang. Eine schöne Zeit! Und die Partei hat sie uns nicht nehmen können!

Eines ist allerdings merkwürdig: Meine Kinder haben, lange bevor Harry Potter kam, auch Karl May gelesen. Warum bloß?

10 Unser scheener Dialeggd

Seit meiner Kindheit leide ich unter der Verballhornung und Vergewaltigung unserer schönen sächsischen Sprache.

Das deutsche Komödienpublikum aller Bildungsschichten gerät in rasende Verzückung, wenn ein Mime auf der Bühne ausruft: „Ei verbibbch!" Oder: „Nu gugge ma!" Ich sitze dabei und frage mich in allem Ernst, was daran komisch sein soll.

Die meisten Komiker können kein Sächsisch. Das ist ihnen auch nicht anzulasten, denn nur die wenigsten Komiker stammen nun mal aus Sachsen. Das ist schon statistisch ohne weiteres erklärlich. Aber aus einem mir unerklärlichen Grunde gilt Sächsisch als komisch. Also müssen Mimen aus Rostock oder Reutlingen sich quälen und unser sächsisches Ohr malträtieren.

Es trifft eben wieder mal zu, daß alles nicht so einfach ist. Aber mancher Nicht-Sachse glaubt genau zu wissen, wie man das macht mit dem Sächsischen: *Eene heeße Gardoffel in de Gusche, de Underlibbe vorschiem un eenfach nauslofen lassen.* Wenn das so eenfach wäre! Man kann sich ein paar witzige Vokabeln antrainieren, zum Beispiel das „Moohdschegiebchen", unsere Bezeichnung für den Marienkäfer. Aber das reicht doch nicht! Oder wird man zum Bayern, weil man „Oachkatzlschwoaf", zu Deutsch: Eichkätzchenschweif, noch deutscher: Eichhörnchenschwanz über die Lippen bringt? Unser Sächsisch will nicht nur schematisch antrainiert, es muß mit der Seele erfühlt werden. Sächsisch in Film, Funk, Fernsehen und Theater tut weh!

Der Streit geht ja seit Jahrhunderten, ob Sächsisch überhaupt ein Dialekt sei. Viele behaupten, es sei nichts weiter als ein schlampig ausgesprochenes Schriftdeutsch. Wahrscheinlich ist es aber umgekehrt. Als Martin Luther auf der Wartburg die Bibel fürs gemeine Volk vom Lateinischen ins Deutsche übersetzte, bediente er sich der Sprache, die er selbst sprach: Sächsisch. Der „sächsischen Kanzleisprache“, wie wir schon in der Schule eingebleut bekamen. Also eines Dialekts, der nun ohne eigenes Zutun verbindliches „Deutsch“ wurde. Wäre Luther zum Beispiel Bayer gewesen, klänge Schriftdeutsch heute vielleicht anders: „‘s begob si aba zu dera Zeit‘n, des an G’bot ausging von dem Kaiser Augustus, des an jeda si schätz’n liaß...“ Man stelle sich vor! Statt dessen ist unser Sächsisch nun Deutsch. Gut so!

Richtig ist, daß unsere Aussprache, gelinde gesagt, leicht verwaschen ist. Das kann zu ständigen Verwechslungen führen. Nehmen wir – die sächsischen Leser können das überblättern – das bekannteste Beispiel: das Wort „Le-im“. Ausgesprochen mit einem langgezogenen „e“ und einem abklingenden „i“. Es bedeutet „Lehm“. Aber auch „Leim“. Nicht zuletzt „Leben“. Und schließlich „Löwen“. Der Sinn muß sich aus dem Zusammenhang ergeben: Man kann für nichts seinen Leim aufs Spiel setzen und man wird einen zerbrochenen Stuhl nicht mit Löwen kleben.

Der sächsische Witz ist selbstironisch, friedfertig, nicht auftrumpfend, ein bißchen hintergründig. Er spielt mit seiner Mundart. Zum Beispiel in dieser Pausenhof-Kindergeschichte:

„Saache ma, Domas, was machd’n eichendlich dei Vaader?“

„Mei Vaader? Breedchn.“

„Breedchn? Da isser ä Bäggermeester?“

„Ä nee! Der machd nich Breedchn. Der duhd breedchn.“

Verstanden? Wenn nicht: Schreiben Sie ruhig!

Natürlich gibt es nicht „Sächsisch“, sondern die verschiedensten sächsischen Dialekte. Mit halbwegs geübtem Ohr hört man heraus, ob einer aus der Leipziger Ecke oder der Dresdner oder der Chemnitzer kommt. Experten hören genau Riesa heraus, Döbeln und Borna. „Nu!“ ist ein ost-sächsisches Wort und bedeutet: „Ja! Genau! Du hast recht!“ Im West-sächsischen würde man vielleicht sagen: „Echa!“ Unser Nationalgebäck heißt in Ostsachsen „der Stollen“ und bei uns in Westsachsen „die Stolle“. Und in der Oberlausitz oder im Erzgebirge oder im Vogtland ist man stolz darauf, ganz eigen zu sprechen.

Ich durfte zu Hause, selbst mit dem Hinweis auf Luther, nicht Sächsisch sprechen. Das galt als „gemeene“. Deswegen bereitete es einen unbändigen Spaß, beim Abendbrot unvermittelt einen verpönten Ausdruck rausrutschen zu lassen: „Mensch, ich hab mir heute den Nischel angestoßen.“ (Nischel = Kopf.) Noch einen Schlag ordinärer: „Ich hab mir die Fernsje gerammelt.“ Da explodierte die Oma erwartungsgemäß und forderte kategorisch, der Junge müsse endlich erzogen werden.

Dabei sprach niemand in der Familie hochdeutsch. Sie konnten es nämlich nicht. Sie bemühten sich. Sie spitzten zierlich die Lippen und betonten nachdrücklich die Endsilben. Aber sie brachten kein klares, helles „ei“ heraus, das „au“ war immer ein halbes „ou“, das „ü“ eine Art „i“. Und vor allem die Sache mit dem „harten B“. Wenn sie nicht höllisch aufpaßten, wurde ich zum „Bostamt“ geschickt. Sie waren sich ihrer Schwäche bewußt, deswegen verfolgten sie mich um so unerbittlicher.

Es ist übrigens eine wahre Geschichte, die meine Mutter in der Schule erlebt hat: der total verhauene Aufsatz einer Klassenkameradin über „Die Haustüre“. Warum verhauen? Weil das Thema geheißen hatte: „Die Haustiere“. Beides heißt auf Sächsisch: „De Hausdiere“.

Über Lene Voigt, unsere sächsische Nachtigall, konnten wir herzlich lachen. Das haben die Fremden nie verstanden. So irre Zwerchfell zerfetzend fanden sie es denn auch wieder nicht. Lene Voigt war in der DDR nicht offiziell verboten, aber verpönt, ähnlich wie Karl May. Richtig sozialistisch war ihre Literatur auch nicht. Wir konnten ihre „Säck'schen Balladen“ auswendig hersagen. Ob sich Heinrich Heine, selbst zu anderen Zeiten in Deutschland verboten, über die Verballhornung seines berühmtesten Liedes von der Loreley hätte amüsieren können?

Ich weeß nich, mir isses so gomisch
Un ärchendwas macht mich verschtimmt.
S'is meechlich, das is anadomisch,
Wie das ähmd beim Menschen oft gimmt.

Und so weiter.

Nächstes Jahr spielen sie bei uns mal wieder den „Raub der Sabinerinnen“. Der Darsteller des sächsischen Theaterdirektors Striese soll aus Rostock kommen. Na ja.

11 Vom RIAS infiltriert

Der Ast machte knack! Ich machte plumps! Ich war vom Baum gefallen. Wie mir schien, aus zwölf bis fünfzehn Metern Höhe, das gab ich auch an, wenn Freunde mich fragten. In Wahrheit mögen es zwei Meter achtzig gewesen sein. Aber es war schmerzhaft, und als ich auf dem

Rasen saß und meine Gliedmaßen abtastete, entdeckte ich einen gut daumendicken Ast, der aus meinem Unterschenkel ragte. Die Narbe kann ich bis heute vorzeigen. Der Hausarzt verordnete Salbe, Umschläge, Bettruhe. Ich hätte auch nicht mehr auftreten können mit dem dick geschwollenen schmerzenden Bein.

Zwei Wochen lang las ich einen Karl May nach dem anderen, obwohl ich sie fast auswendig kannte, sowie zum vierten oder fünften Mal den schon lobend erwähnten „Tom Sawyer". Ich quälte mich durch Scholochows „Der Stille Don", weil er in der Schule demnächst dran kam, geriet aber bald in Untiefen und blieb stecken. Die Oma stellte mir ihr Radio ans Bett, das einzige der Familie. Ich hörte im verbotenen RIAS, wie immer mit Pfeifton des Störsenders, die West-Schlager der Saison: „Eine weiße Hochzeitskutsche" und „Haben Sie nicht 'ne Braut für mich" und „Das machen nur die Beine von Dolores". Lauter Lieder, die mich von der Thematik her nicht sehr ansprachen, denn ich war elf. Aber da gerade heißer Sommer war, wiederholte der RIAS ständig mein Lieblingslied: „Pack die Badehose ein!" mit der kleinen Conny. Das war eine begnadete Sängerin! Trotz allem wurde es bald sterbenslangweilig. Ich mopste mich.

Aus meinem Schrank ließ ich mir den Stabilbaukasten kommen, mein Lieblingsspielzeug an sich für verregnete Herbsttage und lange Winterabende. Wer noch nie auf der Bettdecke einen großen Kran gebaut hat, ahnt nicht, was für ein Gefummel das ist. Wie oft allein der Bindfaden von der Rolle sprang! Aber ich kam voran. Die Bauteile aus unverwüstlichem schwarzen Metall stammten natürlich – wie fast alles, was ich besaß – aus den legendären „Friedenszeiten" und waren, wie der Name andeutete, von wirklich stabilster Märklin-Qualität. Nicht zu zerkratzen, nicht zu verbiegen. Im Unterschied zu dem neuen Ergänzungskasten aus dem HO-Kaufhaus: graues Metall, das schmutzige Finger machte und sich verbog, wenn man es scharf anschaute. Besonders lästig war, daß die Lochung für die Schrauben nicht mit der des Originals übereinstimmte. Waren sie im VEB einfach nur zu dumm gewesen, oder hatten sie den Auftrag, die Eigenständigkeit des Sozialismus auch hier zu demonstrieren? Trotz aller Widrigkeiten wurde der Kran fertig, und die Familie mußte alles heranschleppen, was in irgendeiner Weise gehoben werden konnte. Aber was kam danach?

Man müßte, überlegte ich, an der Wand des Zimmers eine Leinwand oder irgendeinen Kasten anbringen, um darauf bewegte Bilder zu zeigen. Vor allem Fußballspiele und Kinofilme. Das wäre doch die Erfindung des Jahrhunderts! Warum war darauf noch niemand gekommen? Jeden Tag könnte man sich „Die Feuerzangenbowle" anschauen. Bis man Heinz Rühmanns spöttisches Mundwinkelzucken perfekt imitierte. In Leipzig wie anderswo wimmelte es damals noch von verstaubten Vorstadtkinos mit hochtrabenden Namen. Und die Klassiker der UFA füllten allemal die Mehrzahl der abgewetzten Plüschsessel. Wenn also irgendwo draußen am Stadtrand „Die Feuerzangenbowle" gegeben wurde, diese geniale Klamotte – sie gehört heute zu den Lieblingsfilmen meiner Kinder –, dann nahmen wir gern eine Stunde Fahrt in der überfüllten Straßenbahn in Kauf. Die Filmkopie war oft ziemlich verschlissen, der Ton rauschte, der Film riß vielleicht auch mal und mußte geklebt werden. Aber meine Familie war begeistert. Alle waren davon überzeugt, daß diese neue DEFA nur billige Propagandaschinken absonderte. Aber niemand hatte Wolfgang Staudtes Meisterwerk gesehen: „Die Mörder sind unter uns." Und auch von sowjetischer Filmkunst kein blasser Schimmer. Wie denn auch? Unsere Klasse wurde eines Nachmittags ins Kino gescheucht, um in einer Schülervorstellung Sergej Eisensteins epochales Revolutionsepos „Panzerkreuzer Potemkin" zu sehen. Aber niemand hatte uns erklärt, worum es ging. Wir verstanden nicht, warum die Schauspieler sich mit gewaltigem Pathos anschrien, aber kein Wort zu hören war. Offenbar hatten sie versehentlich den Ton abgeschaltet. Oder? Das geniale Werk ging unter im Gejohle und Gegröle von ein paar hundert Flegeln. „Das gibt's in keinem Russenfilm!" Dieses geflügelte Wort, mit dem der DDR-Volksmund ganz unglaubliche Vorgänge charakterisierte, es hätte bei dieser Gelegenheit geboren werden können.

Unser Puschenkino um die Ecke hieß hochtrabend „Gohliser Lichtspiel-Palast", abgekürzt „Golipa". Es war quasi unser zweites Wohnzimmer. Anfang der neunziger Jahre konnte ich zum letzten Mal einen Blick in den Kinosaal werfen, als ein Bagger ihn aufriß, um Platz zu schaffen für ein neues Stadtteilzentrum. Kino ging uns Kindern ans Portemonnaie: Auf dem „Rasiersitz" kostete es immerhin sechzig Pfennig, in der Mitte achtzig, für die Reichen in den hinteren Reihen eine Mark. Vor der Wochenschau die Reklame, wir funktionierten sie um zu einem Spielchen: Jedem wurde reihum eine Reklame zugeteilt. Schadenfrohes Gelächter, sobald einer die Mieder oder Büstenhalter erwischt hatte. Kinderquatsch.

Die Sache mit den „Suchkindern" kann ich nicht vergessen. Die Filmchen sind heute zum Beispiel im Bonner „Haus der Geschichte" anzuschauen: kleine verschreckte

Mädchen und Jungen, die verschämt vor der Kamera aufsagen, wie sie heißen und woher sie stammen und wo sie ihre Eltern verloren haben. Das ist Zeitgeschichte in ihrer einfachsten, aber eindrucksvollen Form. Wir verstanden damals gut, welches Glück wir gehabt hatten, wenn wir noch ein Elternteil besaßen oder gar beide. Ich kann auch fünfzig Jahre danach nicht zuschauen, ohne daß die Kehle eng wird.

Der „Kulturfilm“ interessierte uns selten. Sollten sich die Bienen vermehren, wie sie es für richtig hielten: Wir wollten endlich Bewegung. Heute würde man sagen: Action!

Mein Lieblingsfilm aus jener Zeit? Es gab unzählige. Der Anspruch war nicht hoch. Keine Cineasten. Aber ein Film gefiel mir am besten. Ich habe ihn vor einigen Jahren mit Findigkeit und Zähigkeit aus einem Archiv besorgt, denn kein Mensch käme auf die Idee, ihn heute noch einmal vorzuführen oder zu senden. Er heißt „1, 2, 3....“ – nein, nicht von Billy Wilder, der kam später – er heißt „1, 2, 3, Corona!“ Er spielt im zerbombten Berlin und handelt von jungen Leuten, die, weil sie sonst keine sinnvolle Aufgabe sehen, einen Zirkus ins Leben rufen. Clownerie und Artistik zwischen Ruinen und Schuttbergen. Es geht fröhlich zu, bis ein Unglück geschieht – ohne ein solches wäre es ja auch eine stinklangweilige Filmhandlung – und das junge Mädchen, das alle lieben, abstürzt und schwer verletzt wird. Nun hat die Truppe nur noch ein Ziel: Die Gute muß wieder gesund werden! Sie organisieren und schleppen alles herbei, was ihr auf die Beine hilft. Jeder möchte natürlich in ihrer Gunst ganz oben stehen. Und wir dürfen dreimal raten, ob die Sache gut ausgeht. Das hartgeprüfte, am Ende aber glückliche süße Geschöpf wurde von der zauberhaften Eva Ingeborg Scholz gespielt, die ich als die erste große Liebe meines Lebens bezeichnen würde, gäbe es da nicht schon eine frühere Bekanntschaft von der Rodelbahn. Eva Ingeborg hätte ich geheiratet, nicht auf der Stelle, aber sobald ich achtzehn war. Die Sache hat sich jedoch irgendwie zerschlagen.

Friedrich Schillers Potz-Blitz-Krawallstück „Die Räuber“ war mein erstes Theatererlebnis. Abgesehen natürlich von „Peterchens Mondfahrt“, „Hänsel und Gretel“ und den verschiedenen Hervorbringungen von Jewgenij Schwarz im „Theater der Jungen Welt“. Schiller sprach uns aus dem Herzen: rundheraus, edel, gerecht. Wie Winnetou. Wenn ich fürderhin an dem alten Bauernhäuschen in der Menckestraße vorbeiging, wo Schiller sein „Lied an die Freude“ gedichtet hatte, heute die Hymne der ganzen Welt, dann lupfte ich im Winter leicht meine Mütze und deutete im Sommer ein anerkennendes Nicken an. Hochachtung! Das war ein Dichter! Donner und Doria!

Ich lag, wie zu Anfang beschrieben, im Bett mit meiner Verletzung. Konnte meinen Pflichten nicht nachkommen: Holz hacken, Pferdeäpfel sammeln, Tomaten gießen, Schlange stehen. Eigentlich ein erstrebenswerter Zustand – bis auf das Bein.

Ja, Fernsehen hätte man eben gebraucht. Ich wußte natürlich nicht, daß andere vor mir die Idee gehabt hatten. Daß es in den dreißiger Jahren in Deutschland schon so etwas gegeben hatte. Daß es von neuem vorbereitet wurde, schon für nächstes oder übernächstes Jahr.

Und daß es Menschen gab, die an Computern bastelten, die uns eines Tages das Denken abnehmen würden. Dann hätten wir endlos viel Zeit zum Schlangestehen.

Aber wir hatten ja noch nicht mal Telefon. Wir konnten nicht, wie die Kinder heute, uns lässig auf dem Sofa räkeln, alle zehn Minuten den Hörer von der einen in die andere Hand schieben und eine Stunde um die andere mit unseren Freunden Nichtigkeiten austauschen. Wir mußten uns auf die Socken machen und unsere Freunde aufsuchen. Oder warten bis zur großen Pause am nächsten Tag, wenn die Wichtigkeiten vergessen waren.

Nach zwei Wochen war ich befreit aus der Isolation, in die ich mich – sozusagen direkt vom Baum herab – gestürzt hatte. Am ersten Tag in der Schule wurde der Aufsatz über den „Stillen Don" geschrieben. Pech gehabt!

12 Immer schneller, weiter

Mein erstes Fahrzeug war ein schneeweißes Kabriolett mit korbgeflochtener Karosserie, niedriggelegtem Boden und metallenen Scheibenrädern. Schick damals und seit einigen Jahren Mode. Man war ganz abgekommen von den hohen chromblitzenden Speichenrädern und den beengten Sportkarosserien, die man als unzeitgemäß empfand. Es gibt Serien von Fotos des stolz strahlenden Insassen, übrigens schon damals angeschnallt!

Nach diesem Kinderwagen kam irgendwann als zweites Fahrzeug ein Kickboard, das man damals allerdings noch Roller nannte. Es war ein uraltes und ausgesprochen primitives hölzernes Gerät der Marke „Hauser". Aber mein Roller trug mich Jahre lang getreulich durch die halbe Stadt, zum Einkaufen, zum Kindergottesdienst, zur Klavierstunde – bis er eines Tages mitten in vollster

Fahrt einfach zusammenbrach. Es gab nichts zu reparieren, die Reste landeten als Anmachholz im Kachelofen.

Auf dem Dachboden, wußte ich, staubte das alte blaue Fahrrad meines Onkels vor sich hin. Der Onkel war noch in russischer Kriegsgefangenschaft, sein Fahrrad sozusagen vakant, aber es gab zwei Probleme: Erstens wollte meine Oma das geheiligte Gefährt nicht herausrücken, bis ihr Sohn heimgekehrt war. Zweitens hatte das Fahrrad völlig mürbe, löchrige Schläuche und Reifen, und neue gab es nicht zu kaufen. Ich wartete zähneknirschend auf den Onkel und hoffte auf eine bessere Versorgungslage.

Aber wir hatten ja Alternativen. So wie man heute sein Auto in der Garage stehen hat, stand damals in jedem Keller ein Handwagen. Ein schlichtes, aber praktisches Gerät mit einer Technik, die wahrscheinlich vor fünfhundert Jahren nicht anders gewesen war. Wir transportierten damit alles nur Denkbare: Gemüse aus dem Gärtchen, Pakete zur Post, Brennholz aus dem Wald, die Möbel der Großeltern ins Altersheim. Wir Jungen nahmen auch Aufträge entgegen und verdienten uns als Fuhrunternehmer hier und da ein paar Groschen.

Der normale Mensch zog seinen Handwagen hinter sich her, wofür eigens eine Deichsel angebracht war. Aber so etwas Langweiliges wäre uns nie in den Sinn gekommen. Wir preschten mit unserem Handwagen durch die Straßen und spielten Rudolf Caracciola, Bernd Rosemeyer oder Paul Greifzu aus Suhl. Einer von uns saß vorn, die Deichsel zwischen die Beine geklemmt, und lenkte; der andere saß rücklings hinten, stieß sich mit den Füßen ab und machte Tempo. So ging es in wilder Fahrt quer durch die Stadt.

Autos? Ach Gott! Wir begegneten ihnen, aber sie spielten keine Rolle in unserer Welt. Wir kannten sie, wie Jungen überall eben Automarken hersagen können. Ich schwärmte davon, eines Tages, wenn ich groß und reich wäre, einen „Horch“ zu besitzen, ein Acht-Zylinder-Cabrio natürlich. Aber das hatte Zeit! Was an Autos durch die Stadt tuckerte und stänkerte, manche noch mit Holzvergaser, störte uns allenfalls beim Fußballspielen. Wenn zur Leipziger Messe die großen Amischlitten, meistens mit Kennzeichen aus Holland oder Belgien, in der Innenstadt parkten, drückten wir uns die Nasen platt. Doch es war nicht unsere Welt.

Dabei war ich schon im Auto gefahren. Mehrmals sogar! Einmal gleich über Land, mit meinem Onkel in seinem Opel P6 von Dresden nach Leipzig, über die gepflasterte Fernstraße 6. Eine Weltreise! Der Vater meines Freundes Bernd-Jasper hatte als Chefarzt im Krankenhaus einen Dienstwagen, einen Opel P4; auch darin wurde ich einmal mitgenommen, bei strömendem Regen, und ich konnte nicht verstehen, warum wir nicht mit Vollgas durch die Pfützen preschten und die Fußgänger duschten. Oh ja, wenn ich alles zusammenzähle, summiert es sich fast auf ein Dutzend Autofahrten, bis ich mit dreizehn in den Westen kam.

Viel lieber fuhren wir ohnehin Straßenbahn. Das war unsere Welt! Es war schon deswegen ein Abenteuer, weil die Straßenbahn in diesen Nachkriegsjahren praktisch immer überfüllt war. Es gab nach den Bombenangriffen zu wenige Wagen, und es gab zu viele, die damit fahren wollten oder mußten. Also stürmten die Menschen an den Haltestellen die Türen und rannten uns Kinder über den Haufen. Zu den Spitzenzeiten hingen ganze Trauben an den offenen Türen, manch einer fand einen ungemütlichen Sitzplatz auf der Anhängerkupplung. Die Schaffner quetschten sich mühsam durch die Leiber mit dem Ruf: „Noch jemand ohne Fahrschein?“ Aber meistens kamen sie nicht weit. Wir Kinder versteckten uns dann hinter dem breiten Kreuz eines Erwachsenen und sparten die zehn Pfennig, die uns für das Fahrgeld ausgehändigt worden waren. Manche Mark kam so zusammen.

Wir waren Experten. In Leipzig gab es damals fast dreißig Straßenbahnlinien. Ohne die Sonderlinien zur Messe. Wir wußten jede Linienführung und jede Endhaltestelle. Mit etwas Nachdenken bringe ich sie auch heute noch zusammen. Wir wußten von jeder Linie, welchen Wagentyp sie fuhr. Wir erkannten auf einen Kilometer Entfernung, was da nahte. Wir mochten manche Linie und andere nicht. Zum Beispiel mochten wir die 11 und die 28 überhaupt nicht. Die Leipziger waren nämlich stolz auf ihre „Niederflurwagen“. Sie stammten aus den Jahren ab 1928 und waren damals das Modernste vom Modernen gewesen. Mit Mitteleinstieg. Mit Leder gepolsterten Sitzen. So ein Zug aus Triebwagen und zwei Anhängern bot ein eindrucksvolles Bild. Aber es gab einen entscheidenden Nachteil: Man konnte nicht neben dem Fahrer stehen! Der saß nämlich in einem eigenen Abteil hinter einer Tür mit blinden Scheiben. Wir mieden diese Linien.

Wir mußten neben dem Fahrer stehen. Durch die Leiber der Erwachsenen kämpften wir uns zäh und verbissen an den begehrten Platz. Nie wäre es uns in den Sinn gekommen, im Wageninneren einen Sitzplatz zu ergattern. Die waren für Rentner, Schwangere und Kriegsversehrte. Wir standen neben dem Fahrer und beobachteten aufmerksam und kritisch jeden seiner Handgriffe. Wir liebten die jungen Kerle in den „FDJ-Zügen“, die mit Karacho in die Kurven preschten, daß die Räder in den ausgefahrenen Schienen schrill quietschten. Die alten Fahrer gingen es viel zu zaghaft an. Denen hätten wir zeigen mögen, wie man eine Straßenbahn fuhr! Warum ließ man uns nicht mal ran? Irgendwann tauchte die erste Fahrerin auf, auch sie im blauen FDJ-Hemd. Die Leipziger waren empört: Wie konnte man eine derart schwere und verantwortungsvolle Aufgabe einer schwachen Frau aufbürden? Das war nun typisch sozialistische Ausbeutung. Das wäre im Westen völlig unvorstellbar! Aber die jungen Frauen zeigten es den Alten und schossen mit noch mehr Karacho in die Kurven. Ja, man hätte achtzehn sein müssen, um auch diesen Traumberuf zu ergreifen.

Endlich kam der Onkel aus der Gefangenschaft, und ich freute mich doppelt, denn ich bekam sein blaues Fahrrad. Ein mächtiges altmodisches Monstrum mit Gesundheitslenker, das ich kaum die Kellertreppe hochschleppen konnte. Nach einigen Wochen und vielen Laufereien hatte ich Reifen und Schläuche. Bis ich fahren gelernt hatte, waren die Knie mehrmals blutiggeschrammt und wieder verschorft. Aber dann: dieses neue Gefühl von Freiheit! Ich sprengte die engen Grenzen meiner Heimatstadt und fuhr bis nach Holzhausen oder Schkeuditz oder Böhlitz-Ehrenberg.

Ein Fahrrad war ein unbezahlbarer Schatz, sorgsam abgeschlossen und eifersüchtig bewacht. Unvorstellbar damals, daß, wie heutzutage, vor Universitäten und Studentenheimen Hunderte abgewrackter Fahrräder vor sich hin gerostet hätten. Natürlich, es gab welche zu kaufen.

Im Konsum-Kaufhaus waren sie ausgestellt, Marke „Diamant“, die auch von den DDR-Assen auf der „Friedensfahrt“ gestrampelt wurden. Lothar Meister, Bernhard Trefflich, Täve Schur. Aber wer konnte sich so etwas leisten? Also quälten die meisten sich mit ihren Vorkriegs-Drahteseln – sofern diese nicht bei der Besetzung requiriert worden waren. Wenn der Sattel fehlte, band man ein Sofakissen auf den Rahmen oder fuhr einfach im Stehen. Wenn die Klingel fehlte, konnte man ja rufen. Und wenn es keine Bereifung gab, tat es ein Stück Gartenschlauch, mit Draht um die Felge gewickelt. Nachkriegszeiten machen flexibel.

Das größte für uns waren Eisenbahnen! Wenn ich zwei Groschen gespart oder abgestaubt hatte, kaufte ich mir im Hauptbahnhof eine Bahnsteigkarte und blieb für Stunden. Ich bestaunte die D-Zug-Loks und stellte mir vor, ich stiege ein in einen Waggon dritter Klasse – oder gar zweiter! – und führe nach Berlin. Wie mein Freund Emil, der mit den Detektiven. Oder nach Hamburg oder Frankfurt oder München. Ferne Welten. Unerreichbar.

Mein Großonkel Wilhelm war bei der Reichsbahn. Wenn wir ihn und Tante Martha in Connewitz zum Kaffeetrinken besuchten, trug er immer einen Anzug mit Weste und Uhrkette. Aber ich stellte ihn mir vor in seiner schwarzen Arbeitskluft, wie er, den Arm lässig aufgestützt, aus dem Fenster seiner Dampflokomotive lehnte und auf das Abfahrtsignal wartete, um seinen 120-Tonnen-Koloß schnaubend und prustend aus dem Hauptbahnhof zu schieben. Es gehörte zu den Enttäuschungen meiner Kindheit, daß Onkel Wilhelm bloß Zugschaffner war. Fahrkartenknipser!

Er erzählte gern über die Mängel bei der Reichsbahn, über die abgenutzten Schienen, das verbrauchte „rollende Material". Alles nicht mehr wie früher!

Und er hatte einen Lieblingswitz:

Der D-Zug von Leipzig nach Zwickau stampft eine Steigung hinauf.

Einem Fahrgast wird es langweilig. Er steigt aus und geht neben dem Zug her bis vorn zur Lokomotive.

Er bietet dem Lokführer eine Zigarette an und fragt: „Können Sie nicht ein bißchen schneller vorwärts kommen?"

„Kann ich schon."

„Ja und?"

„Ich darf im Dienst die Lok nicht verlassen."

Darüber konnte sich Onkel Wilhelm jedes Mal totlachen.

Eines Tages wurde geflüchtet. Abgehauen. Weggemacht. Mit der Eisenbahn nach Berlin. Das alte blaue Fahrrad mußte mit! Ich bestand darauf und drohte unsinnigerweise, ich bliebe sonst daheim. Aber wie hätte ich mich in meiner neuen Welt denn fortbewegen sollen? Ich schickte das Fahrrad, bevor wir uns selbst auf den Weg nach Westen machten, per Expreßgut zum Berliner Ostbahnhof. Von dort holten wir es nach West-Berlin. Für den Flug nach Westdeutschland mußte es zerlegt und verpackt werden. Auf dem Flughafen Tempelhof gab es Diskussionen über das viel zu große Gepäckstück. Aber es kam heil an im freien Westen.

Freiheit, sagte ich mir, war ja gut und schön – aber gab es Freiheit ohne Fahrrad?

13 Der Buscher und die Chemiker

Günther Busch öffnete seine Wohnungstür und schaute fragend: „Ja, bitte?“

Ich wartete einen Moment, dann sagte ich meinen Namen.

„Mensch!“ rief er und zog mich über die Schwelle in seine Wohnung. „Willste ‘n Bier?“

Das war 1986. Wir hatten uns noch nie gesehen. Das heißt: Er hatte mich noch nie gesehen. Ich ihn schon. X-mal. Denn Günther Busch war damals, in den Fünfzigern, das Idol von uns fußballverrückten Jungen. Der unschlagbare Torwart der BSG „Chemie“ Leipzig. Unser „Buscher“. Und nun saßen wir an seinem Küchentisch – das Wohnzimmer war nicht auf einen unangemeldeten Besuch vorbereitet und Telefon hatte man damals nicht – und ließen zwei Bügelverschlüsse schnalzen.

Wie so eine Begegnung zustande kam, damals in der DDR? Eines Tages kriegte ich einen Brief von einer Frau aus dem Ruhrgebiet. Sie sei die Schwester von Günther Busch, und der werde doch so begeistert beschrieben in dem Roman „Für’n Groschen Brause“. Das Buch sei ja in der DDR verboten, aber sie habe es bei ihrem letzten Besuch zur Messe rübergeschmuggelt. Günther habe sich sehr amüsiert und lasse herzlich grüßen. Er wohne in Gohlis, hier sei seine Adresse. Wenn ich mal wieder hinführe... So kompliziert war es in jenen Jahren, zueinander zu kommen.

Fußball war unser halbes Leben, damals. Das Wort „Straßenfußballer“ kannten wir nicht, aber jede freie Minute, vom frühen Frühjahr bis zum späten Herbst, verbrachten wir damit, einem Ball hinterherzurennen. Oder irgendeinem anderen Gegenstand, nach dem sich treten ließ. Denn ein Ball, ein echter Fußball, war damals eine Rarität. Ein Traum. Etwas Unvorstellbares. Einer aus unserer Straßenbande hielt uns eines Tages stolz einen solchen Lederfußball unter die Nase. Natürlich aus einem Westpaket. Meine Verwandten schickten immer bloß Fressalien, wie wir sagten, auch Kölnisch Wasser Marke „4711“ und Zigaretten Marke „Overstolz“ oder „Haus Neuerburg“. Aber auf den sehnlichsten Wunsch eines Jungen einzugehen, wäre ihnen nie in den Sinn gekommen. Dieses Spiel auf der Gasse!

Ein Lederball änderte mit einem Schlag die Hierarchie unserer Straßenfußballbande. Mit dem Ball war man sozusagen im Besitz des Produktionsmittels. Der Ball versetzte in die Lage zu bestimmen, wer in welcher Mannschaft auf welchem Posten spielte, und zu entscheiden, ob ein Elfer ein Elfer oder ein Tor ein Tor war. Da es anstelle von Torpfosten natürlich nur Kleiderbündel gab, war Tor oder nicht Tor fast immer Ansichtssache. Doch der Ballbesitzer war, sozusagen in Personalunion, Mannschaftskapitän und Schiedsrichter und hatte das letzte Wort. Das nahm gewisse Züge einer Tyrannei an – bis eines Tages der wertvolle Lederball, mit zu viel Effet getreten, versehentlich in unseren Fluß, die Pleiße segelte und auf Nimmerwiedersehen davontrieb. Wenn ihn niemand herausgefischt hat, muß er über die Elster, die Saale und die Elbe Hamburg und die Nordsee erreicht haben. Jedenfalls war der Zustand sozialer Gleichheit in unserer Fußballbande wiederhergestellt.

Wir kickten, bolzten, knöchelten mit allem, was annähernd rund war: mit Lumpenbällen und Konservendosen, sogar mit Kartoffeln und Zuckerrüben. Wir spielten barfuß, weil sich niemand erlauben konnte, sein – meistens einziges – Paar Schuhe „mit einer abben Sohle" zu Hause vorzuzeigen. Es gab fast immer blutige Zehen oder Fersen, gelobt war, was hart machte. Wir waren überall schlecht gelitten. Wo immer wir uns zusammenrotteten, wollte uns jemand verscheuchen. Dabei waren wir niemandem im Wege. Wenn es hoch kam, fuhren am Tag fünf bis zehn Autos durch unsere Straße und zehn bis fünfzehn Pferdefuhrwerke. Es schien uns eine allgemeine, traditionelle, tiefverwurzelte Kinderfeindlichkeit in Nachbarn, Hausbeauftragten, Parkwächtern und Polizisten zu stecken. Warum triumphierten sie, wenn sie den meistens wertlosen Gegenstand erwischt hatten, der uns den Ball ersetzte? Sahen sie überhaupt nicht, daß auf den Straßen, Plätzen und Wiesen von Leipzig-Gohlis Nachwuchs für die DDR-Auswahl heranreifte?

Ich selbst hatte ein derart hochgestecktes Ziel nicht. Ich kannte meine Fähigkeiten und ihre mehr oder weniger engen Grenzen. Ich wußte, daß ich als rechter Verteidiger nicht gerade ein Bollwerk, aber schwer zu überwinden war. Zumal kein Schiedsrichter darauf achtete, ob ich den Gegner korrekt vom Ball trennte oder am Torschuß hinderte.

Jeden zweiten Sonntag brach vollends das Fußballfieber aus. Da fuhren wir, wie Tausende andere, in überfüllten Straßenbahnen der Linien 17 und 27 nach Leipzig-Leutzsch, um im Georg-Schwarz-Sportpark Zeuge zu sein, wie die „Chemiker" den schäbigen Rest der DDR vom Platz fegten. So wie jeder anständige deutsche Fußballanhänger älteren Jahrgangs die Aufstellung der 54er Weltmeistermannschaft von Bern auswendig hersagen kann, weiß ich natürlich, wer 1951 für den Ruhm unserer Stadt die DDR-Meisterschaft errungen hat: Busch, Rose, Brembach, Scherbaum, Eilitz, Polland, Helbig, Krause, Zenker, Fröhlich, Grupe. (Drei davon leben noch.) Walter Rose war im Krieg sogar einmal von Sepp Herberger berufen worden. Inzwischen war er um die vierzig, ein knorriger Verteidiger und bei gegnerischen Stürmern gefürchtet. Obendrein ein „Arbeitersportler" und guter Kommunist. Als er eines Tages zu heftig in gegnerische Beine säbelte, wurde er von der Leipziger Volkszeitung attackiert: Er solle sich gefälligst ein Beispiel nehmen an sowjetischen Sportlern und ihrer Fairneß. Er entschuldigte sich öffentlich und gelobte Besserung – und wir dachten: Das kann ja was werden mit Chemie! Rudolf Krause, der Halblinke, stand im Verdacht, ein Intellektueller zu sein, was ihm auf den Rängen verziehen wurde, solange er Tore schoß. In der Tat wurde aus ihm nicht nur Dr. Krause, sondern sogar der Auswahltrainer der DDR. Aber unser Liebling war der „Buscher".

Wir standen in drangvoller Enge bis an die weißgekalkte Linie, es gab noch keine Maschendrahtzäune, mit denen Chaoten von tätlichen Übergriffen abgehalten werden mußten. Wir waren fanatische Chemie-Anhänger, dennoch stolz darauf, immer fair zu sein. Zwar peitschten wir unsere Mannschaft mit Schlachtrufen voran, aber ein hämischer Abgesang auf die geschlagenen Gegner, besonders die aus Dresden und ganz besonders die aus Halle, war schon der Gipfel der Gemeinheit. Halle insbesondere: „Turbine" Halle war 1952 vorzeitig DDR-Meister geworden und danach von den „Chemikern" mit 6:0 „abgebürstet" worden. Triumphgeheul! Wer war denn nun der wirkliche Meister? Keiner wollte wahrhaben, daß die Hallenser, Halloren, Halunken es einfach nicht mehr nötig hatten, sich ins Zeug zu legen. Aber der ungeliebte Nachbar war gedemütigt und der Georg-Schwarz-Sportpark tobte. Erich Loest, unser Schriftsteller, stand wahrscheinlich irgendwo und brüllte mit. Und Hans-Joachim Rotzsch, der nachmalige Thomaskantor. Und ich. Und der Buscher hechtete. Ja, es waren tolle Zeiten!

Wie das damals gewesen sei mit „Vorwärts" Leipzig, fragte ich den Buscher. Das war nämlich eine Geschichte, die uns als Chemie-Anhänger wahnsinnig wütend machte. Eine typische DDR-Geschichte über politisch motivierte Manipulation im Sport. Da gab es eines Tages, wie aus heiterem Himmel, einen neuen Verein und eine neue Mannschaft in der DDR-Oberliga: KVP Vorwärts Leipzig. KVP stand, wie man weiß, für Kasernierte Volkspolizei, den Vorläufer der Nationalen Volksarmee. Dieser Mannschaft fehlte vor allem eines: Spieler. Die gab es jedoch in Leipzig: bei Chemie. Eines Tages erfuhr die erstaunte Öffentlichkeit, daß fast die gesamte Stammannschaft von Chemie zu Vorwärts gewechselt habe. Mitten in der Saison. Heinz Fröhlich, der Halblinke und Spielmacher, in der Stadt als strammer Linker bekannt, rechtfertigte öffentlich den Schritt mit dem Friedenskampf und der Bedrohung durch den imperialistischen Aggressor.

„In den Tagen, als sich entschied, wer zu Vorwärts mußte", erzählte Günther Busch, „war ich gerade nicht in Leipzig, sondern auf einer Dienstreise. Damals arbeitete man ja als Fußballer die Woche über noch richtig. Da rief mich unser Chemie-Trainer Alfred Kunze an und sagte: Günther, es wäre nicht schlecht, wenn du noch ein paar Tage unterwegs wärst. Er sagte natürlich nicht, warum. Man war beim Telefonieren ja nie unter sich. Also, ich verlängerte die Dienstreise. Als ich nach Hause kam, war die Sache gelaufen. Und ich blieb bei Chemie."

Wir feuerten die Reservemannschaft an, die nun für Chemie antrat, und bejubelten jeden Erfolg. Wir verabscheuten Vorwärts und freuten uns klammheimlich über jede Niederlage. Die Leipziger Fußballanhänger waren in ihrer Mehrheit froh, als Vorwärts eines Tages nach Berlin verschwand, um als Mielkes Stasi-Club eine Karriere zu machen, die, wie man sagt, von mancher Schiedsrichterentscheidung begünstigt wurde.

Die Geschichte des Fußballs in der DDR ist spannend und bietet Stoff für mehrere Dokumentationen. Wer weiß noch etwas über „Empor" Lauter, die Oberligamannschaft aus dem kleinen Erzgebirgsstädtchen? Sie sollte eines Tages um einige hundert Kilometer nach Norden verfrachtet werden, weil die DDR-Oberliga ein extremes geografisches Gefälle aufwies: Nördlich von Berlin war fußballerisches Ödland, in Sachsen ballte sich Qualität. Die Spieler aus dem Erzgebirge wollten sich kollektiv gegen die Versetzung wehren, aber nach einer Reihe von Einzelgesprächen waren sie freiwillig bereit, unter dem Namen Empor Rostock zu kämpfen. Heute heißt der Verein Hansa Rostock.

Die guten Spieler aus der DDR, sagt Günther Busch, kriegten natürlich finanziell reizvolle Angebote aus dem Westen. Er selbst auch. Weit über den Summen, die der DFB offiziell erlaubte.

„Aber ich war immer so ein Erdverbundener, ich wollte niemals weg aus Sachsen."

Alle „Chemiker" waren natürlich aus Leipzig oder Dörfern des Umlands. Wie hätten sie sich sonst für ihre Mannschaft und ihre Stadt in die Bresche werfen sollen?

Als eines Tages der wunderbare Fußballer Rainer Baumann aus Altenburg – Thüringen! – dazustieß, wiegten die Anhänger im Georg-Schwarz-Sportpark die Köpfe: Ob der sich integrieren konnte? Eigentlich unvorstellbar. Aber es wurde.

Nach dem Ende der DDR wurde aus „Chemie" zuerst „Grün-Weiß", dann „FC Sachsen". Der dauernde Konkurrent „Lokomotive" in DDR-Jahren nahm den Traditionsnamen des ersten deutschen Fußballmeisters von 1903 an: VfB Leipzig. Man sagte immer, Lok sei der Liebling der SED-Bezirksleitung gewesen, Chemie ein wenig der Außenseiter und Liebling der Massen. Beide haben ihre Erfahrungen gemacht mit Investoren aus den alten Bundesländern, mit Aufkäufern, die ihre besten oder begabtesten Spieler für gutes Geld in den Westen holten, mit Trainern, die die Bundesliga ausgesondert hatte. Nun wissen auch sie, wie es ist, wenn kein Staat und keine Partei die Hand darüberhält. Wenn Fußball brutales Showbusineß ist. Der VfB schaffte es immerhin für ein Jahr in die erste Bundesliga, ehe der Absturz in die Viertklassigkeit begann, wo man sich mit dem FC Sachsen traf. Die Stadt bekommt nun ein modernes, WM-taugliches Stadion, aber der Fußballalltag ist trostlos geworden.

Mit Günther Busch beim Bier reden wir deswegen meistens von damals. Weißt du noch: 6 : 0 gegen Turbine Halle!

14 Die große Welt für eine Mark

Wir Leipziger Kinder hatten unseren eigenen Jahreskalender.

Natürlich stand Heiligabend ganz oben, schon wegen der Geschenke. Aber dann trennten sich unsere Auffassungen von denen der Großen. An zweiter Stelle stand für uns der „Tauchscher", manchmal auch das „Tauchschen" genannt. Das kennt kein Mensch auf der Welt, sofern er nicht in Leipzig aufgewachsen ist. Damals. Selbst jüngere Leipziger kennen es nicht mehr. Manchmal mache ich einen Test und frage ein Mädchen oder einen Jungen: „Feiert ihr dieses Jahr Tauchscher?" Sie schauen mich verständnislos an, als hätte ich nach dem Geburtstag von Josef Stalin gefragt. Aber wer weiß! Alte Traditionen kommen ja im Osten – nicht nur im Osten – wieder in Mode. So wie auf den Speisekarten Leipziger Allerlei, Quarkkeulchen und Gose.

Dem „Tauchscher" fieberten wir jedes Jahr entgegen. Schon Wochen vorher stoppelten wir die Utensilien für unsere Kostümierung zusammen. Und wenn die Oma verzweifelt nach der dunkelblauen Straußenfeder ihres Vorkriegs-Sonntagshutes suchte: Die benötigte vorübergehend Winnetou, der Häuptling der Apachen.

Der Begriff „Tauchscher" kommt von „Taucha", einem Städtchen nordöstlich von Leipzig. Nach der kürzlichen, Umstellung der Straßenbahnlinien fahren (un?)sinnigerweise die 3 und die 18 dort hin. Irgendwann – und ich habe nie herausbekommen, wann – sollen sich die Kinder von Leipzig und die Kinder von Taucha auf offenem Feld eine erbitterte Schlacht geliefert haben. Ich weiß auch nicht, worum es eigentlich dabei ging – aber das fragte man sich auch nach fast jeder großen Schlacht der Weltgeschichte. Im Zweifel ging es um die Ehre. Ich weiß auch nicht, wer gewonnen hat: die Leipziger, weil sie auf jeden Fall mehr waren, oder die Tauchaer, weil sie vielleicht pfiffiger waren. Aber an eines erinnere ich mich gern: Im Gedenken dieses lokalhistorischen Ereignisses wurde seither jedes Jahr an einem Tag der Großen Ferien „Tauchscher“ begangen.

Zu diesem Zweck wurden Straßenbanden gebildet, die sich gegenseitig zu bekämpfen hatten, zunächst mit wüsten Beschimpfungen, sodann meistens mit den Fäusten. Das war insofern unbillig, als es natürlich extrem lange Straßen gab wie die Georg-Schumann-Straße mit mehreren hundert Hausnummern, aber auch extrem kurze wie die Stollestraße mit fünf oder sechs. Aber so waren nun einmal die Regeln. Sie führten dazu, daß man seinen Banknachbarn, im Alltag ein guter Freund seit Jahren, zu verdreschen hatte, wenn man ihm und seiner Bande an diesem Tag begegnete.

Natürlich hatte der Tauchscher auch einen kulturhistorischen, sogar ethnologischen Aspekt. Man mußte sich verkleiden. Die Jungen waren Indianer, Trapper, Piraten. Was die Schränke zu Hause eben noch hergaben. Wenn man ganz großes Glück hatte, stöberte man aus einer Truhe auf dem Dachboden ein perfektes Kostüm aus den Tauchscher-Tagen des Onkels hervor. Die Mädchen waren Prinzessinnen, Rotkäppchen, Feen. Mädchen waren selbstredend ausgenommen von dem Gebot der Verprügelung. Sie dienten dem netten Ansehen jeder Bande und standen sozusagen unter kollektivem Schutz.

So zogen wir also mit Vorliebe durchs Rosental, den einzigen Ort der Stadt, der entfernt an ewige Jagdgründe erinnerte, und spürten den Feind auf. Wir schlugen ihn aufs Maul oder in die Flucht und fühlten uns als Sieger. Manchmal auch mit dicker Backe als Verlierer. In der Schule wurde versucht, uns beizubringen, diese überholte

Art der gesellschaftlichen Auseinandersetzung widerspreche fundamental dem Gebot der Solidarität der Arbeiterklasse. „Ja“, sagten wir, „das ist schon richtig. Aber wir müssen die doch verdreschen!“

Weil das Ganze ebenso zwecklos wie schön war – und meistens ist ja das Zwecklose am schönsten –, begingen wir eine Woche vorher den „Vor-Tauchscher“ und eine Woche danach – na, was schon? – den „Nach-Tauchscher“. Erinnerung. Vorbei.

Der drittschönste Tag des Jahres, nach Heiligabend und Tauchscher, war der Beginn der „Kleinmesse“. Anderswo sagt man Jahrmarkt oder Rummel, Hamburger Dom oder Münchner Oktoberfest. In Leipzig heißt es seit Menschengedenken „Kleinmesse“, damit man es unterschied von der „richtigen“ Leipziger Messe, der weltberühmten.

Die Kleinmesse, das war nun die große weite Welt! Zweimal im Jahr brach sie herein in unsere Stadt. Bunt, turbulent, ein bißchen verrucht. Wir beneideten die Schausteller um ihr freies Leben. Und natürlich ihre Kinder, selbst noch als wir erfuhren, daß sie keineswegs von der Schulpflicht befreit waren. Mit dem Wohnwagen durchs Land zu zigeunern, heute hier, morgen dort: Das wäre ein Leben! Fast so schön wie mit Old Shatterhand im Wilden Westen.

Warum uns das so beeindruckte? Erstens weil wir Kinder waren. Zweitens weil Nachkriegszeit war. Wir konnten uns so weit bewegen, wie die Leipziger Straßenbahn fuhr. Alles, was sich dahinter verbarg, war Abenteuer. Schon ein Ausflug in die Dübener Heide. Wir durften davon träumen, eines Tages die Welt zu erobern. Aber diese Feuerschlucker und Schwertschlucker, Seiltänzerinnen und Schlangenmenschen, Steilwandfahrer und Kraftakrobaten, die zogen in zwei Wochen weiter bis nach Cottbus oder Wismar und ließen uns zurück. Neid!

Die Kleinmesse kostete Geld, viel Geld für unsere Verhältnisse. Wenn ich zu Hause mit offener Hand auf diese Erschwernis hinwies, hieß mich mein Onkel Gerhardt einen Verschwender und belehrte mich aus seiner eigenen Erfahrung: „Wenn ich als Junge zur Kleinmesse ging, bekam ich eine Mark. Davon machte ich mir einen schönen Tag, aß und trank, brachte jedem eine Kleinigkeit mit – und der Rest kam in die Sparbüchse." Sehr lange habe ich ihm diese Geschichte nicht abgenommen.

Ich mußte meine Großmutter animieren, sie hatte für mich immer ein offenes Portemonnaie. Sie haßte es, sich im Autoscooter herumstoßen zu lassen, aber sie mußte ja auf den Jungen aufpassen. Sie fand Geisterbahnen entsetzlich, wo einem im Stockfinstern ein nasser Schwamm ins Gesicht platschte, aber sie fürchtete, ich würde mich allein graulen. Sie hatte Angst vorm Riesenrad, aber sie war sicher, ich würde allein ganz oben aussteigen und hinunterfallen. Sie fand es entwürdigend, Liliputaner als Objekte der Neugierde vorzuführen, aber sie mußte mitkommen, um mir das zu erklären. Und dann noch ein letztes Mal Autoscooter. Richtig knallen mußte es bei jedem Zusammenstoß. Was muß sie gelitten haben.

Ich habe später, wie jeder Mensch, alle möglichen Rummelplätze besucht. Sie sind ja alle gleich, billige Unterhaltung mit teurer Technik, schlechtes Essen für gutes Geld. Nur einer war ein besonderer: die Leipziger Kleinmesse. Und auch nur damals. So um 1950 herum.

Auf der Großen Wiese im Rosental stand ein Karussell. Ein wunderschönes altes Stück mit Kutschen und Reitpferden, es wäre heute ein nostalgisches Schmuckstück jedes Volksfestes landauf, landab. Es drehte sich das ganze Jahr über bei schönem Wetter nach der immer gleichen Melodie. Von weitem schon hörte man es dudeln: „Schön ist so ein Ringelspiel..." Kinder zahlten zehn Pfennig.

Es gehörte den alten Kießlings. Sie saß an der Kasse, er schob das Karussell an und drehte es mit Muskelkraft, denn es gab keinen Stromanschluß mitten im Rosental. Das Ehepaar hatte daneben seinen Wohnwagen stehen. Früher hatte es bestimmt eine Zugmaschine dazu gegeben. Ich hätte die alten Leute gern einmal gefragt, ob sie durch die Welt gefahren seien, ihr Karussell in Hamburg und München aufgebaut hätten. In New York wahrscheinlich nicht. Aber ich war als Kind zu schüchtern.

Immerhin, wenn ich einen Groschen fürs Karussell in der Tasche hatte, war es ein bißchen wie Feiertag. Wie Tauchscher. Wie Kleinmesse.

Ach ja, ein besonderer Tag des Jahres noch: Silvester.

Der Jahreswechsel wurde natürlich festlich begangen in der Familie. Es gab sogar Jahre, in denen eine Flasche Wein aufgemacht wurde, nur für die Erwachsenen, versteht sich. Und es gab Kräppel – so etwa ab Anfang der fünfziger Jahre, denn vorher war ja kein weißes Mehl zu bekommen und kaum Öl. Krapfen aus Teig, im siedenden Fett braungebacken, mit Puderzucker bestäubt, warm gegessen. Ein Dutzend schaffte ich leicht. Die Vorfreude darauf währte das ganze Jahr.

Die Erwachsenen trugen lustige Hüte oder sogar eine Pappnase. Ich hatte eine Luftschlange. Ich hatte gelernt, wie man sie über den Tisch warf und dabei das Ende festhielt. Dazu rief man „Juchhe!" oder „Heißa!" oder sonst etwas Lustiges. Die Schlange wurde immer wieder aufgerollt und am Ende verstaut fürs Jahr darauf.

Natürlich gab es Papierschlangen zu kaufen. Wenigstens das. Aber sie wurden als überflüssiger Luxus empfunden. Ich hatte ja eine! Daran muß ich gelegentlich denken, wenn in der Silvesternacht die Böller krachen und die Raketen zischen und in der Zeitung steht, wie viele Millionen diesmal wieder verpulvert wurden.

Und trotzdem: Schön war's.

15 Kampf um Pferdeäpfel

Wir waren wichtig, damals. Wir Kinder waren nicht einfach unnütze Esser, überflüssige Mitglieder der sozialen Gemeinschaft, die sich noch in allem Unernst auf den Ernst des Lebens vorbereiteten. Nein, wir halfen schon, den Alltag der Familie zu bewältigen!

Da war der Kampf um die Pferdeäpfel. Zwei Gegner hatten wir, einen harmlosen und einen gefährlichen. Harmlos und letzten Endes wehrlos waren die Spatzen. Sie stürzten sich in graubraunen Scharen, lauthals tschilpend, auf jeden neuen dampfenden Haufen und versuchten sich gegenseitig die Beute abspenstig zu machen. Obwohl doch für alle genug da war und kein Spatz in der Lage gewesen wäre, einen ganzen Pferdeapfel allein zu verschlingen, da dieser ja größer war als er selbst. Aber Spatzen sind eben keine Kopfmenschen. Dieser Gegner war leicht zu vertreiben. Gefährliche Gegner waren die Menschen, die wie wir einen Kleingarten besaßen oder wenigstens auf dem Balkon ein paar Blumenkästen, in denen sie Tomaten zogen.

Auch sie benötigten Pferdemist so nötig wie das tägliche Brot.

Nun konnte man nicht den lieben langen Tag auf Verdacht mit einem alten Eimer, einem ausgedienten Handfeger und einer verbeulten Kehrschaufel wachen Auges durchs Viertel unterwegs sein. Man mußte aber sein Gerät griffbereit in der Nähe der Wohnungstür haben. So wie man ein paar Jahre zuvor dort sein Handgepäck stehen hatte für den Fall eines Fliegeralarms. Es kam oft zum Streit ums Recht an den Pferdeäpfeln.

„Ich war zuerst!"

„Ich hab's schon gehört, ehe es um die Ecke ist!"

„Aber ich hab's zuerst gesehen!"

„Ich hab gesehen, wie's den Schwanz gehoben hat!"

Der Streit wurde meistens nach dem bewährten Grundsatz entschieden: Ober sticht Unter. Will heißen: Erwachsener gewinnt gegen Kind, größeres Kind gewinnt gegen kleineres Kind, Junge gewinnt gegen Mädchen. Der Unterlegene zog mit dem Handfeger im Eimer und Wut im Bauch nach Hause, wo die Oma vielleicht, nichts ahnend, beiläufig bemerkte: „Könnst mal wieder 'n paar Pferdeäppel mitbringen."

Das Stückchen „Grabeland", unser Gärtchen im Rosental, half uns zu überleben. Das Rosental war mal – und ist längst wieder – ein Teil der gepriesenen Auenlandschaft, die sich, in kühnem Bogen von Süden nach Nordwesten, durch die Stadt zieht und beinahe das Stadtzentrum berührt, so daß man sagen kann, kaum eine große deutsche Stadt habe so viel Natur in ihren Grenzen. Das interessierte uns aber damals nicht. Die „Große Wiese", auf der sich einst August der Starke ein Schloß hatte bauen lassen wollen, was die Bürgerstadt zu verhindern wußte, diese Wiese war aufgeteilt in Hunderte kleiner Parzellen und verpachtet an die darbende Bevölkerung. Jedes Stückchen hübsch eingezäunt, weil die Solidarität der Darbenden nicht so weit ging, daß sie sich nicht heftig gegenseitig beklaut hätten.

Das Gärtchen war lehrreicher als der Biologieunterricht. Binnen kurzem war ich firm nicht nur im Umgraben, was ja eine schweißtreibende, aber nicht das Hirn beanspruchende Tätigkeit ist. Ich wußte, welcher Samen zu welcher Zeit auszubringen war und in welchem Abstand. Und wie häufig und intensiv er zu bewässern war. Meine Aufgabe war im Sommer, nachmittags ins Rosental zu laufen, die Gießkanne aus dem klausicheren Versteck zu holen, ins Wasserloch zu tauchen und triefend zu den durstigen Beeten zu schleppen. Welches Wunder, wenn die ersten winzigen Pflänzchen sprießten, von Tag zu Tag wuchsen, Form annahmen, in die Breite gingen oder in der Höhe festgebunden werden mußten. Ein zwei Meter hohes Lattengerüst ließ unsere Bohnen klettern, und auf dem Komposthaufen machten sich die Kürbisse breit, nein, nicht zu Kinderköpfen, das wäre noch untertrieben gewesen, eher zu veritablen Frauenhintern. Das Gärtchen ernährte uns mit vielem, was die Versorgungslage uns vorenthielt.

Natürlich wurde geklaut. Ich erinnere mich an einen der dunkelsten Tage meiner Gärtnerlaufbahn, als ich mit dem Handwagen ankam, um die endlich gereiften goldgelben Kürbisse abzuholen – aber sie waren weg! Der Zaun brutal heruntergerissen, die Beete zertrampelt, auch ein Dutzend Wirsingköpfe hastig von den Stengeln gerissen und verschleppt. Welche bodenlose Gemeinheit! Mir schien, die Sache mit dem neuen sozialistischen Menschentypus sei noch nicht bis zur völligen Reife entwickelt.

Die Große Wiese ist heute wieder die „grüne Lunge" der Stadt. Vergessen seit Jahrzehnten ihre vorübergehende Zweckentfremdung. Vergessen die Tomatenbeete und die Komposthaufen. Nur der Kürbisklau wurmt manchmal noch. Einen Tag früher hätte ich ernten sollen. Nur einen Tag!

16 Der Fotograf im Selbstfahrer

Karl Heinz Mai war damals, nach dem Krieg, fast so etwas wie eine stadtbekannte Erscheinung. Er fiel jedenfalls auf, wohin er kam. Ein junger Mann von Ende zwanzig, schlank wie die meisten damals, aber in einem „Selbstfahrer" sitzend. So nannte man die dreirädrigen Rollstühle für Menschen, die sich mit der Kraft ihrer Arme fortbewegten, denn einen Elektroantrieb gab es natürlich noch nicht. Karl Heinz Mai hatte, wie ich später erfuhr, an der Front beide Beine verloren, konnte seinen erlernten Beruf eines Kaufmanns nicht wieder ausüben und verlegte sich aufs Fotografieren. Tag für Tag war er unterwegs und hielt mit seiner alten Kamera den Alltag fest, die Zerstörungen und die Rückkehr des Lebens in die Trümmer. Für die Stadt Leipzig ist die Hinterlassenschaft von Karl Heinz Mai, die sein Sohn heute pflegt, eine unerschöpfliche und unschätzbare Quelle von Ansichten und Informationen über jene Zeit.

Alles hat er fotografiert. Jede noch so schlichte Alltäglichkeit. Deswegen meint man – beim Blättern in seinen Fotobänden oder beim Gang durch Ausstellungen – auf

Schritt und Tritt, man müsse sich selbst irgendwo entdecken. Die Kinder auf dem Karussell im Rosental: Der Kleine auf dem Schimmel, das könnte doch ich sein! Leider ist es nicht genau zu erkennen. Oder der schon etwas Ältere da hinten vor dem Kettenkarussell auf der Kleinmesse: So sah ich sonntags aus, wenn ich mein weißes Hemd und meine weißen Kniestrümpfe tragen mußte. Aber so sahen viele von uns aus und fühlten sich gleich unbehaglich.

Ein Bildband von Karl Heinz Mai. Schwarzweißfotos. Ein kleines Mädchen hat Brennholz gesammelt und schleppt es nach Hause. Auf einem Berg von Schutt, einst ein Wohnhaus, gießt eine junge Frau ihre Tomaten. Eine alte Frau sucht in Trümmern ihres Hauses nach irgend etwas. Frauen mit Taschen und Beuteln stehen Schlange vor einer Freibank-Verkaufsstelle. Vertriebene mit ihrem Gepäck rasten beim ausgebrannten Hotel „Astoria“ vor der Weiterreise nach irgendwohin. Auf dem Leipziger Hauptbahnhof kommen Heimkehrer aus der Sowjetunion an.

Meine Oma fuhr jedesmal zum Hauptbahnhof, wenn ein Heimkehrerzug angesagt war. Irgendwann mußte doch ihr Jüngster endlich dabeisein, mein Onkel Gerhardt. Alle paar Monate kam ein Lebenszeichen von ihm, eine Postkarte, eng bekritzelt auf rauhem Papier, zensiert natürlich, mit ganz allgemeinen Angaben. Nichts über den tatsächlichen Aufenthaltsort. Nichts über die Arbeit, die er zu verrichten hatte. Aber man konnte sich denken, daß Workuta keine Sommerfrische war. Die Oma lief in ihrer Verzweiflung, obwohl sie eine ganz vernünftige Person war, zur Wahrsagerin und ließ dort von ihrer Rente gutes Geld für vage Auskünfte. Die geheimnisvolle Frau mußte ja Hoffnung machen, sonst wäre ihr Geschäft erloschen. Manchmal kam ein Kamerad, entlassen, auf der Heimreise in Leipzig vorbei und erzählte: die harte Arbeit im Bergwerk oder beim Schienenbau, die miserable Verpflegung, gerade eben genug, um nicht zu krepieren, die abgerissene Kleidung, die grassierenden Krankheiten. Oh ja, sie hatten bitter zu büßen für den Krieg, den das Deutsche Reich hochmütig angezettelt und kläglich verloren hatte. Die Kameraden wurden bewirtet, kriegten ein paar saubere Klamotten und eine Schachtel Zigaretten für die Weiterreise. Und die Oma ging wieder zu den Heimkehrerzügen. Manchmal begleitete ich sie. Ich fühlte mich nicht wohl auf dem Bahnsteig. Diese rührenden Szenen des Wiedersehens, sie gingen mir an die Nieren. Wenn die Augen aufleuchteten und die Wartenden den Ankommenden in die Arme fielen. Wenn die Tränen rannen wie Sturzbäche. Aber mehr noch beeindruckten mich die stumm wartenden Frauen mit ihren Pappschildern: ein Foto des Vermißten, Name, Geburtsdatum, Herkunftsort, Wehrmachtseinheit, letzter Standort, letztes Lebenszeichen. Fast immer gingen sie, wenn der Bahnhof sich geleert hatte, unverrichteter Dinge davon. Eines Tages kam Onkel Gerhardt.

Die Fotos von Karl Heinz Mai: Trümmer, Trümmer, Trümmer. Und Trümmerfrauen! Es gab auch Trümmermänner, wenngleich sie nicht so genannt wurden. Aber die Legende der Nachkriegszeit, das ist die Trümmerfrau. Ob wir das damals schon so empfanden, ob die Trümmerfrauen schon als Heldinnen des Wiederaufbaus verehrt wurden, weiß ich nicht mehr. Ob sie nicht doch bedauert wurden wegen der harten, schmutzigen Arbeit, die sie tun mußten. Auf den Fotos von Karl Heinz Mai strahlen sie allerdings freundlich, aber welche Frau strahlt nicht freundlich im Angesicht einer Kamera? Ihre Aufgabe schien unbewältigbar, wenn man die Berge von Trümmern anschaute. Ziegelstein für Ziegelstein mußte in einer Menschenkette von den Schuttbergen auf die Straße hinabbefördert, dort mit Hämmern vom Mörtel befreit und aufgeschichtet werden. Und zwar jede Schicht im Winkel von 90 Grad versetzt, wie ich es von meinen Briketts kannte, so daß das Kunstwerk nicht zusammenstürzte bei unvorsichtiger Berührung. Der restliche Schutt mußte mit Schippen in Kipploren geschaufelt werden. Die Mädchen und Frauen sind in meiner Erinnerung staubig, aber immer auf ihr Aussehen bedacht. In Kleidern, Röcken, auch langen Hosen darunter, Blusen, Pullovern, Kopftüchern – nie abgerissen oder gar in Lumpen. Ich schaute ihnen zu und hätte gern bei dieser aufregenden Arbeit geholfen, aber ich war ja noch viel zu klein.

Auf den Fotos von Mai: Trümmerbahnen. Später hat man aus dem Leipziger Schutt die Ränge des „Zentralstadions" aufgeschüttet, Stolz des DDR-Sports, mit 100 000 Sitzplätzen. Fritz Walter schoß hier das berühmteste Tor seiner Karriere, im Vornüberfallen mit dem Absatz ins äußerste Toreck, Fußballfreunde wissen Bescheid. Das neue Stadion wurde Anfang des einundzwanzigsten Jahrhunderts hineingebaut in die alte Schüssel. Damals jedoch wurde der Schutt erstmal an einigen Stellen der Stadt gesammelt. Denn wohin mit den Massen? Das Netz der Feldbahnen durchzog die Stadt bis an ihre Ränder. Überall schnaufte und bimmelte es, wurde mit Fähnchen zur Vorsicht gewunken und Vorfahrt gegeben. Die kleinen Lokomotiven, mit Dampf oder Diesel betrieben, schleppten unaufhörlich lange Züge von Kipploren. An Dutzenden Stellen kreuzten sich ihre Schienen mit denen der Straßenbahn, die im Schrittempo darüberrumpelte. Die Trümmerbahnen sind vielleicht das typischste Fotomotiv aus den Jahren nach Ende und Anfang.

Überfüllte Straßenbahnen hat Mai fotografiert. Die Straßenbahn war in den ersten Jahren nach dem Krieg immer hoffnungslos überfüllt. Weil es zu wenige Wagen gab. Der Fuhrpark hatte heftig gelitten unter den Bombenangriffen, und am Ende des Kriegs hatten schwachsinnige Fanatiker allen Ernstes geglaubt, sie könnten die Weltmacht USA aufhalten, indem sie ein paar Straßenbahnanhänger quer über die Straße stellten. Nun also war Straßenbahnfahren ein Abenteuer. Die Menschen, die da in Trauben an den Waggons hängen, lachen in die Kamera. Es scheint fast, sie haben Spaß an dem Abenteuer.

Auf dem Hauptbahnhof hat Karl Heinz Mai fotografiert. Ich frage mich, wie er auf den Bahnsteig hinaufgelangt ist mit seinem Rollstuhl, denn es gab noch keine Aufzüge damals. Ich werde es nicht mehr klären. Überfüllte Züge. Eine „3" auf den Türen, dritte Klasse, wer erinnert sich? Davor gab es sogar mal eine 4. Klasse. Bei den alten Waggons, die man heute nur noch bei Märklin kennt, konnte man, anders als bei einem ICE, auf den Trittbrettern oder auf den Puffern oder sogar auf dem Dach sitzen. Das war immer noch besser, als nicht mitgenommen zu werden. Lange vergessene Bilder!

Es will keine Nostalgie aufkommen beim Betrachten der Fotografien von Karl Heinz Mai. Höchstens der Gedanke: Mensch, das hattest du zum Glück alles vergessen!

Man hätte die Fotografien von Mai als Motive für Ansichtspostkarten verwenden können. Denn so sah die Stadt damals aus! Aber die Hersteller solcher Karten verwendeten über Jahre Motive der unzerstörten Stadt. Ich habe mich immer gefragt: warum? Weil sie schöner waren? Das wäre zu billig. Weil man meinte, man werde die Folgen dieses Unfalls der Geschichte in ein paar Jahren behoben haben? Das wäre denkbar. Denkbar jedenfalls im Westen. Aber im Osten wollte man ja gerade viele steinerne Zeugen der Vergangenheit vernichten. Wie – als berühmteste Beispiele – das Berliner Stadtschloß und die Potsdamer Garnisonskirche. Warum also gab es 1949 in Leipzig lauter Postkarten zu kaufen, die alle Relikte des Feudalismus zeigten? Warum konnte man am Kiosk nicht die leuchtende Zukunft des sozialistischen Leipzig kaufen? Hochhäuser wie in Moskau. Magistralen wie in Nowosibirsk. Wohnkomplexe wie in Magnitogorsk. Alles nur, weil die SED-Bonzen im Grunde ihres Herzens keine Revolutionäre waren, sondern Traditionalisten und Spießer?

Wir können sie nicht mehr fragen. Aber merkwürdig finde ich es schon.

17 Adenauer will nicht brennen

Den 1. Mai liebten wir. Nicht den „Kampftag der Arbeiterklasse", der war uns ziemlich schnuppe. Aber es war schulfrei!

Natürlich war der 1. Mai nicht einfach ein Tag des Müßiggangs. Im Gegenteil. Er wurde wochenlang vorbereitet. Unsere Phantasie wurde herausgefordert. Allerdings erwies sich, daß wir bei diesem Thema keine hatten. Also bekamen wir Aufgaben gestellt. Zum Beispiel diese: Die Partei – es gab mehrere in der DDR, aber mit „die“ Partei war immer dieselbe gemeint – gab rechtzeitig vor dem Kampftag „Losungen“ heraus. In unserer Familie wurde immer darauf hingewiesen, daß „Losung“ ein Begriff aus der Jägersprache sei, aber die Partei meinte etwas anderes damit. Dutzende, fast einhundert Aufrufe an alle Gruppen der Gesellschaft wurden erlassen. Von den Parteifunktionären bis zu den Wissenschaftlern, von den Stahlwerkern bis zu den Genossenschaftsbauern, von den Hochschullehrern bis – leider – zu den Schülern wurden alle angefeuert, ihr Letztes zu geben für den Aufbau einer neuen Gesellschaft.

Das konnte uns im Prinzip gleichgültig sein. Aber wir mußten für die große Mai-Kundgebung Transparente anfertigen, die weiß auf rotem Grund jeweils eine dieser Losungen trugen. Der Kampf ging darum, eine möglichst kurze Losung auszuwählen, da dies Mühen ersparte. Aber der Lehrer durchschaute uns natürlich. Es wurde gefeilscht. Wir unterlagen meistens und schnippelten Buchstaben.

Am Morgen des 1. Mai versammelten wir uns vor unserer Schule. Jeder hatte sein selbstverfertigtes Transparent mitgebracht oder auch vergessen. (Der Begriff „Winkelement“ war damals noch nicht gebräuchlich.) Es gab Transparente, so voluminös, daß sie von Zweien getragen werden mußten. Da galt es sich fernzuhalten. Denn es kam darauf an, sich Marscherleichterung zu verschaffen, damit man sich so rasch wie möglich von der Kundgebung – pardon: „machtvollen“ Kundgebung – absetzen konnte. Wenn sich der Zug in Bewegung setzte, trottete man ein paar Häuserblocks weit mit, dann sprang man hinter eine Litfaßsäule oder ein Haltestellenhäuschen oder in einen Hauseingang und ließ die „Machtvolle“ an sich vorbeiziehen. Geschafft! Auf den hinlänglich bekannten Schleichwegen durchs Rosental begab man sich zum Karl-Marx-Platz, dem Ziel. Auf einer Tribüne nahmen berüchtigte Bonzen den Vorbeimarsch ab. Der Sprecher am Mikrofon zerriß sich förmlich vor Begeisterung. Walter Ulbricht winkte huldvoll.

Ein Wort zu „Walterchen“, wie man ihn in der DDR grimmig nannte. Man hört heute manchmal sagen: Dieser Ulbricht, der war ja damals nicht sehr beliebt. Eine sehr vornehme Umschreibung! Wir haßten ihn. Für uns war er kein deutscher Politiker. Er war ein Erfüllungsgehilfe der sowjetischen Besatzungsmacht. Die Gerüchte gingen um, er habe die sowjetische Staatsbürgerschaft und den Auftrag Stalins, das sowjetische System mit gnadenloser Härte auf Deutschland zu übertragen. Zunächst auf jenen Teil, den die UdSSR besetzt hatte, später auf ganz Deutschland. Es hieß überdies, er stamme aus dem Zuhältermilieu des Naundörfchens, einer zwar malerischen, aber berüchtigten Gegend von Leipzig. Da verwoben sich auch Legenden mit halben Wahrheiten. Unbeliebt? Wir hätten ihn gern am nächsten Laternenpfahl aufgeknüpft. Oder in der Pleiße ertränkt. Wir malten uns besonders exotische Methoden aus, ihn vom Leben zum Tode zu befördern. Diese feixende Visage! Dieser unsägliche Spitzbart! Diese gemeine sächsische Fistelstimme!

Ich kann es mir heute manchmal nur mit Mühe vorstellen, doch erinnere ich mich sehr genau: Wir haßten den Spitzbart abgrundtief. Von wegen: nicht sehr beliebt!

Die Kundgebung. Wer so ungeschickt war, sich irgendein sperriges Element in die Hand drücken zu lassen, der mußte also bis zum bitteren Ende mitmarschieren. Bis vor die Augen von Walterchen. Einige Klassenkameraden waren ausersehen worden, für diesen 1. Mai zwei fast lebensgroße Puppen zu basteln: Bundeskanzler Konrad Adenauer, Erfüllungsgehilfe des amerikanischen Monopolkapitals, und General McArthur, genannt „der Pestgeneral", Vernichter des friedliebenden Volkes des sozialistischen Korea. Beim Vorbeimarsch vor der Tribüne sollten diese Puppen in Flammen aufgehen. Aber die verdammten Streichhölzer funkten nicht. Schlechte Qualität! Wir anderen, die wir auf Schleichwegen den Karl-Marx-Platz erreicht hatten, beobachteten amüsiert, wie unser armer Klassenkamerad ein Hölzchen nach dem anderen anstrich, aber keines zündete. Der Klassenlehrer wollte mit seinem Sturmfeuerzeug zu Hilfe kommen, aber auch dessen Flamme war zu schwach. Unser Klassenkamerad folgte einer plötzlichen Eingebung. In letzter Verzweiflung riß er Adenauer den Kopf ab und schleuderte ihn in Richtung der Tribüne. Sein Nachbar warf auf gleiche Weise McArthur hinterher. Ulbricht nahm den ganzen dramatischen Vorgang überhaupt nicht wahr.

Diese Szene habe ich in meinem Roman „Für'n Groschen Brause" beschrieben. Das könne doch nicht wahr sein, wurde mir vereinzelt entgegengehalten: Puppen verbrennen! Das sei ja beinahe wie Menschen verbrennen. So verbohrt könne doch niemand gewesen sein.

Doch!

18 Baumwolle und Spittel

„Das Spittel“ nannte meine Großmutter geringschätzig, vielleicht auch selbstironisch den Ort, an dem sie die letzte Strecke ihres Lebens zurücklegen sollte. Offiziell hieß es „Feierabendheim Martin Andersen Nexö“. Es lag, gut zu erreichen, im Osten Leipzigs, mit mehreren Straßenbahnlinien direkt vor der Tür. Es beanspruchte ein ganzes Straßenkarree, ein riesiger Gebäudekomplex aus der Zeit vor dem Krieg. Es beherbergte ungefähr zweitausend alte Leute. Zu Anfang jedenfalls, später wurden es mehr und mehr. Mit den Jahren bürgerte sich ein, daß in die winzigen Zimmerchen zwei einander völlig fremde alte Menschen eingesperrt wurden. Die meisten konnten sich nicht riechen und mochten sich auch nicht hören. Aber danach wurden sie nicht gefragt. „Rentner-Intensivhaltung“ nannte es ein galliger Spott. Die Würde des Menschen war massiv angetastet. Aber das gab es nicht nur im Osten.

Meine Großeltern waren freilich privilegiert. In weiser Voraussicht hatten sie sich sofort nach dem Krieg, als es noch möglich war, in das Heim „eingekauft“. Dafür hatten sie im florierenden Schwarzhandel alles abgestoßen, was ihnen ein Leben lang lieb und teuer gewesen war. Den Blüthner-Flügel, auf dem die Familie musizieren gelernt hatte. Die Briefmarkensammlung, schon in der Kindheit begonnen und inzwischen wertvoll, nun weit unter Wert an einen erfreuten Abnehmer verhökert. Sogar die Sammlung langstieliger alter Tabakspfeifen mit herrlichen Köpfen aus Porzellan, Ton oder Elfenbein ging ohne großes Handeln weg. Und vieles mehr. Für den Erlös erwarben die beiden Alten das lebenslange Recht, im Spittel zu zweit zwei kleine Zimmerchen zu bewohnen. Zu zweit ganz allein! Natürlich ohne fließend Wasser und mit der Toilette über dem Gang, aber mit Zentralheizung und ohne wildfremde Leute auf dem Sofa. Ein paar Möbel paßten hinein und durften mitgebracht werden. Ein paar Bilder an der Wand. Die Lieblingsbücher. Ein bißchen eigenes Nippes.

Ich kam jede Woche zu Besuch. In der Eingangshalle erfreute das große Konterfei des Namensgebers Martin Andersen Nexö, eines marxistischen dänischen Romanciers, der hochbetagt und geehrt in Dresden lebte. Daneben der unvermeidliche, selbstzufrieden lächelnde Wilhelm Pieck. Ich querte rasch dieses Foyer und machte mich auf den Weg durch die nicht enden wollenden Gänge. Rasch stieg mir der unüberriechbare Mief des Spittels in die Nase. Alte Leute schlurften in Filzpantoffeln über die Gänge. Ich grüßte höflich, wie ich's gelernt hatte, und bekam ein „Guudn Daach!" erwidert. Die letzten Meter spurtete ich, dann schlüpfte ich hinein in die Tür, die wie alle anderen aussah und die Nummer 635 trug. Angekommen!

Meistens roch es um diese Tageszeit nach Bohnenkaffee. Sie sei Zeit ihres Lebens eine „Kaffeetante", erklärte die Großmutter, und bitte alle im Westen, Bohnenkaffee zu schicken, Kaffee, Kaffee, Kaffee. Weil alle gehorchten, konnte sie im Heim regelrecht Handel treiben und ihr bescheidenes Taschengeld aufbessern.

Wenn ich zu Besuch war, verschanzten wir uns in den beiden Zimmerchen. Wahrscheinlich sollte ich nicht viel mitbekommen von ihrem Alltag. Vor allem nicht von dem riesigen Speisesaal mit Hunderten schmatzender und schlürfender alter Leute, die den Ellbogen aufstützten und mit vollem Mund redeten. Die Großmutter legte großen Wert auf Etikette, wie sie's als Kind gelernt hatte. Ihren langen Abschied im Spittel hat sie als Entwürdigung empfunden.

Sie galt in der Familie als das, was man landläufig einen „Besen" nennt. Sie hatte Haare auf den Zähnen und sorgte für mancherlei Zwietracht. Das wußte ich. Aber sie war meine liebe Großmutter. Während daheim die Oma sich um den Alltag der Familie plagte, hatte die Großmutter Zeit, mich herumzuführen in meiner Stadt und mich entdecken und begreifen zu lehren. Sie sagte, sie hätte lieber in Berlin gelebt, ihrer Heimatstadt, Leipzig liege ihr gar nicht. Dennoch hat sie mehr als ein halbes Jahrhundert dort zugebracht. Zuerst der Karriere ihres Mannes zuliebe, später weil es keine andere Chance gab als das Spittel.

Manchmal bat ich sie: „Laß uns zur Baumwolle fahren!" – „Ach, weißt du", erwiderte sie dann, „das tut mir immer sehr weh." Aber weil sie mir nie etwas abschlagen konnte, bestiegen wir dann doch die Straßenbahnlinie 2 und zockelten hinaus nach Plagwitz. Von der Endstelle liefen wir unter der Bahnunterführung hindurch in die Spinnereistraße, bis wir vor dem großen Werkstor standen. Hinein in den VEB hätten wir natürlich nicht gedurft, aber es wäre uns auch nicht in den Sinn gekommen, den Pförtner anzusprechen: „Dürfen wir bitte mal in die Wohnung im ersten Stock und in den Garten? Meine Großmutter hat hier" – fix nachgerechnet – „sechsunddreißig Jahre lang gelebt." Oder hätte ich gar sagen sollen: „Mein Großvater war hier mal der Chef"?

Sechsunddreißig Jahre, von 1909 bis 1945. Und ich hatte, als unsere Wohnung ausgebombt war, einige

Monate Kindheit hier verbracht. War das spannend gewesen für einen kleinen Jungen: der Blick aus dem Fenster der Werkswohnung in den Hof der Fabrik, wo Güterwagen rangiert und Lastwagen entladen wurden, wo manchmal die Werksfeuerwehr übte für den nächsten Bombenangriff und wo beim Schichtwechsel Ströme Hunderter Arbeiterinnen und Arbeiter das Tor in beiden Richtungen passierten. Und das alles gehörte meinem Großvater! Glaubte ich zuerst. Es gehörte ihm natürlich nicht. Aber immerhin war er technischer Direktor der „Leipziger Baumwollspinnerei AG", die auf dem Höhepunkt mehr als fünftausend Beschäftigte zählte. Er war schon in jungen Jahren „etwas geworden" und war es lange geblieben. Aber als er 1945 – da wurde er gerade 65 – in Rente ging, strich man ihm die Pension. Weil er in der NSDAP gewesen war.

Mein lieber Großvater ein schlimmer Nazi? Wenn es immer so einfach wäre! Er war ein knüppelharter Konservativer, Deutschnationaler, Hugenberg-Anhänger. Kein Hauch vom liberalen Geist meines anderen Großvaters, der mit seiner Frau sogar in Italien Urlaub machte. Damals! Urlaub machte man in Deutschland, an der Ostsee oder im Zittauer Gebirge. Und jüdische Freunde hatte man nicht. Als dann seine drei Söhne in den Hitler-Krieg mußten und mein Vater nicht wiederkam, hat er wahrscheinlich angefangen zu überlegen. Daß auch in seinem Betrieb Zwangsarbeiter eingesetzt waren, muß er gewußt haben. Aber was, wenn er erfahren hätte, was in Auschwitz geschah – ich kann mir nicht vorstellen, daß dies seinen Beifall gefunden hätte. Er hat spät verstanden, daß man das wenige Mögliche hätte tun müssen, bevor man nichts mehr tun konnte. Er hat sich allerdings nie darüber beklagt, daß er seine Mindestrente aufbessern mußte, als Händler mit einem Rucksack voller Feuerzeugdochte und Schnürsenkel von Laden zu Laden ziehend.

Nach 1989 konnte ich wieder hinein in „die Baumwolle“. Durfte das ehemalige Büro meines Großvaters besichtigen. An der Wand hing ein mehrere Meter breites Bild: die Werksanlage aus der Vogelschau. Mir wurde zum ersten Mal klar, wie riesig der Komplex war. Ich hätte das Bild gern gekauft, aber sie wollten es nicht hergeben. Inzwischen ist es verschollen.

Leer geworden war die Fabrik! Menschenleer. Wo waren sie alle geblieben, die mittags durch das Tor geströmt waren? Saßen die meisten zu Hause und warteten, daß etwas geschah? Wie viele hatten einen neuen Job? Machten vielleicht etwas völlig anderes, als sie gelernt hatten? Wie viele hatten ihr Glück im Westen versucht? „De Boomwolle“ jedenfalls hatte keine Chance auf den offenen Märkten – und der Osten Europas konnte die neuen Preise nicht bezahlen.

Wir durften nun auch mit der Fernsehkamera hinein in das fast tote Werk. Die imposanten Werkshallen hatten zu den ersten in Deutschland gehört, die in Stahlbeton gebaut waren. Sie wurden daher als Industriedenkmal unter Schutz gestellt. Freilich: Was half das heute? Investoren wurden gebraucht!

Eines Tages bei Dreharbeiten sahen wir im Werkshof eine Flotte von Lastzügen aus der Türkei. Jedesmal, wenn sich irgend etwas regte, hoffte man auf einen neuen Anfang. Aber die Sattelschlepper mit Istanbuler Kennzeichen waren angerückt, um Hunderte von stillgelegten, abmontierten Spinnereimaschinen abzutransportieren. Der türkische Chef, der lange in der Bundesrepublik gelebt hatte, erklärte uns, er besitze inzwischen am Bosporus eine kleine Spinnerei und wolle sie erweitern. Dies hier sei ein Schnäppchen. Der alte Meister der Abteilung schaute mit versteinertem Gesicht zu, wie alles in große Drahtkörbe geworfen wurde: „Das läuft nie wieder rund, wenn die das so rumschmeißen. Aber das geht mich nichts mehr an."

Auch in die alte Werkswohnung durfte ich nun wieder. Zwölf Zimmer und eine große Veranda. Wer brauchte das? In alten Fotoalben gibt es zuhauf angegilbte Aufnahmen von Festen aller Art: Weihnachten, Geburtstag, Fasching, Hausball, Abiturfeier. Die Großeltern, mein Vater, seine Brüder, hübsche Mädchen, viele Freunde. Auf manchen Fotos erkennt man als jungen Kerl den Vater von Frank Schöbel, „Freund des Hauses". Irgendwann in dem Album stößt man auf das erste Foto, auf dem meine Mutter zu sehen ist.

Nicht viel ist geblieben. Aber das war normal in diesem 20. Jahrhundert.

Ich fahre immer mal raus nach Leipzig-Plagwitz und schaue, ob aus der „Baumwolle" wieder etwas wird. Was anderes natürlich als früher, was Neues. Es gibt Ansätze. Kleine Firmen nisten sich ein, Künstler richten Ateliers ein. Pläne gibt es zuhauf: Wohn- und Gewerbepark, mit der eindrucksvollen alten Industriearchitektur als reizvollem Rahmen. Aber es gibt schon so vieles davon in der Stadt! Und Leipzig schrumpft. Der ganze Vorort Plagwitz, einst unbestritten einer der industriellen Schwerpunkte des ganzen Deutschen Reichs, ist eine Art Brachlandschaft geworden. Aber hier und da entsteht Neues. Zum Beispiel „GaraGe": in altem Industriegemäuer ganz modern ein „Kompetenzzentrum“ und „Kommunikationszentrum“ für junge Leute, denen nicht genügt, was sie in der Schule lernen. Es wurden sogar schon erste kleine Existenzen gegründet. Ganz vereinzelt geht es bergauf in diesem Stadtteil. Ich bin gespannt auf das nächste Mal.

Manchmal bin ich auch noch im „Spittel“. Es sieht schmuck aus, von außen und von innen. Frische Farbe allenthalben. Ich habe das Gefühl, auf den Gängen riecht es anders als früher, aber da kann ich mich täuschen. Die „Doppelbelegungen“, erfahre ich, habe man abgeschafft. Das sei doch unwürdig gewesen.

Ja, das war es wohl. Das ganze „Spittel“ hatte wenig zu tun mit Würde. Aber wie gesagt: Mein Großvater hatte verstanden und hat sich nie beklagt.

19 Meine kleine weite Welt

Als meine Kinder dreizehn und elf waren, kannten sie halb Deutschland, waren auch in Ostdeutschland gewesen, in der Schweiz, in Schweden, in der Toskana, in Tunesien, in Spanien, auf den Kanaren.

Als wir damals „wegmachten“ in den Westen und ich dreizehn war, kannte ich, außer Leipzig und dem Thüringer Wald, noch Dresden und Meißen sowie die bedeutende Kreisstadt Jessen an der Elster. Ach so, im Weltkurort Bad Lausick war ich auch gewesen, im Ferienheim der Inneren Mission, und von dort aus auf der Burg Kriebstein. Das war mein Horizont. Ich weiß nicht, ob mir das genügte damals. Ich weiß nur zweierlei. Erstens: Ich mußte mich damit begnügen. Zweitens: Ich wollte eines Tages die ganze Welt erobern.

Dieses Ziel habe ich leider um Haaresbreite verfehlt. Aber wenn ich dann doch mal an irgendeinem exotischen Platz war, am Zuckerhut oder auf der Großen Mauer oder in Las Vegas, mußte ich an die bescheidenen Ausflüge meiner Kindheit denken.

Die Burg Kriebstein ist zu Unrecht nicht berühmt. Sie schaut eben nicht auf den Rheinstrom hinab, sondern von ihrem atemberaubend steilen Felsen nur auf das Flüßchen Zschopau, unweit des Städtchens Mittweida, wo unser Leipziger Schriftsteller Erich Loest geboren ist. Kriebstein zählt etwa 700 Jahre und ist das Urbild einer mittelalterlichen Trutzburg. Wo immer ich später Vergleiche anstellen konnte, mit Originalen wie der Marksburg am Rhein oder Burg Eltz an der Mosel oder mit kitschigen Imitationen wie Neuschwanstein in Bayern oder Cinderella's Castle in Florida – alles wirklich sehr nett, aber kein Vergleich mit Burg Kriebstein! Fragen Sie einen beliebigen Sachsen!

Jessen an der Elster war damals immerhin Kreisstädtchen und liegt nicht weit von Luthers Wittenberg. Ferien auf dem Lande! Ich hatte das unvergleichliche Privileg, dort Verwandte zu haben. Ein großer Bauernhof zwischen grünen Hügeln, zwischen Feldern, Wäldern und Weiden. Alles, was das Kinderherz begehren konnte: Pferde, Kühe, Schweine, Enten, Hühner, Hunde, Katzen. Ich durfte zuschauen, wie ein Fohlen geboren wurde, unglaublich für ein Stadtkind. Ich durfte auf Ponys reiten und die Kutsche ins Städtchen lenken. Es war mein zweites Kinderparadies, leider nur für sechs Wochen und dann nie wieder.

Dresden. Ich war zwölf und durfte ganz allein mit der Eisenbahn hinfahren. Abenteuer pur! Ich fühlte mich wie

Emil auf der Reise zu den Detektiven und paßte höllisch auf, daß mir niemand unterwegs mein Reisegeld klaute.

Ein paar Momente im Leben vergißt man nicht. Dazu gehört die erste Ankunft in Dresden im Sommer 1952. Ich trat aus dem Hauptbahnhof, schaute in die Runde und erblickte – nichts! Einfach eine endlose freie Fläche. Fahrbahnen zwar mit Straßenbahnschienen und Bürgersteigen, aber keine Häuser. Nicht einmal mehr Ruinen wie zu Hause in Leipzig. Einfach nichts! Ganz weit weg eine Kirche und die Silhouette eines zerbombten Schlosses. Aber sonst: nichts.

Ich habe später gelernt, daß die kommunistische Dresdner Stadtregierung das Zentrum der ehemaligen Residenzstadt umgestalten wollte zu einer „sozialistischen“ Stadt und dazu Tabula rasa brauchte. Alle Grundstücke wurden enteignet, damit auch ohne Einwilligung von Eigentümern die Trümmer beseitigt werden konnten. Der Plan sah vor, die historische Altstadt mit einem Raster rechtwinkliger Straßen zu überziehen und moderne Gebäude nach Moskauer Vorbild zu errichten. Radikaler Bruch mit dem feudalistischen Dresden! Daraus wurde nichts – zum Glück. Der langjährige Dresdner Denkmalschützer Professor Hans Nadler erzählte, man habe den Verantwortlichen klarmachen können, daß von der Bausubstanz einer Stadt etwa vierzig Prozent unter der Erde verborgen seien und daß man es wohl kaum schaffen werde, dies alles neu anzulegen. Der Plan wurde stillschweigend begraben. Aber die freie Fläche, die blieb für viele Jahre.

Ich stand also damals vor dem Hauptbahnhof und staunte. Ich kannte aus dem Schulunterricht das berühmte Foto von Richard Peter sen., auf dem der Engel vom

Rathausturm mit der Hand hinunterweist auf ausgebrannte Ruinen bis zum Horizont. Aber nun diese wüste freie Fläche! Ich bin sicher: Das war der Augenblick, in dem ich begann, Dresden zu mögen. Ich war seither immer und immer wieder dort, ich habe einige Filme über die Vernichtung der Stadt gemacht, auch in den neunziger Jahren ein Buch geschrieben über „Fall und Aufstieg" der Stadt. Aber die Freundschaft begann in jenem Moment in den großen Ferien.

Dresden war nur noch ein Schatten seiner selbst, aber für den Schuljungen aus Leipzig war es ein Abenteuer, mit einem Raddampfer der berühmten „Weißen Flotte" elbaufwärts in die Sächsische Schweiz zu stampfen oder in entgegengesetzter Richtung nach Meißen, um die berühmte Porzellanmanufaktur der Blauen Schwerter zu besichtigen und die Albrechtsburg. Alles ganz allein, wie ein Erwachsener. Die DDR-Gastronomie war, nach ihrer ersten Erholung von den Nachkriegsverhältnissen, damals noch sehr traditionell und gediegen. Ich erinnere mich, wie ich in einem sehr vornehmen, aber fast leeren Meißner Restaurant an einem weißgedeckten Tisch saß und von zwei älteren Obern in weißen Jacketts und schwarzer Fliege höchst aufmerksam bedient wurde: Lammkoteletts (!) mit grünen Bohnen und roter Limonade. Die beiden Herren ließen freundlich durchblicken, daß ihr Gast, unerfahren in der großen weiten Welt, sie amüsierte. Noch eine grüne Limonade, aber dann rasch an die Elbe, um den Dampfer zurück nach Dresden nicht zu verpassen.

Das war meine große weite Welt damals.

20 Morgens vor sechs kamen sie

An unserer Wohnungstür stand neben anderen Namen: „Walter Müller, Handelsvertreter". Walter Müller war mein zweiter Stiefvater, und Handelsvertreter bedeutete so viel wie Schieber.

Schieber, das ist ein häßliches Wort. Der Volksmund kennt es heute kaum mehr. Die Anlässe zum Schieben haben sich auch weitgehend erledigt. Jedenfalls in Deutschland. Aber damals war Schieber ein wichtiger Beruf, lebenswichtig manchmal. Die Wirtschaft lag nach dem Krieg darnieder, zum großen Teil buchstäblich in Trümmern. Das neue System der Planwirtschaft funktionierte noch nicht, und viele ahnten, daß es nie funktionieren würde. Aber jeder brauchte irgend etwas zum Überleben und bekam es nicht. Jedenfalls nicht, indem er in ein einschlägiges Geschäft ging und blauäugig fragte: „Haben Sie vielleicht gerade...?" Wenn er jedoch einen „Handelsvertreter" kannte...

Walter Müller verfügte über das Wichtigste, was es damals in der Ostzone gab: Beziehungen! (Die Bezeichnung „Vitamin B" war allerdings noch nicht üblich.) Das System beruhte auf Gegenseitigkeit und auf Umgehung der offiziellen Wege. Hätten Sie zufällig für mich dieses oder jenes, dann könnte ich für Sie jenes oder dieses beschaffen. Manchmal hört man die Ansicht, dieses System habe sich erst in den späteren Jahren der DDR eingebürgert, als sich die Untauglichkeit der Planwirtschaft erwies. In Wahrheit wurde nur eine Tradition der unmittelbaren Nachkriegsjahre fortgesetzt.

Auch in Leipzig gab es natürlich nach dem Krieg einen Schwarzmarkt, er war gegenüber dem Hauptbahnhof, in der Richard-Wagner-Straße. Hunderte von Menschen standen dort, allein oder in Grüppchen, wie zufällig in der Erwartung irgendeines Ereignisses. Weitere Hunderte schlenderten, ebenfalls scheinbar absichtslos, durch die Reihen. Erst wenn man sich daruntermischte, gewahrte man, daß die einen verstohlen aus ihrem Mantel etwas hervorzogen und die anderen es verstohlen prüften: eine Uhr oder ein Paar Schuhe oder eine Speckseite. Besonders oft eine Schachtel Zigaretten, „Chesterfield" am besten. Scheue Blicke in die Runde, ob man beobachtet wurde. Rasche Verhandlung. Unauffälliger Tausch von Ware gegen Geld.

Als kleiner Junge stand ich manchmal und beobachtete scheu, aber gespannt dieses Treiben, von dem mir gesagt wurde, es sei ungesetzlich und ich solle mich fernhalten. Einmal rauschte die Polizei heran, kesselte die Grüppchen ein und schubste sie auf die Ladeflächen einiger LKWs. Ein andermal, es war im strengen Winter 1946/47, und ich war gerade sieben, sprach mich ein Mann freundlich an und fragte, ob er mit mir ein schweres Paket auf meinem Rodelschlitten nach Gohlis ziehen könne. Ich war mir irgendwie bewußt, in eine unrechte Handlung verwickelt zu sein, aber ich konnte nach Kinderart nicht nein sagen. Am Ende entlohnte mich der Mann großzügig mit einer Mark. Das erste selbstverdiente Geld meines Lebens!

Aber so ein Straßen-Schieber war mein Stiefvater natürlich nicht. Walter Müller stand nicht an der zugigen Ecke und feilschte um ein paar Groschen. Er betrieb Schiebung als seriösen Beruf. Er gehörte nicht zu den ganz Großen, die sogar grenzüberschreitend verschoben wie nachmals Alexander Schalck-Golodkowski. Aber er hatte seine Quellen, und er kannte seine potentiellen Kunden. Und diese Beiden galt es zueinanderzubringen.

Ich machte mich sehr früh nützlich bei diesem Geschäft. Das empfand ich keineswegs als Belastung oder als Diebstahl meiner freien Zeit. Im Gegenteil: Es verlieh mir eine ungeheure Wichtigkeit. Ich trug dazu bei, daß unsere Familie leben konnte! Meine Aufgabe bestand darin, „Angebotslisten“ zu tippen und verschicken zu helfen. Lange vor der Erfindung der elektrischen Schreibmaschine oder gar des PC bediente ich mich primitiver Mechanik. Bis zu acht Bögen, mit Kohlepapier dazwischen, spannte ich ein und hämmerte los. Alles, was Walter Müller irgendwo aufgetan hatte, wurde mit Bezeichnung und Preis aufgeführt. Wir differenzierten nach Abnehmerkreisen. Denn Arztpraxen zum Beispiel suchten nach anderem als Volksschulen oder Privathaushalte. Walter Müller hatte schier alles anzubieten: Schullandkarten und Schiefertafeln, Gießkannen und Kochtöpfe, Teddybären und Puppenkleider, Unterhosen und Leibchen, Mullbinden und Spritzen, Toaster und Tauchsieder. Und, und, und. Eigentlich alles. Außer Lokomotiven.

Ich hämmerte also achtfach und durfte mich nicht vertippen, denn dann mußte ich von vorn anfangen. Die Listen mußten anständig aussehen. Dann wurde im Adreßbuch gesucht: alle Ärzte, alle Schulen, alle Gaststätten, alle Kindergärten und so weiter. Adressen getippt. Briefumschläge frankiert. Drucksache. 6 Pfennig. Die violette Marke mit dem Kopf von Gerhard Hauptmann, in Hunderter-Bögen eingekauft. Hundertfach mit Spucke auf die Umschläge gepeppt. Waschkorbweise zu den Briefkästen der Umgebung geschleppt. Denn ein einziger Briefkasten hätte meine Tagesproduktion nicht verkraftet. Ich war ganz wichtig!

Walter Müller und sein „Vitamin B“. Er wußte, wo es etwas zu organisieren gab und was man dafür bieten mußte. Er besorgte uns mitten in der zerbombten Stadt eine Wohnung, Altbau, ehemals gute Lage. Natürlich nicht für uns allein, das gab es nur für Bonzen. Untermieter die Menge. Aber eben ein gescheites Dach überm Kopf. Eines Tages bekamen wir sogar Telefon. Telefon! Wer weiß, wie viele Menschen bis zum Ende der DDR vergeblich auf einen Anschluß warteten, wird ermessen, was das im Jahr 1948 in Leipzig bedeutete: Telefon! Und einen Baum organisierte er. Nicht, wie man heute denken könnte, zur Verschönerung des Vorgartens. Nein: zum Heizen! Ich erinnere mich gut, wie wir mit dem Handwagen ins Rosental zogen, um „unseren“ Baum abzutransportieren, gefällt und in handliche Stücke gesägt. Vorrat für mindestens zwei Winter. Walter Müller plauderte angeregt mit den Forstarbeitern und drückte ihnen etwas in die Hand, das aus Papier, rechteckig und bunt bedruckt war. Offen bot er ihnen West-Zigaretten an.

Aber Walter Müller – und damit auch wir – bewegten uns in einem zwielichtigen Raum. Und eines Tages kamen sie. Es war wie im Kino. Morgens vor sechs klingelte es Sturm an unserer Wohnungstür. Sächsische Kommandos: „Uffmachen! Volksbollezei!“ Eine halbverschlafene, halbverschreckte Familie versammelte sich auf dem Korridor und harrte der Dinge. Kurze Diskussion, bis das Ziel der Haussuchung klar war: die illegalen Waren des Handelsvertreters Walter Müller. Davon gab es ein ganzes Zimmer voll, bis zur Decke gestapelt. Kartonweise wurde abtransportiert in den dunkelgrünen Lieferwagen vor der Haustür. Neugierige Nachbarn feixten aus den Fenstern. Es hatte ja irgendwann so kommen müssen.

Die Vopos durchsuchten die ganze Wohnung. Stießen auf die Bücher über den Ersten Weltkrieg, über die Heldentaten der kaiserlichen Flotte. Beschlagnahmt! Stießen sich an meiner Ritterburg. Symbol des Feudalismus. Beschlagnahmt! Ließen mir wenigstens meine Karl-May-Bände. Wollten auch noch auf den Dachboden.

Verdammt! Auf dem Dachboden mußte in einer Kiste mit Büchern noch „Mein Kampf" vor sich hinstauben, den die Eltern zur Hochzeit erhalten und, wie fast alle, nie zur Hand genommen hatten. Das berühmteste ungelesene Buch der neueren deutschen Geschichte. Ich wurde heimlich hinaufgeschickt, das inkriminierte Werk irgendwie aus dem Verkehr zu ziehen. Ich suchte es mit fliegenden Händen, fand es, versteckte es bei den erschreckten Leuten im Stockwerk über uns. Glück gehabt!

Walter Müller mußte mit zur Polizei. Kam erst nach Tagen zurück. Er hatte die Schnauze voll vom Dasein als „Handelsvertreter". Meine Familie fand sich bestätigt in ihren jahrelangen Warnungen vor seinen unsauberen Geschäften. Und meine Mutter hatte schon lange ihre Zweifel gehabt an dieser Ehe, die weniger aus Neigung denn aus Not geschlossen war. Scheidung. Ich habe den Mann, den ich sechs Jahre lang „Vati" nannte, nie wieder gesehen. Auch das ist eine Nachkriegsgeschichte.

21 Von Stollen und Thomanern

Pünktlich zum Heiligen Abend versank Leipzig im Schnee. Unaufhörlich rieselten leise die Flocken vom verhangenen Himmel. Stündlich wuchs die weiße Decke um Knöchelhöhe und verbarg gnädig die Schlaglöcher. Die Menschen tapsten vorsichtig von der Straßenbahn nach Hause, Alte hielten sich bisweilen, um nicht auszugleiten, an Vorgartenzäunen fest. Ab und zu schlich ein Auto durch unsere stille Straße und zerfurchte häßlich den unberührten Teppich. Auf den Gaslaternen häuften sich weiße Mützen. Es schneite und schneite und schneite in einem fort.

So war es jedes Jahr am Heiligen Abend. Oder fast jedes Jahr. Vielleicht auch nur ein einziges Mal. Es kann sogar sein, daß es am Heiligen Abend nie so war, sondern an einem völlig anderen Tag. Ich weiß es nicht mehr. Aber das macht nichts. Es ist dennoch die Wahrheit, denn Erinnerung trügt nicht.

Die Weihnachtszeit begann sehr früh. Nicht so früh wie heute, da man das Gefühl hat, der Konsumterror beginne Jahr für Jahr eine Woche eher. Im Gegenteil. Die Ursache war der Mangel.

Es war guter sächsischer Brauch, und meine Oma hielt auch im Sozialismus eisern daran fest, beizeiten vor Weihnachten seine Stollen zu backen. Dazu brauchte man Zutaten, vor allem weißes Mehl und gute Butter, sodann Rosinen, Orangeat und Zitronat, vielleicht Mandeln, Puderzucker auf jeden Fall. Wo gab es alle diese Wertsachen? Nun, wo? Jawohl: im Westen! Also richtete sich das adventliche Sinnen und Trachten im wesentlichen auf die Frage, ob das Paket von Tante Elfriede aus Essen oder von Tante Hedwig aus Hannover beizeiten eintraf. Die Tanten konnten eine ganze Familie auflaufen lassen! Nicht mal aus bösartiger Berechnung, sondern einfach aus Gedankenlosigkeit. Weil sie vergaßen, daß es in

Deutschland – in einem Teil jedenfalls – auch fünf Jahre nach Ende des Kriegs noch keine Rosinen zu kaufen gab.

Wenn für die Stolle alle Zutaten glücklich beisammen waren, wurden sie zum Bäckermeister Nerlich gebracht, gleich um die Ecke in der Stallbaumstraße. Der knetete damals den Teig, man stelle sich das vor, noch mit Muskelkraft. Die Oma, mißtrauisch wie fast alle alten Leute, hatte immer den Verdacht, Nerlich zweige etwas ab von den teuren Zutaten, aber es war nie nachzuweisen. Der ehrliche Bäckermeister walkte und walkte also und formte schließlich die Laibe und schlug sie einmal ein, damit sie die typische Form annahmen. Drei bis vier Stollen pro Familie waren das übliche Maß. Man hatte damals keine Angst, zu dick zu werden.

Dann der große Augenblick: Nerlich ließ durch seinen Lehrling ausrichten, die Stolle sei bereit. Die Oma griff nach ihren allerwichtigsten Utensilien, dem Topf mit der geschmolzenen Butter und dem Sieb mit dem Puderzucker, und machte sich auf den Weg in die Backstube, die das Jahr über den Kunden verschlossen war. Ich lief mit, aus Neugierde. Herrlich, dieser Duft! Eine winzige Backstube nur, aber der Meister hantierte virtuos, als beherrsche er eine ganze Fabrik. Die Oma nahm ihre Stolle in Augenschein, fand sie meistens, weil sie ja etwas sagen mußte, im großen und ganzen gelungen, nur ein bißchen zu blaß oder ein bißchen zu braun. Dann machte sie sich, ehe die Butter im Topf wieder steif wurde, mit dem Pinsel über die Stollen her, um schließlich das Sieb mit dem Puderzucker darüberkreisen zu lassen. Dann war die Köstlichkeit, ohne die einem Sachsen das Weihnachtsfest keines war, endlich fertig. Für den Bäckerlehrling stand die Probe noch bevor: Er mußte das Brett mit den vier ausgewachsenen Stollen auf den Kopf hieven und zu uns nach Hause tragen. Ich lief hinterher und war unschlüssig: Sollte ich mir wünschen, daß er samt unseren vier Stollen auf die Schnauze fiel, was bestimmt komisch ausgesehen hätte, oder sollte ich an mein leibliches Wohl denken und den Stollen eine glückliche Heimkunft wünschen? Nach meiner Erinnerung schaffte er es jedes Mal ohne Unfall.

Nicht nur wegen der Zutaten für die Stolle wurden die Westpakete sofort gierig aufgerissen. Man wollte wissen, ob sie wieder so bescheiden ausgefallen waren wie letztes Jahr. Eine Tafel Schokolade, wieder keine „Sprengel“, die war offenbar zu teuer für uns Ostler. Ein Tütchen Walnüsse, auch keine erste Wahl, viele taub, manche etwas ranzig. Ein halbes Dutzend Apfelsinen, zwei davon mit Druckstellen. Nun ja. Dabei hatten sie doch alles!

Ich mußte für die Bescherung basteln. Ich hätte auch kein Geld gehabt, um der Familie einigermaßen repräsentative Geschenke zu kaufen. Also sägte ich Laub. Das betrieb ich mit einigem Geschick und immer nach eigenen Ideen und Entwürfen. Alles schwarz gebeizt. Ein Kästchen für die Zigarren des Großvaters. Ein Kästchen für die Knopfsammlung der Großmutter. Sogar einen Nähkasten mit Einsatz und Nadelkissen für die Mutter. Schattenrissige Figuren für die Fenster. Einen erzgebirgisch angehauchten Schwibbogen. Zum Glück gehörten weder Sperrholz noch Laubsägeblätter zu den zahlreichen Mangelwaren. Ich konnte meiner künstlerischen Phantasie freien Lauf lassen und wurde am Heiligen Abend reihum gelobt. Heute vermute ich, daß sie, innerlich die Hände ringend, vor meinen Werken standen und dachten: Das wäre aber wirklich nicht nötig gewesen.

Adventszeit, das hieß auch: Klaviervorspiel. Mein Schicksal hatte es gewollt, daß unser Blüthner-Klavier den Bombenkrieg mit ein paar winzigen Schrammen überlebte. Voll bespielbar. In einer bürgerlichen Leipziger Familie, die sich Bach und Mendelssohn, Thomanerchor und Gewandhaus verpflichtet fühlte, mußte der Junge helfen, die Tradition zu bewahren. Einmal die Woche eine Stunde bei Fräulein Winter in der Gustav-Adolf-Straße. Ein älteres Fräulein von damals mindestens fünfundvierzig Jahren, in einer großen Wohnung voller Plüsch, einer Art Traditionshöhle mit Gipsbüsten der bedeutendsten deutschen Tonsetzer. Daß sie auch den Juden Mendelssohn Bartholdy mutig über das Dritte Reich bewahrt hatte, verstand ich damals in seiner Bedeutung noch nicht, rechne ich ihr aber heute hoch an.

Am zweiten Adventssonntagvormittag versammelte Fräulein Winter, wie es Musiklehrer allenthalben tun, ihre Schüler samt Familien zu besagtem feierlichen Vorspiel. Mein Großvater als eine Art Doyen der Eltern- und Großelternschaft hielt eingangs eine Ansprache, worauf ich stolz war. Er sprach darüber, daß man gerade in dieser neuen Zeit auch einige der alten Werte hochhalten müsse, und jeder, sogar ich, verstand den umstürzlerischen Geist dieser Worte. Dann schlug meine Stunde und mir das Herz bis zum Hals. Ich spielte die Fantasie von Händel eingangs viel zu hastig, im Bestreben, sie schnell hinter mich zu bringen. Aber dann beruhigte sich der Puls und beruhigte sich der Takt, und am Ende erntete ich nicht gerade frenetischen Jubel, doch freundlichen Beifall. Nach dieser Prüfung begann der unbeschwerte Teil der Weihnachtszeit.

Einen Weihnachtsbaum zu ergattern, gehörte zu den ganz und gar unromantischen Aufgaben meiner Kindheit. Es war nun mal so, daß außer mir niemand Zeit hatte, als Jäger und Sammler durch den Vorort zu streifen. Wenn sich an einer Straßenecke eine scheinbar unmotivierte Menschenschlange gebildet hatte, ahnte man: Hier wurde eine Ladung aus dem dunklen Tann erwartet. Es konnte eine Stunde und länger dauern, bis ein Lastwagen vorfuhr und die Balgerei der Ungeduldigen begann. Wenn man so einen Strunk zu packen bekommen hatte, durfte man ihn um Gottes Willen nicht loslassen. Die Vorstellung, mit leeren Händen zu Hause anzukommen, verlieh ungeahnte Kräfte. Wie ein Terrier verbiß man sich in seine Beute, die natürlich bei diesem Kampf den einen oder anderen Zweig einbüßte. Ich erinnere mich daran, wie ich stolz zu Hause ankam und meine Oma nur den Kopf schüttelte: „Das soll ein Weihnachtsbaum sein? Da denkt doch der liebe Heiland, wir wollen ihn veralbern."

Der Höhepunkt des Heiligen Abends, nächst der Bescherung natürlich, war die Christmette in der Thomaskirche. Für bürgerliche Leipziger oder Leipziger Bürgerliche, sagten meine Großeltern, gab es an diesem Tag keinen anderen Platz in der Stadt. Dieser Ansicht schienen viele zu sein, denn man mußte sich Stunden zuvor auf den Weg machen, um auch nur einen Sitzplatz auf einer Treppenstufe zu ergattern. Die anfangs ungemütlich kalte Kirche wurde durch die Ausdünstungen der vielen Leiber anheimelnd warm. Gedämpftes Gemurmel von Hunderten, eher wohl Tausenden. Die große Krippe unter der Kanzel. Der Weihnachtsbaum. Das Grab des großen Johann Sebastian. Als feiere er in seiner Kirche mit. Die Thomaner auf der Empore. Engelsgleiche Stimmen. Die

Liedzeile mußte einem in den Sinn kommen: „Hoch oben singt jubelnd der Engelein Chor." Ich hatte nicht Thomaner werden wollen, weil dies mit Anstrengung verbunden gewesen wäre, hätte wahrscheinlich auch kein Sangestalent beweisen können; aber jetzt hätte ich gern mit dort oben gestanden bei Günther Ramin, dem Kantor, bewundert von der Gemeinde.

Thomaskirche. Ich bin später oft und oft dort gewesen, habe die Thomaner gehört, habe in die Gesichter der Menschen geschaut. Besonders viele junge darunter, ganz anders als anderswo. Und immer dachte ich: Hier bist du in der DDR, aber unter den richtigen Menschen.

Nach der Christmette ging es mit der Straßenbahn nach Hause, durch anheimelndes Schneegestöber, wie gesagt, zur Bescherung. Wieder keine elektrische Eisenbahn. Meine Kindheit lang hatte ich diesen Wunsch, diesen bestimmt nicht originellen: eine elektrische Eisenbahn! Aber die war zu teuer. Statt dessen der lange erwartete Kaufladen. Der hatte früher meinem Onkel gehört. Oder endlich der Stabilbaukasten. Der hatte auch meinem Onkel gehört. Oder zwei Bände Karl May. Da stand vorn der Name meines Onkels drin. Nichts Neues. Eine gebrauchte Kindheit. Aber es hat mich selten gestört.

Heiligabend 1952. Thomaskirche. Wie jedes Jahr. Aber es hatte sich etwas geändert. Unsere kleine Familienfirma war, wie Hunderte in der Stadt, Zehntausende im Land, enteignet worden. Ruckzuck. Entschädigungslos. Kapitalisten raus! Innerhalb einer Stunde. Ohne Abschied von den Mitarbeitern. Pardon: Werktätigen. Persönliche Gegenstände durften mitgenommen werden. Kaffeetasse. Tauchsieder.

Wenn das geschieht, hatte meine Mutter seit einem Jahr immer wieder versichert, dann weißt du ja Bescheid. Ich saß also in der Thomaskirche, hörte den Thomanern zu und wußte Bescheid.

22 Der Laufzettel

Den Laufzettel habe ich aufgehoben. Seit fünfzig Jahren. So ein Papier wirft man nicht fort. Schließlich dokumentiert es die wichtigste, die entscheidende Wende im Leben.

Wir waren in West-Berlin! Gerade am Nachmittag glücklich angekommen. Was tat man, sobald man die erste freie Stunde in der fremden Stadt hatte? Natürlich, man fuhr zum Ku-Damm! Um sich zu vergewissern, ob die weltberühmte Glitzermeile wirklich so prachtvoll war wie vermutet und erhofft. Wenn einer vom Berlin-Besuch zurückkam nach Markranstädt oder Markkleeberg oder Leipzig-Gohlis, war es immer, als wäre er bis zu den Quellen des Weißen Nils vorgedrungen und erzähle den atemlos Lauschenden.

Aber nun standen wir selbst und staunten! Berstende Schaufenster, kam es uns vor, elegante Menschen, einladende Lokale, Schlangen gewienerter Autos. Sicher, auch noch Ruinen da und dort, aber die nahm man nur wahr, wenn man wollte.

Gern hätten wir uns ins berühmte Café Kranzler gesetzt, ganz vorn, um zu sehen und gesehen zu werden. Aber wie? Ich zum Beispiel hatte knapp 20 ersparte Ost-Mark herübergeschmuggelt und dafür in der Wechselstube am Bahnhof Zoo rund vier West-Mark bekommen.

Die mußten reichen, wer wußte, wie lange? Meine Mutter hatte natürlich mehr in der Tasche, aber davon mußten wir die ersten Wochen, vielleicht Monate leben. Also wanderten wir den Ku-Damm hinauf bis beinahe nach Halensee und zurück zur Gedächtniskirche und nochmal den halben Weg hin und zurück und fühlten uns ein bißchen zugehörig zur großen weiten Welt. Als es Abend wurde und die Lichter angingen, erinnerten wir uns beide gleichzeitig ans abendliche Leipzig, an die paar trüben Gasfunzeln und die dunklen Schaufenster und die klapprigen Autos.

Wir wußten, es war zu Fuß ein weiter Weg bis zum Flüchtlingslager, aber wir sprachen uns Mut zu und sparten die dreißig Pfennig für die Straßenbahn. Dreißig Pfennig West!

Die Bilder sind bekannt von damals: die Messehallen am Funkturm. Die Betonböden ausgelegt mit Matratzen. Für jeden Flüchtling eine Wolldecke. Am Kopfende knapper Platz für die Koffer, Taschen, Rucksäcke, Kartons. Was ein jeder in der Eile mitgebracht hatte und in der Angst, mit großem Gepäck aufzufallen. Es war Anfang 1953 die erste große Flüchtlingswelle aus der Ostzone. Man kann es nachlesen: 2000, 3000, manchmal 4000 Flüchtlinge. Nicht im Monat. Nicht in der Woche. Am Tag! Nur noch einmal, vor dem Bau der Mauer, schwoll der Strom derart an. Aber damals, acht Jahre nach dem Krieg, war die Halbstadt ja noch nicht eingerichtet für so einen Schub von Menschen. Man hatte erst mühsam den Bombenkrieg und den Strom der Vertriebenen von noch weiter östlich bewältigt und litt unter Teilung und Insellage.

Die Kuno-Fischer-Straße ist eine kleine Querstraße der Neuen Kantstraße in Charlottenburg. Die Hausnummer 8 ist ein hübscher Ziegelbau und seit Jahrzehnten ein Polizeirevier. Der parkähnliche Garten hinterm Haus öffnet sich zum Lietzensee. Wenn man Nachbarn oder Passanten fragt, was in diesem Haus einst Besonderes gewesen sei, heben sie die Schultern. Aber damals, Mitte der fünfziger Jahre, kannten die meisten diese Adresse und fast alle in der Ostzone. Von Mund zu Mund wurde getuschelt: „Wenn ihr abhaut nach West-Berlin, dann müßt ihr in die Kuno-Fischer-Straße."

Auf meinem *Laufzettel für das Notaufnahmeverfahren* steht unter der laufenden Nr. 1: *Ärztlicher Dienst Kuno-Fischer-Straße 8, im Keller, mit anschließender Busfahrt.* Wir mußten natürlich erstmal untersucht werden. Wer wußte schon, welche rätselhaften Krankheiten wir aus der Ostzone einschleppten? Davor mußte sich ein ordentliches Land schützen. Station Nr. 2: *Schirmbildstelle.* Nr. 3: *Sichtungsstelle.* Ich kann mich nicht mehr erinnern, unter welchem Gesichtspunkt wir gesichtet wurden. Auch ist die Assoziation mit einer Selektierung ungerecht. Aber alles in allem fühlte man sich zunächst alles andere als zugehörig zur freien Welt.

Nr. 4: *Zuständigkeitsprüfung, Kuno-Fischer-Straße 8, Zimmer 1.* Es war zum Glück jemand für uns zuständig, das belegt ein Stempel: *Zuständigkeitsprüfung erledigt.* Ich wage mir nicht vorzustellen, es hätte sich niemand gefunden, der für uns zuständig war!

Das alles ging nicht so flott, wie es hier aufgeschrieben ist. Jeden Morgen, in aller Herrgottsfrühe, wuchs die Schlange: die Kuno-Fischer-Straße hinauf bis zum Ende und um die Ecke und noch mal ein paar hundert Meter weiter. Als Ostzonaler war man jedoch geübt im Schlangestehen. Man kam miteinander ins Gespräch: Woher?

Warum abgehauen? Wohin im Westen? Irgendwo Verwandte? Schon ein Zimmer in Aussicht? Gar eine Arbeitsstelle? Mindestens jeder zweite schüttelte den Kopf: Keine Ahnung! Irgendwohin. Irgendwie neu anfangen. Man stand sich sprichwörtlich die Beine in den Bauch, manchmal regnete es Bindfäden – aber was war zu tun? Das mußte man hinter sich bringen. Abends ins Lager. Die überfüllten Messehallen. Lärm und Mief. Gereizte Stimmung. Schnarchen und Babygeschrei. Der Duft von vollen Windeln.

Die Großeltern in Leipzig hatten uns vor der Flucht einen Zettel mit einer Adresse in die Hand gedrückt: „Hier, das sind alte Freunde von uns, die helfen euch." Wir hatten es auswendig gelernt und den Zettel weggeworfen, zur Vorsicht.

Eigentlich waren wir zu stolz. Aber die Zustände im Lager ließen uns das vergessen. Mit gemischten Gefühlen klingelten wir bei Tante Prölß – und wurden herzlich aufgenommen für den Rest unseres Notaufnahmeverfahrens. Ich bekam auch diesmal eine Matratze – aber mit Federbett.

Nächster Punkt auf dem Laufzettel: *Einweisung, Kuno-Fischer-Straße 8, Familien und alleinstehende Erwachsene über 24 Jahre Zimmer 8, Alleinstehende Jugendliche bis 24 Jahre männlich Zimmer 21, weiblich Zimmer 30.* Unsere Einweisung war offenbar unproblematisch, so daß es weitergehen konnte mit Schlangestehen und Stempel sammeln: *Polizei Kuno-Fischer-Str. 8, I. Etg., Zimmer 29.* Es lag nichts gegen uns vor. *Anmeldung Kaiserdamm 85, part., Zimmer 2/3.* Erledigt. *Vorprüfung I, Kaiserdamm 85, II. Etg.* Auch dies ging so reibungslos, daß auf die *Vorprüfung II* verzichtet werden konnte.

Wenn ich nicht half, abwechselnd Schlange zu stehen, erkundete ich meine vorübergehende Heimat. Zuerst Charlottenburg. Das Olympiastadion. Da hatte bei den Spielen 1936 Jesse Owens unseren Leipziger Landsmann Lutz Long im Weitsprung besiegt und der Führer auf seiner Ehrentribüne war bestimmt rot vor Zorn gewesen: dieser primitive Neger! Auf dem Kaiserdamm: Seifenkistenrennen! Damals riesig in Mode, heute vergessen. Hinauf auf den Funkturm, den „langen Lulatsch“, zu Fuß, wegen der Kosten. Und in der Reichsstraße gab es ein Schokoladengeschäft, das verkaufte für zehn Pfennig eine Tüte Nußbruch, also Milchschokolade mit Haselnüssen. Eine Sensation für einen Jungen aus der Ostzone!

Allerdings begann da der Konflikt: Für zehn Pfennig – West! – bekam man auch eine Fahrkarte für die U-Bahn. Für einen ganzen Tag! Und U-Bahn-Fahren war eine Leidenschaft. Damals konnte man noch links neben dem Fahrer stehen und in die dunkle Röhre starren, die Bahnhöfe nahen sehen, die Abfertigung beobachten, wieder eintauchen ins Dunkle. Den Streckenplan kannte ich rasch auswendig, von Ruhleben nach Pankow, von Krumme Lanke zum Schlesischen Tor und so weiter. Und ich wußte, wo ich aussteigen mußte, bevor die Bahn West-Berlin verließ. Das war mir eingebleut worden: nicht in den Osten! Da kommen wir gerade her. Einmal landete ich doch in Berlin-Mitte und schlich, vorsichtig um mich blickend, hinein in die Höhle des Löwen, die „Hauptstadt der DDR“. Merkwürdig! Diese vielen Ruinen. Die roten Transparente mit weißen Weisheiten. Die leeren Schaufenster. Die stinkenden Autoabgase. Alles wie zu Hause!

Nr. 10: *Geschäftsstelle des Aufnahmeverfahrens, Terminstelle, Kaiserdamm 86, I. Etg., Zimmer 121.* „Terminstelle" schien anzudeuten, daß es bald losging in den „richtigen" Westen; denn noch befanden wir uns ja auf der Insel im „roten Meer". Wir waren uns nicht einig: Meine Mutter drängte es an ihr Ziel, wo eine – ziemlich schlecht bezahlte – Arbeit auf sie wartete und ein – ziemlich karges – möbliertes Zimmer für uns bereitstand. Ich hingegen hatte Berlin mit Haut und Haaren gefressen – oder umgekehrt – und freute mich über jeden Tag des Bleibens. Zumal ich hier nicht zur Schule mußte.

Nr. 11: *Aufnahmeausschuß Meerscheidtstr. 7.* Wieder mal ein Stempel: *Aufgenommen.* Und wieder mal die Frage: was, wenn nicht?

Nr. 12: *Ländervertretung Kaiserdamm 85, III. Etg., Zimmer 38/39.* Unser bescheidenes Zimmerchen wartete in Baden-Baden auf uns. Und siehe da: wir durften! Groß gestempelt: *Baden-Württemberg.*

Nun gab's kein Halten mehr: *Aushändigung der Bescheide* und *Transportstelle: Flug eingeleitet.*

Es war der erste Flug meines Lebens, und ich habe ihn nicht besonders gut vertragen. Genauer gesagt, war mir hundeelend. Die amerikanische Militärmaschine startete spät abends in Tempelhof. Sie hatte immerhin Sitzplätze, aber das war auch der einzige Komfort. Aber was wollten wir? Flüchtlinge!

Ich hatte einen Fensterplatz ergattert. Eine halbe Stunde nach dem Start drunten ein großer matterleuchteter Fleck im Dunkeln. War das Leipzig? Es konnte mir keiner sagen.

23 Rote Ohren am Radio

„Habt ihr gehört, was in Ost-Berlin los ist?“

Meine Klassenkameraden hatten nichts gehört. Bis auf einen. Er glaubte erfahren zu haben, daß es in Ost-Berlin „eine Klopperei“ gegeben habe. Wenigsten das.

„Aufstand in der Zone!“ hatte morgens in der Zeitung gestanden. Wir konnten natürlich, seit kurzem im Westen, keine Zeitung abonnieren. Aber im Zentrum von Baden-Baden, am Leopoldplatz, hing in einem Glaskasten am Postamt jeden Tag das frischgedruckte „Badische Tagblatt“. An diesem Morgen stand eine ganze Menschentraube davor und diskutierte. Es war der 17. Juni 1953.

Gestern hatten Bauarbeiter der Ost-Berliner Stalinallee, wie es plastisch hieß, „ihre Hämmer und Kellen niedergelegt“ und waren durch die Stadt gezogen, um die Rücknahme der Erhöhung der Arbeitsnormen durchzusetzen. Arbeitsnormen? fragte jemand vor dem Zeitungskasten: Was ist das nun wieder? Ich konnte ihm nur so viel erklären, daß sich in der Ostzone ein jeder freiwillig verpflichten mußte, ein bestimmtes Pensum zu leisten. Wenn er es nicht schaffte, gab es Abzüge. Nun aber sollten die Werktätigen zustimmen, daß sie – wie gesagt: völlig freiwillig – von vornherein für das gleiche Pensum weniger Geld bekämen. Oder für das gleiche Geld mehr arbeiten müßten. Ich wurde mit einer gewissen Anerkennung bedacht, da ich in meinem Alter schon so gut Bescheid wisse. „Das mußten wir in der Zone“, erklärte ich den Umstehenden. „Wir mußten doch Aufsätze darüber schreiben.“

Nur für einen Moment stand ich im Mittelpunkt, dann wurde diskutiert, ob die Arbeiter in Ost-Berlin irgend etwas ausrichten könnten. Die Meinung derjenigen, die eine Meinung hatten, war einhellig: Wenn es heute hart auf hart ginge, würde der Russe seine Panzer schicken – und aus wär's!

Aber das wollte ich nicht gelten lassen. Seit nachmittags hatte ich gestern vorm Radio unserer Vermieterin gehockt, war schier hineingekrochen in den alten Kasten und hatte förmlich die Fäuste geballt: Leute, haltet durch! Laßt euch nicht kleinkriegen! Reportagen von der Sektorengrenze, Interviews mit Zeugen, die drüben gewesen waren. Auch aus Leipzig und vielen anderen Orten wurden Demonstrationen gemeldet. Ob auch meine Leute dabeiwaren? Die Oma bestimmt nicht, aber mein Onkel? Unsere Nachbarn? Meine Klassenkameraden? Wenn sie alle mitmachten...

Das wird nichts, befanden die Leute auf dem Leopoldplatz. Der Russe macht mit denen kurzen Prozeß.

Am Tag nach unserem Flug von West-Berlin nach Westdeutschland hatte ich auch schon in einer kleinen Traube von Menschen vor diesem Zeitungskasten gestanden. Der Aufmacher hieß: „Stalin gestorben". Ich hatte innerlich gejubelt: Nun war er mausetot, der größte Mensch unserer Epoche! Und nun würde vielleicht auch sein Statthalter in der Ostzone gestürzt, der verhaßte Spitzbart. Und wir könnten zurück nach Hause.

Denn das war mein größter Wunsch: zurück nach Hause. Mit der Flucht hatte ich mich notgedrungen abgefunden, aber sie sollte nicht endgültig sein. Allenfalls in Berlin wäre ich freiwillig für eine Zeit geblieben, aber Baden-Baden? Wir waren am ersten Tag, vom Flüchtlingslager Rastatt kommend, hineingefahren in das Städtchen, das jetzt meine Heimat sein sollte. Entlang eines

Rinnsals, das es nicht mal mit unserer bescheidenen Pleiße daheim aufnehmen konnte. Vorbei an Geschäftshäusern, Läden, Lokalen, Hotels und einem Park. Ein O-Bus begegnete uns, nicht mal eine Straßenbahn. Als wir anhielten, fragte ich, wann denn die Stadt anfinge. Aber wir waren schon hindurch.

Unser möbliertes Zimmer. Winzig. Etwas über zehn Quadratmeter für zwei Personen. Ein Bett, meine Pritsche quer vorm Fenster, ein Schrank, ein Tisch, ein Stuhl. Meine Pritsche war auch meine Sitzgelegenheit. In einem anderen, etwas geräumigeren Zimmer wohnte, auch zur Untermiete, eine Familie mit kleiner Tochter. Wir teilten uns mit der Vermieterin nach strengem Reglement zu sechst Küche und Bad. Mein Gott, wie schön hatten wir's zu Hause gehabt! Die großen Zimmer. Die große Küche. Der Balkon. Und wir waren die Hauptmieter gewesen.

„Aber“, sagte meine Mutter, „wir sind in der Freiheit!“

„Wozu Freiheit?“ fragte ich. „Was habe ich davon?“

„Ich erkläre es dir“, sagte sie: „Du hast mir in Leipzig mal gesagt, mit der Schule sei es im Prinzip ganz einfach. Man müsse den Lehrern nur Honig ums Maul schmieren und antworten, was sie hören wollen. Ich will nicht“, erklärte sie mir ernsthaft, „daß du so denkst. Ich will, daß du eine Meinung hast und deine Meinung auch sagst. Deswegen sitzen wir in diesem schäbigen möblierten Zimmer und können uns nichts Richtiges zum Anziehen kaufen. Deswegen!“

Ich versuchte zu verstehen.

Wir waren in einem anderen Land. Einer anderen Welt. Ich verstand zu Anfang nicht einmal meine neuen Mitschüler. Am ersten Tag, als ich mein Klassenzimmer suchte, sprach mich einer an, freundlich, hilfsbereit: „Hascharreschd?“ Ich fragte ebenso freundlich zurück, was er meine. Er wiederholte: „Hascharreschd?“ Ich fragte noch einmal und antwortete, weil ich wieder nicht verstand, mit einem halbherzigen Jein. Später erfuhr ich den Sinn seiner Frage: Hast du Arrest? Das kannte ich nicht. Bei uns zu Hause hieß es: Mußt du nachsitzen? Ich mußte Badisch lernen! Schnell. Hartnäckig. Konsequent. Und gleichzeitig das verlachte Sächsisch ablegen.

Außerdem begann meine Klasse auf dem Gymnasium gerade mit Englisch, gleichzeitig hatte ich aber zwei Jahre Französisch nachzuholen. Mein Russisch konnte ich einstampfen. In Deutsch lasen wir Schriftsteller, die mit ihren Werken nie den glühenden Geist des Sozialismus hatten verbreiten wollen. Auch in Geschichte ging es nicht um Revolutionen und Bauernaufstände, sondern um Dynastien und Erbfolgekriege. In Mathe nicht mehr um die soundsovielprozentige Übererfüllung des Plans durch Adolf Hennecke, sondern um nackte, langweilige Zahlen. Und in Biologie hatten sie tatsächlich noch nie von Mitschurin und seinen Wundertomaten gehört. Nach einer depressiven Phase nahm ich mich jedoch bei den Ohren und fing an zu büffeln. Denen wollte ich es zeigen!

Den anderen Flüchtlingen in der Klasse ging es wie mir. Es waren nicht viele in diesen südwestlichen Zipfel der Bundesrepublik verschlagen worden. Aber Jochen aus Bad Frankenhausen und Achim aus Ost-Berlin hatten ähnliche Probleme, und wir gingen sie gemeinsam an.

Am Abend des 17. Juni 1953 mußte ich hinnehmen: Der Aufstand in meiner Heimat war zusammengebrochen. Ich habe in späteren Jahren viel darüber gelesen, gearbeitet, Dokumentationen gemacht. Ich weiß die Gründe. Der große Stefan Heym, der fabelhafte Bücher geschrieben hat, veröffentlichte auch ein unsägliches, zu dem er jedoch immer tapfer stand: „Fünf Tage im Juni“. Darin verknüpfte er einige unbestreitbare, aber in der DDR tabuisierte Erkenntnisse über den Ablauf des Arbeiteraufstands mit der Version, die die SED in Umlauf zu bringen versuchte. Und diese Version ist falsch. Eine politische Schutzbehauptung. Der Arbeiteraufstand, der am 16. Juni begann und am 17. Juni beendet war, war kein vom Westen ausgelöster und gelenkter Putschversuch. Er war ein spontaner Arbeitskampf, der in eine politische Demonstration mündete. Er brach in sich zusammen, als er sein einziges konkretes Ziel erreicht hatte: mit der Regierung über die Arbeitsnormen zu reden. Die Rote Armee, das ist richtig, half energisch, teilweise brutal nach und erstickte den Rest der Glut. Erich Loest, der den Tag in Berlin erlebte, fügt noch den Gesichtspunkt hinzu, daß nachmittags heftige Regenschauer niedergingen und die Demonstranten ins Trockene trieben. Das würde ins Bild eines Aufstands passen, dessen Dynamik schon erloschen war.

Heute ist er weitgehend vergessen, der ungeliebte Gedenktag. Im Osten ohnehin verboten, im Westen stets verdrängt. Manchmal machte er noch eine kleine Schlagzeile, zum Beispiel als ans Licht kam, daß der „Streikführer“ aus Leuna, der flüchtete und in West-Berlin seine Geschichte immer wieder zum besten gab – IM der Stasi war. Eine Fußnote. Und wenn man fragt: 17. Juni? Ja, was war da? Irgendwas mit Hitler? Attentat?

Aber damals in Baden-Baden, saß der Junge aus Leipzig mit roten Ohren vor dem Radio und ballte die Fäuste:

Mensch, wenn das hinhaut! Ich war schließlich erst dreizehn.

24 Plötzlich bist du arm

Der Sozialismus, hatte man uns drüben in der Ostzone gelehrt, habe zum Ziel, daß es allen Menschen gleich gehe. Das war eine schöne, begeisternde Vorstellung, die meinen kindlichen Drang nach Gerechtigkeit ansprach. Jeder, lernten wir, solle arbeiten nach seinen Fähigkeiten, jeder dürfe sich nehmen nach seinen Bedürfnissen. Geld, dieses Krebsübel der kapitalistischen Gesellschaft, werde abgeschafft. Vor allem letzteres gefiel mir gut, weil mein karges Taschengeld nie reichte.

Wir hatten sowjetische Romane gelesen, deren jugendliche Protagonisten sich schier kaputtrackerten, sich verzehrten wie eine flammende Kerze, die alles hergaben für den Aufbau des Sozialismus. Ich erinnere mich vor allem an den dicken Wälzer „Wie der Stahl gehärtet wurde", einen autobiografischen Roman von Nikolaij Ostrowskij. Das war ein junger Kerl gewesen, der sich in den Kämpfen der Roten Armee gegen die Reaktionäre der Weißen aufgezehrt hatte. Verwundet, gelähmt, erblindet, hatte er seine Geschichte diktiert. Ein Held!

Alles Quatsch! befand meine Familie. Der Mensch sei nun mal so, wie er sei. Es habe zwar immer Ausnahmen gegeben, unseren Opa zum Beispiel oder viele und gerade jüdische Unternehmer in Leipzig, die außerordentlich sozial gewesen seien. Aber der normale Mensch arbeite so wenig, wie er gerade noch vertreten könne, und nehme sich so viel, wie er kriegen könne. Wenn er in der Partei sei, funktioniere das besonders gut. Und wenn er ganz oben angekommen sei, lebe er wie die Made im Speck. So könne das nicht klappen.

Das schien zu stimmen. Wilhelm Pieck, der Präsident, lebte in einem Schloß in Berlin-Niederschönhausen. Und die übrigen Bonzen mußten bestimmt nicht Schlange stehen, bis im HO eine Ladung Weißkohl angekarrt wurde. Auch ließ sich schwer vorstellen, daß zum Beispiel der Gewandhauskapellmeister Konwitschny nur ein einziges Paar Schuhe besaß wie unsereins. Ostrowskij mußte wohl für etwas anderes gekämpft haben als die DDR.

Was mir, seitdem ich im Westen war, besonders auffiel: Alle Leute in Leipzig, die ich persönlich kannte, im Haus, in der Straße, unter den Bekannten und Verwandten, besaßen ungefähr gleich wenig, litten den gleichen Mangel, rangelten um den notwendigsten täglichen Bedarf. Wenn man mal von den Spitzen der DDR-Gesellschaft absah, hatte der Sozialismus tatsächlich geschafft, was er angekündigt hatte: Allen ging es ungefähr gleich. Bloß war ja die ursprüngliche Idee gewesen, daß es allen gleich gutgehe. Statt dessen ging es – fast – allen gleich schlecht. War damit das Ziel erreicht?

Und nun: im Westen! Die Zufälligkeiten des Daseins hatten uns also in das beschauliche Kurstädtchen Baden-Baden verschlagen, ins Tal der Oos zwischen den Ausläufern des Schwarzwalds. Meine Mutter hatte dort von Verwandten, die vor uns geflüchtet waren, eine Arbeit im Büro vermittelt bekommen und das möblierte Zimmer in einem Vorort. Da mußte man zugreifen, da konnte man nicht lange fackeln!

Ich hatte rasch den Eindruck, daß man in Baden-Baden zwar vom Krieg hatte läuten hören, daß die meisten ihn jedoch nicht richtig wahrgenommen hatten. Es war 1953, und alles ging schon wieder seinen gewohnten Gang. Man versuchte „Weltkurort“ zu spielen, wie zu den Zeiten, da der Kaiser vierspännig die Lichtenthaler Allee hinaufkutschiert war. Vorm Tennisclub Rot-Weiß oder droben am Golfplatz oder vor den teuren Hotels parkten dicke Limousinen und schicke Kabrioletts. Zu den Bällen im Kurhaus wurden pompöse Roben ausgeführt, bei der „Großen Woche“, den Pferderennen in Iffezheim, trugen die Damen nach dem Vorbild von Ascot gewagte Kreationen auf dem Haar.

In meiner Klasse gab es einen netten Jungen, der jeden Morgen in einem schwarzen Mercedes 300 zur Schule gebracht wurde, von einem livrierten Chauffeur, der eilfertig den Schlag aufriß und die Mütze vom Kopf nahm. Ein Banknachbar war der Sohn vom Hotel „Bellevue“. Auf der anderen Seite saß der Erbe eines Sägewerks. Auch ein Lederwarengeschäft im vornehmen Kurviertel war in der Klasse vertreten. Und manchmal kam ich an der Villa der Familie Heger vorbei. Der „Glatzen-Heger“ verdiente Unmengen Geld damit, daß er den Menschen versprach, seine Mittelchen ließen bei Ausfall die Haare wieder sprießen. Das konnte natürlich nicht sein, wie denn auch! Heger landete eines Tages im Gefängnis. Aber bis dahin parkte vor seiner Villa ein mächtiger Cadillac für ihn und ein Buick für die Gattin.

Ich lernte also ganz praktisch, daß es enorme gesellschaftliche Unterschiede gab, wie ich sie in Leipzig nie gekannt hatte. Ich lernte, daß es hier Arme und Reiche gab und daß wir nicht zu den Reichen zählten. Wir fuhren am Sonntag nicht mit dem Auto zum Kaffeetrinken auf die Bühlerhöhe, sondern wanderten zu Fuß in die

„Klostermühle", bestellten zwei Kugeln Eis ohne Sahne und versicherten uns, das sei viel gesünder als die maßlose Völlerei. Als ich konfirmiert werden sollte, fehlte mir ein angemessener Anzug. Wir horchten herum, und ein Nachbar schenkte mir ein gebrauchtes Jackett, ein Kollege meiner Mutter ein Paar getragene Schuhe mit Kreppsohlen, die Kirchengemeinde ein Stück Stoff für eine Hose.

Das alles machte mir anfangs noch wenig aus – bis die Sache mit den Mädchen begann. Da brauchte man ein paar modische Klamotten und vor allem ein paar Groschen für Einladungen in die Eisdiele. Es reichte vorn und hinten nicht, auch wenn ich jeden Nachmittag leere Flaschen sammelte und zum Altwarenhändler brachte.

Ich wußte, daß meine Mutter noch viel mehr darunter litt, finanziell und gesellschaftlich zum Bodensatz zu gehören. Sie hatte es ja in ihrer Kindheit und Jugend und in der ersten Zeit ihrer Ehe anders erlebt. Nun verdiente sie 225 DM im Monat. Dafür mußte sie, wie die meisten damals, 48 Stunden in der Woche arbeiten und bekam zwei Wochen Urlaub im Jahr. Sie drehte die Groschen um. Sie mußte Schulgeld für mich zahlen. Das Gymnasium hatte ihr auf den Hinweis, wir seien Flüchtlinge und ziemlich knapp dran, ungerührt erklärt, der Junge, auch wenn er ein guter Schüler sei, müsse ja nicht auf eine höhere Schule. Er könne ja mit vierzehn die Volksschule beenden, wenn wir uns das Gymnasium nicht leisten könnten. Oh nein, der Westen nahm uns Flüchtlinge keineswegs mit offenen Armen auf!

Wir schickten unsere Pakete in die Zone! Jeden Monat ging eines an die Oma und den Onkel in Leipzig-Gohlis. Und zu Geburtstagen und Feiertagen eines zu den Großeltern im Altersheim. Das kostete viel Geld, und wir hatten kaum welches.

Oder hatten wir nicht alles? Wir waren ja Westler! (Das Wort „Wessis“ kannten wir damals noch nicht.) Wir hatten doch volle Schaufenster! Davon sollten wir ruhig etwas abgeben. Eines Tages schrieb die Großmutter, sie habe sich ja sehr gefreut über die „Waldbaur“-Schokolade und die sei bestimmt einwandfrei. Aber Tante Frieda aus Braunschweig schicke doch immer „Sprengel“. Ob wir nicht auch... Also schickten wir die Teurere.

Wenn wir, natürlich mit Genehmigung, zu Besuch heimkehrten nach Leipzig, dann fragten wir schon mal: Und ihr? Warum seid ihr noch hier? Warum haut ihr nicht auch ab? Das wird doch nichts mit eurer DDR!

Das müßt ihr verstehen, war die Antwort: das Haus! Sollen wir das wirklich aufgeben? Es ist das Erbe unserer Eltern! Mit allen Möbeln und Bildern. Soll das dem Staat anheimfallen? Und Kurt steht kurz vor der Zehnten und soll in die Oberschule. Und was ist drüben? Wo sollen wir hin? Wir überlegen es uns noch.

Bevor sie zu Ende überlegt hatten, stand die Mauer.

Ja, ich bin zeitlebens froh, daß meine Mutter für sich und für mich die Entscheidung traf und den Sprung ins kalte Wasser wagte. Es war die wichtigste Entscheidung in meinem Leben.

25 Friedensfahrer unterwegs

Arme Kerle, meine Klassenkameraden, die in den großen Ferien mit Mama und Papa und Schwesterchen in die Schweiz mußten oder nach Holland oder Oberbayern!

Manche Familien – wenige! – hatten ja damals schon ein Auto, vielleicht bloß ein winziges Goggomobil oder einen NSU Prinz, vielleicht aber einen Goliath oder gar einen Ford 12M, mit der Weltkugel als Nase, einen Opel Olympia Rekord oder, schon die nächste Klasse, einen Borgward Isabella. Gar einen Mercedes!

Da mußten sich meine Freunde in den Fond quetschen, vielleicht mit mehreren, gar verfeindeten Geschwistern, zwischen Rucksäcken und Ledertaschen, in Mief oder Durchzug, ja nachdem, welches Elternteil sich gerade durchsetzte in der Streitfrage Fenster auf/Fenster zu. Sie sahen die Landschaft an sich vorbeirasen, bis es ihnen im Kopf ganz rammdösig wurde. Sie durften ab und zu ihren Käfig verlassen zum Austreten und Luftschnappen. Eingekerkert, entmündigt, fremdbestimmt!

Ich hingegen war frei! Ich packte meine Satteltaschen, steckte Straßenkarte und Jugendherbergsverzeichnis ein, schwang mich auf mein Fahrrad und fuhr los!

Radtouren waren damals Inbegriff grenzenloser Freiheit. Keine genaue Route, keine Verabredung, keine Verpflichtung. Ein grobes Ziel – und dann ab ins Blaue! Wo man es schön fand, blieb man ein paar Tage. Wenn die Jugendherberge voll war, fuhr man weiter. Manchmal blieb am Abend nur das „Bett im Kornfeld" oder im Heuschober eines Bauern. Am nächsten Tag vierzig Kilometer weiter oder achtzig oder hundertsechzig, ganz wie man Lust hatte. Quer durchs deutsche Land, zur Weser und zur Lahn, zur Mosel und zum Rhein, über den Schwarzwald und zum Bodensee, durch Bayern und ein bißchen nach Österreich.

Viele Tausende waren in den großen Ferien so auf Achse. Damals, einige Jahre vor dem Bau der Mauer, waren auch Jugendliche aus der DDR unterwegs im Westen. Sie wollten die große weite Welt erleben. Sie hatten vielleicht von den Eltern und Großeltern gehört: Kölner Dom! Loreley! Neuschwanstein! Das gehörte noch zum gesamtdeutschen Bewußtsein. Wenngleich es auch damals schon eine Art Einbahnstraße war: Die Radwanderer West wußten nichts von, sagen wir, der Bastei oder Schloß Moritzburg. Dort wollten sie auch nicht hin, in diesen Staat, der sich mit Händen und Füßen dagegen sträubte, als freundlich und angenehm empfunden zu werden.

Das Leben war teuer für unsere ostdeutschen Freunde. Eine Westmark kostete fünf Ostmark. Allerdings erinnere ich mich, daß es in den Jugendherbergen einen besonderen Rabatt gab. Die Preise waren eigentlich lächerlich – aber nur von heute aus betrachtet. Übernachtung im Viel-Bett-Zimmer und mit eigenem Schlafsack: 50 Pfennig. Frühstück 20 Pfennig, Abendessen 30 Pfennig. Wenn man sich am Morgen und am Abend bei Tisch den Bauch vollstopfte und auch die Taschen, wenn man keine Burg besichtigte und kein Museum, kam man auch mal mit einer einzigen Mark am Tag über die Runden.

In irgendeiner Jugendherberge im Badischen begegnete ich beim kargen Marmeladenfrühstück Landsleuten aus meiner ehemaligen Heimat. Vier Leipziger. Radsportler. Aktive jugendliche Radsportler, wie sie betonten. Sie hießen noch nicht Maik oder Ronny, Stev oder René, sondern hatten herkömmliche Namen, wahrscheinlich Willy und Heinz, Walter und Herbert. Tausend Fragen: Wo wohnt ihr? Welche Schule? Wo stand Chemie Leipzig in der Tabelle? Wie war das neue Zentralstadion? Waren sie dabeigewesen, als Fritz Walter gegen Wismut Aue mit der

Hacke sein „Jahrhunderttor“ schoß? Welche Chancen hatten die DDR-Radfahrer diesmal bei der Friedensfahrt?

Wir fuhren gemeinsam weiter. Über den Schwarzwald Richtung Bodensee und Allgäu. Ein hartes Stück Arbeit, auch wenn ich inzwischen ein neues Rad mit Gangschaltung fuhr. Die Kerle waren austrainiert. Aber ich wollte mir keine Blöße geben. Ich hielt mit. Wie im Mannschafts-Straßenrennen wechselten wir uns bei der Führungsarbeit ab. Ich sah nichts mehr von der Landschaft, nur im Vorbeifahren schemenhaft den Feldberg, ansonsten den Hinterreifen meines jeweiligen Vordermanns. Hatte abends einen gewaltigen Appetit und morgens einen barbarischen Muskelkater. Aber ich konnte mich halbwegs in diese deutsch-deutsche Straßenmannschaft integrieren. Nach fünf Tagen beschloß ich, ich hätte mir und den anderen alles bewiesen. Ich verabschiedete mich und bat, meiner Heimatstadt die herzlichsten Grüße auszurichten.

Ob Ursula wirklich, wie ich mich zu erinnern glaube, Ursula hieß, weiß ich nicht mehr mit Gewißheit. Sie und ihre Freundin kamen aus Saalfeld in Thüringen und waren mit ihren Rädern durch Bayern unterwegs. Es war Liebe auf den ersten Blick. Ich konnte meine Empfindungen damals noch am ehesten zeigen, indem ich Ursulas Satteltaschen vom Gepäckträger schnallte und nach oben trug. Das Fahrrad in den Fahrradschuppen schob. Ihr auf der Karte erklärte, wo wir uns befanden. Mich in Unkosten stürzte und ihr ein Eis spendierte. Zu irgendeiner Art von zärtlichen Berührungen kam es nicht. Es war, damals, noch nicht das Alter dafür.

Als versierter Radwanderer wußte ich, daß man die erste Pause möglichst nach der Hälfte der Strecke einlegte. Dann kam man besser wieder in Tritt, und der Rest schien einem nicht so endlos. Das galt jedoch nicht, wenn man mit Mädchen fuhr. Mädchen wollten ständig und sofort Pause machen. Und ich fand mit einem Male Pausemachen wunderschön.

Eine Woche fuhren wir miteinander, Ursulas Freundin im Schlepptau, die gern auch immer ein Eis schleckte. Dann standen wir vor der Grenze. Ich kam nicht auf die Idee, einfach mitzufahren und zu schauen, was die DDR-Grenzer mit mir anstellen würden. Ein Zoni blieb ein Zoni, auch nach Jahren im Westen, und machte keine Experimente mit Grenzpolizei oder Volkspolizei. Wir tauschten unsere Adressen aus. Und den einzigen Kuß. Nächstes Jahr wieder in Bayern!

Ich glaube, sie hieß wirklich Ursula.

26 Der richtige Wolf

Konrad Wolf starb 1982. Der große Filmregisseur der DEFA hätte, denke ich, noch viel beizutragen gehabt im wiedervereinigten Deutschland. Mehr jedenfalls als sein Bruder Markus, der vor dem absehbaren Ende der DDR seine jahrzehntelange Stasi-Karriere abbrach und zum geborenen Demokraten mutierte – was ihm interessanterweise im Westen mehr abgenommen wurde als im Osten.

Konrad Wolf wird gewußt haben, auf welcher Seite er politisch stand und warum. Wenn man mit seinen Eltern, kämpferischen Kommunisten und Antifaschisten, das Dritte Reich verließ und in die Sowjetunion emigrierte, um nach dem Krieg zurückzukehren, konnte man ohne

Frage eine ganze Zeitlang der Meinung sein, in der DDR werde der bessere Versuch gewagt. Man durfte sich allerdings das Denken nicht verbieten lassen.

Im Jahr 1964 verfilmte Konrad Wolf den sensationellen Roman von Christa Wolf: „Der geteilte Himmel". Dem Buch, das im Westen wenige gelesen hatten, und dem Film, den noch keiner kannte, ging der Ruf voraus, sie hätten die SED-Führung heftig geärgert. Also war unser Filmkunststudio in München-Schwabing proppenvoll. Konrad Wolf und sein Hauptdarsteller Eberhard Esche waren angereist zur Präsentation. Das war damals ziemlich ungewöhnlich.

„Der geteilte Himmel" ist, auf einen einfachen Nenner gebracht, die Geschichte zweier junger Leute in der DDR vor dem Mauerbau, deren Beziehung zerbricht, weil der Mann der Meinung ist, im Westen stünde ihm eine berufliche Karriere in einem freiheitlichen Land bevor, während die Frau nicht bereit ist, das Experiment mit dem Sozialismus wegen unbestreitbarer Anlaufschwierigkeiten schon aufzugeben. Er geht, sie will weiterkämpfen. Sie besucht ihn in West-Berlin, aber ihre Entscheidung steht. Sie will nicht als Gattin eines erfolgreichen Mannes im Westen leben. Sie glaubt, im Osten gebraucht zu werden. Sie geht zurück.

Das Schwabinger Publikum wirkte zunächst etwas ratlos. Aber dann kamen die ersten Wortmeldungen. Also, wie der Regisseur West-Berlin darstelle, das sei doch außerordentlich polemisch. Mit allen Mitteln der Kinokunst, die man ja kenne, mit Kameraführung und Schnitt habe er einen völlig verzerrten Eindruck hergestellt. Das sei nichts weiter als Agitprop in bester sowjetischer Tradition. Man muß berücksichtigen, daß ein paar Jahre vor

'68 auch die Studenten der West-Republik gern in den gesicherten Adenauerschen Kategorien dachten.

Ein paar im Kino versuchten die Diskussion auf den Punkt zu bringen, den sie verstanden zu haben glaubten: War es vorstellbar, daß die junge Frau bewußt den steinigen Weg suchte? Gab es so viel Idealismus? Aber das wurde nicht ausdiskutiert. Immer wieder: West-Berlin sei als seelenlose Glitzerwelt diskriminiert worden.

Konrad Wolfs Film war in der DDR heftig kritisiert worden. Daß für einen jungen DDR-Bürger ein Wechsel zum Klassenfeind überhaupt eine Alternative darstellen konnte, das hätte in einem DEFA-Film nicht thematisiert werden dürfen. Außerdem sei die Frontstadt West-Berlin viel zu positiv abgelichtet worden, zumal doch jeder wisse, daß hinter den glänzenden Fassaden des Kapitalismus Elend und Ausbeutung herrschten.

Das Buch von Christa Wolf, der Film von Konrad Wolf, sie mußten offensichtlich auf beiden Seiten mißverstanden werden. Was ja auch eine deutsche Gemeinsamkeit erkennen ließ.

Im Jahr 1980 wurde das erste Spielfilm-Festival der DDR in Karl-Marx-Stadt veranstaltet. Im Mittelpunkt des Publikumsinteresses stand ein umstrittener Film von Konrad Wolf: „Solo Sunny“. Die Geschichte junger Leute in Ost-Berlin, die Beschreibung eines Milieus von Pop-Musikern, die völlig anders dachten und lebten, als SED und FDJ sich junge Sozialisten vorstellten.

Im „Interhotel“ Karl-Marx-Stadt tobte eine erbitterte Diskussion. Konrad Wolf und sein Drehbuchautor Wolfgang Kohlhaase gerieten heftig unter Beschuß. Hier werde eine ganze Generation verunglimpft, indem Außenseiter in ein positives Licht gerückt würden. Es fielen Begriffe wie Gesindel, Penner, Lumpenpack. Wolf könne nicht den Begriff der gesellschaftlichen Wirklichkeit für seinen Film reklamieren. Die spiele sich in den volkseigenen Betrieben ab, in den LPGs und den Hochschulen. Nein, solche Typen gehörten nicht auf die Leinwand! Einige sprangen dem Regisseur und seinem Autor bei, aber die wütenden Attacken der Funktionäre zeigten Wirkung: Bald traute sich niemand mehr zu widersprechen.

Im Westen wurde der Film, im Gegensatz zum „Geteilten Himmel", ein ziemlicher Renner. Zeigte er doch, daß sich in der DDR damals schon alle jungen Leute gegen das politische System auflehnten. Oder etwa nicht?

Wie gesagt, im Jahr 1982 starb Konrad Wolf. Vielleicht hätte seine wichtigste Zeit noch vor ihm gelegen. Statt dessen können wir seinen Bruder lesen. Wenn wir wollen.

27 Eine besondere Art der Arbeit

Da stellen wir uns einfach ganz dumm! Unter diesem Motto aus der „Feuerzangenbowle" nahm ich meine erste journalistische Recherche in der DDR in Angriff. „Sie kennen sich doch dort aus", sagte SWF-Chefredakteur Dieter Goebel, „da kriegen Sie schon was raus."

Es war 1969, runder Jahrestag der Gründung beider deutscher Staaten, und die ARD hatte beschlossen, eine große Dokumentation über den Stand der deutsch-deutschen Beziehungen auf den Schirm zu bringen. Neunzig Minuten. Mit allen Schikanen, mit großem dekoriertem Studio, mit Spielszenen, mit Archiv und Trick. Wichtigen Interviewpartnern natürlich. Doch, das gab es damals noch, und keiner wiegte bedenklich sein Haupt: eineinhalb Stunden über Deutschland? Wenn uns da mal nicht die Quote einbricht!

Ich fuhr also auf Recherche in die DDR. Eigentlich konnte man das damals gar nicht. Es gab noch keine Verträge zwischen BRD und DDR, die die journalistischen Beziehungen geregelt hätten. Und wenn wir Filmaufnahmen von „drüben“ brauchten, baten wir ausländische Kollegen, meistens britische, auch amerikanische oder holländische.

Man kam aber von West-Berlin mit S-Bahn und Tagesvisum in die „Hauptstadt der DDR“. Ich begann meinen Rundlauf. Natürlich hatte ich nicht den Auftrag, die sowjetischen Panzer auf dem Territorium der DDR nachzuzählen. Es ging um ganz banale, alltägliche Dinge. Um die beliebtesten Urlaubsziele der DDR-Bürger, die ja vom FDGB vorgegeben waren. Also meldete ich mich beim FDGB an. „Ja, wieso?“ fragten sie am Telefon. Alle, die ich anrief, fragten zuerst: „Ja, wieso?“ Ein BRD-Journalist? Ob ich über ein Ministerium angemeldet sei. Oder über die Partei. Nein, sagte ich, der Freie Deutsche Gewerkschaftsbund sei schließlich eine große, unabhängige Organisation. Sie könnten doch mit mir reden, wer solle ihnen das verwehren?

Das Erstaunliche geschah: Ich telefonierte mich quer durch die Hauptstadt, traf Verabredungen, klingelte an Bürotüren, wurde freundlich empfangen, bekam alle meine Auskünfte. Wie gesagt, es ging ja nicht um Panzer. Ich erfuhr, daß sich die DDR-Bürger am liebsten von allen Bildern eine Reproduktion des Liebespaars am Strand von Walter Womacka an die Wand hängten. Die derzeit beliebtesten Kinofilme, Theaterstücke, Romane, Schallplatten. Ich traf mich im Hotel „Unter den Linden“ mit Frank Schöbel, dem erfolgreichsten Schlagersänger der Republik, um mit ihm über seine neuen Titel zu reden. Ich lud ihn in unsere Sendung ein, aber so weit wollte er natürlich nicht gehen.

Recherche in der DDR: Heute wird man sagen: ja und? Was war dabei? Aber man muß den Zinnober kennen, der sich abspielte, wenn man später, nach den deutsch-deutschen Verträgen, in der DDR ein „genehmigtes Vorhaben“ realisieren wollte.

Wir bastelten damals, 1969, ein fabelhaftes Konzept zusammen für unsere große Sendung. Da es sich ja um ein ARD-Projekt handelte, mußten wir aus Baden-Baden im idyllischen Tal der Oos ins große Köln am Rhein anreisen zum Rapport. Die ARD-Gewaltigen – ich erinnere mich an die Herren Gütt, Hübner, Müggenburg – waren nicht recht zufrieden. Ihnen fehlten dieser Aspekt und jener Interviewpartner. Ich sah noch viel Arbeit auf uns zukommen. Aber da war ja Günter Gaus, damals unser Programmdirektor im Südwestfunk. Er könne die Kritik teilweise nachvollziehen, gab er diplomatisch zur Antwort. Daher bitte er die Kollegen, ihre Gegenvorschläge und Ergänzungen in einem eigenen Papier niederzulegen. Aber sie mögen berücksichtigen, daß die Zeit dränge. Also sagen wir: bis Ende der Woche. Auf dem Heimweg fragte ich Gaus, was geschehe, wenn wir alles noch mal auf den Kopf stellen müßten. Er lächelte überlegen und schüttelte den Kopf. Er behielt recht. Es kam kein Papier. Und ich hatte etwas gelernt fürs Leben.

Arbeit in der DDR: Sie hatte ihren eigenen Reiz. Wir wußten, sie wollten uns stets hinters Licht führen. Ein X für ein U vormachen. Potemkinsche Dörfer aufbauen. Sie wußten, daß wir das wußten. Sie hatten den Heimvorteil. Sie kannten sich besser aus in ihren eigenen Angelegenheiten. Wir versuchten wachsam zu sein. Und meistens kam uns jemand zu Hilfe.

Es ging dabei nicht um Weltgeschichte wie manches Mal, wenn zum Beispiel ein Korrespondent hinausgeworfen wurde, weil er kommentiert hatte, an der DDR-Grenze würden Menschen wie Hasen abgeschossen. Was zweifellos zutraf, aber der Kommentar mußte auch absehbar zum Rausschmiß führen. Nein, hier soll es mal um Kleinkram gehen, ganz alltägliches Geschäft.

Wir filmten in einer Fabrik für Heizkessel in Neuruppin. Wir hatten darum gebeten, einen ganz normalen Werktätigen aufnehmen und auch außerhalb der Acht-Stunden-Schicht begleiten zu können. Wir versuchten immer, auch wenn es schwierig bis unmöglich war, ein Stück DDR-Normalität halbwegs ungeschminkt zu zeigen. Unser „Betreuer" stellte uns unseren Werktätigen vor. Nicht lange, und einer der Arbeiter nahm mich beiseite und flüsterte: „Warum filmen Sie denn ausgerechnet unseren obersten Bonzen?" Der „ganz normale Werktätige" war niemand anderes als der Parteileiter des VEB, also die Nr. 1 vor dem Gewerkschaftsleiter und dem Betriebsleiter. Im Interview fragte ich ihn nach seiner herausgehobenen Stellung und konnte belustigt registrieren, daß ihm förmlich der Unterkiefer herabfiel.

Das waren so die Spielchen. Wenn wir im Speisesaal eines FDGB-Ferienheims drehten, gab uns mit Sicherheit jemand den leisen Hinweis: Die weißen Tischdecken, die haben sie gestern im ganzen Ort zusammengestoppelt, die werden morgen wieder eingesammelt.

Interviews mit DDR-Bürgern: Sie hatten ihre Eigenart. Unsere Partner waren meist von ihren Vorgesetzten „abgestellt" worden und hatten genau eingeschärft bekommen, was sie auf unsere zuvor eingereichten Fragen zu antworten hatten. Ich erinnere mich an Leute, die vor der Kamera förmlich zitterten vor Aufregung. „Mensch, was soll ich denn sonst antworten, Sie wissen doch Bescheid", flüsterte mir einer zu, als die Kamera abgeschaltet war. Diese Art von bestellten Interviews hatten einfach keinen Sinn. Die obersten Bonzen kriegte man so gut wie nie vor die Kamera. Fast immer schickten sie ihre Leute aus der zweiten oder dritten Reihe. Vielleicht waren sich die meisten, von Hermann Axen über Erich Honecker bis zu Harry Tisch, ihrer sehr begrenzten rhetorischen Fähigkeiten bewußt. Nicht umsonst wurde ein Politbüromitglied wie Horst Sindermann im Westen plötzlich ein Medienstar, als sich herausstellte, daß er ganze Sätze fehlerlos absondern und obendrein mit Witzchen würzen konnte.

Gelegentlich ging den wachsamen Organen etwas durch die Lappen. Was dafür sprach, daß selbst in so einem scheinbar festgefügten und durchorganisierten System bisweilen die eine Hand nicht wußte, was die andere tat. Beispiel: der traditionelle Karneval in Wasungen an der Werra. In der DDR fast so berühmt wie die „Meenzer Fassenacht" im BRD-Fernsehen. Das kleine Städtchen im Bezirk Suhl war einmal jedes Jahr im Freudentaumel. Aber auch im kritischen Ausnahmezustand. Denn der Wasunger Karneval war seit Jahren Treffpunkt jugendlicher Aussteiger aus allen Teilen der DDR. So etwas gebe es nicht, sagten uns viele DDR-Bürger. Denn auch die hartnäckigsten Aussteiger würden in Arbeitskollektive integriert und auf den Weg der Vernunft gebracht. Nun ja. Wasungen zum Karneval: Hunderte junger Leute in abgerissenen Parkas zogen durch den Ort und hatten das einzige Ziel: sich mit „Nordhäuser Doppelkorn" oder billigem Fusel wie dem berühmten „Blauen Würger" flaschenweise bis zur Besinnungslosigkeit zu besaufen. Überall lagen Schnapsleichen in ihrer Kotze. Wenn einzelne noch in der Lage waren zu registrieren, daß unser Kamerateam aus der BRD kam, bauten sie sich davor auf und schrien in unser Mikrofon: „Scheiß-Ostzone! Hony soll verrecken! Ich will nichts wie raus! Lieber im Westen Scheiße schippen." Und so weiter. Unsere Aufpasser standen fassungslos dabei. Sie baten uns händeringend und plötzlich ganz auf Kooperation gestimmt, die traditionsreiche Wasunger Folklore in den Mittelpunkt unseres Berichts zu stellen und nicht das unerfreuliche Phänomen am Rande. Wir versuchten darauf zu achten, die jungen Leute, auch wenn sie alles andere als sympathisch wirkten, nicht so zu zeigen, daß sie zu identifizieren gewesen wären. Denn sie waren dabei, sich um Kopf und Kragen zu reden.

Überhaupt saßen wir manches Mal am Schneidetisch und hörten uns an, wie DDR-Bürger vom Leder zogen. Offenbar war den meisten im Augenblick der Aufnahme nicht bewußt gewesen, daß ihre Worte per West-Fernsehen nicht nur in Millionen Wohnzimmer in ganz Deutschland dringen würden, sondern auch in die Amtsstuben von Partei und Stasi. Journalisten gelten nicht zu Unrecht als sensationsgierig, aber in diesem Fall galt es abzuwägen: Redete sich da nur jemand in Rage und ließ seinen Frust ab oder war er sich seiner Worte bewußt, wollte vielleicht sogar seinen Ausreiseantrag befördern? Manche knallige Tirade blieb ungesendet.

Wir durften in Betrieben filmen, in ausgesuchten natürlich. Das war insofern bemerkenswert, als mir nicht bekannt ist, daß jemals dem DDR-Fernsehen mit der Kamera Zutritt zu einem Betrieb in der Bundesrepublik Deutschland gewährt worden wäre. Der Unterschied war freilich: Im Westen lehnten die Firmen von sich aus ab, im Osten wurde auch diese Frage von der Partei entschieden. Und die hatte ein Interesse daran, Vorzeigebetriebe für uns zu öffnen. So drehten wir beim Waggonbau in Bautzen oder in der Fabrik für Jagdgewehre in Suhl. Besonders gern hätten wir im VEB „Sachsenring“ in Zwickau gezeigt, wie der „Trabant“ zusammengeschraubt wurde, den man nicht ganz zu Unrecht den „Käfer des Ostens“ nannte: Hat er doch bei der – vergleichsweise bescheideneren – Motorisierung der DDR-Bevölkerung eine fast legendäre Rolle gespielt. Aber unser Antrag wurde mehrmals abgelehnt. Zum einzigen Mal in einem solchen Fall gab man mir, wenn auch nur mündlich, eine Begründung: „Sie müssen verstehen, diese Bruchbude können wir auf keinen Fall öffentlich vorzeigen.“ Man schickte uns statt dessen nach Zschopau zu „MZ“. Dort wurden Motorräder gebaut. MZ war mit seiner Werksmannschaft sogar international recht erfolgreich im Geländesport. Aber was wir gezeigt bekamen: eine überholte Anlage, eine heruntergekommene Werkshalle, veraltete Maschinen, Dreck und Unaufgeräumtheit. Schlimmer, sagten wir, konnte es bei „Sachsenring“ auch nicht sein.

Ich wollte 1980 einen Film über meine Heimatstadt machen. Zugegeben: keine besonders originelle Idee. Das wollte so gut wie jeder in unserem Gewerbe, der einst von „drüben“ gekommen war. Also: Dieter Zimmer über Leipzig.

Der Film, auch wenn er am Ende recht schön und ziemlich erfolgreich wurde, stand zunächst unter keinem guten Stern. Den allwissenden Organen der DDR war selbstverständlich bekannt, daß ich aus Leipzig stammte. In unserem Antrag auf Genehmigung stand ja auch, aus welchem Grund ich ausgerechnet im Vorort Gohlis drehen wollte und an anderen Stellen der Stadt, die im Reiseführer keine Rolle spielten. Unverhohlenes Mißtrauen. Zumal gerade mein erster Roman erschienen war, der in Leipzig spielte und die Zustände in der frühen DDR kräftig durch den Kakao zog. Immerhin setzten wir die Sache aufs Gleis: Der Antrag wurde vom Außenministerium der DDR genehmigt, ein Vertrag wurde geschlossen mit dem Internationalen Pressezentrum, ein Termin für die Dreharbeiten vereinbart, wir bekamen ein Hotel angewiesen, wir zahlten unsere nicht zu knappen Gebühren, natürlich in konvertierbarer Währung. Das Kamerateam freute sich auf die Arbeit; meistens interessierten sich nämlich für Filme über die DDR Kollegen, die selbst von dort stammten. Ich war regelrecht „hibbelich", wie man in Sachsen sagt.

Vier Tage vor der Reise ein Telex: „An dem Projekt Leipzig besteht kein Interesse."

Keine Anrede, kein Gruß, schon gar keine Begründung. Nur der eine Satz: „An dem Projekt Leipzig besteht kein Interesse."

Was war zu tun in einem solchen Fall? Man ging an die Öffentlichkeit. Einige Tageszeitungen druckten die Meldung des ZDF: „Dreharbeiten in der DDR abgesagt". Reaktion aus Ost-Berlin: „Ober-Stasi" Wehmann, zuständig für Fernsehkorrespondenten aus der BRD, rief an und beklagte sich: Ob diese Meldung denn nötig gewesen sei? Was mache das für einen Eindruck! Die Meldung, antwortete ich, sei doch wohl zutreffend gewesen. Mit einem halben Jahr Verspätung, im Herbst 1980, konnten wir unseren Film drehen.

Wir genossen sogar größere Freizügigkeit als sonst üblich. Unsere „Betreuer" – es kümmerten sich gleich mehrere um uns – ließen manche Aufnahme zu, die wir nicht für möglich gehalten hätten: völlig verfallene Vorstadtstraßen in Gohlis ebenso wie die Braunkohle verarbeitende Fabrik in Espenhain südlich der Stadt, eine der berüchtigtsten Dreckschleudern der ganzen Republik. Wir zeigten natürlich auch viele Schönheiten, an denen das Herz eines Leipzigers hing.

In meiner alten Gemeinde, der Friedenskirche, konnte ich den langjährigen Pfarrer befragen. Anhand dieses Interviews läßt sich ein interessantes und typisches Phänomen beschreiben: Viele Zuschauer aus der DDR sagten mir, wenn ich nach der Sendung wieder zu Besuch war: „Donnerwetter! Ihr Pfarrer, der muß wirklich ein mutiger Mann sein, der hat sich ja ganz weit aus dem Fenster gelehnt!" Im ZDF hingegen, wo der Film – auch wegen guter Quote – positiv aufgenommen wurde, gab es vor allem einen Punkt der Kritik: „Diesen Pfarrer, den hätte man weglassen sollen, der war langweilig, der hat ja überhaupt nichts gesagt."

Deswegen hier der Wortlaut des kurzen Interviews, das ich mit Pfarrer Hans-Joachim Courths in der Sakristei seiner Friedenskirche führen konnte:

Herr Pfarrer Courths, ist es ein Risiko, in der DDR Christ zu sein?

Sie fragen, ob es ein Risiko sei, in der DDR Christ zu sein. Ich möchte sagen, das wird vielleicht von manchen weniger engagierten Christen als Risiko empfunden. Hierbei mag es sich um Menschen handeln, die nicht den Mut haben, sich klar und eindeutig zur Kirche zu bekennen. Ich möchte in diesem Zusammenhang darauf hinweisen, daß in Artikel 20, Absatz 1 unserer Verfassung eindeutig fixiert ist: Gewissens- und Glaubensfreiheit sind gewährleistet. Meiner Überzeugung nach liegt es daher in der Verantwortung eines jeden einzelnen, von diesem Recht auch Gebrauch zu machen. Im übrigen ist Christsein nach meiner Meinung immer und überall in der Welt, in jedem Staat, in jeder Gesellschaftsordnung, ein Wagnis – ich möchte den Ausdruck ‚Risiko', weil er irgendwie negativ belastet ist, nicht gern verwenden – ein Wagnis, das den Mut zum Glauben erfordert und damit auch den Mut zu einem gewissen Anderssein. Der Mensch ist anders, als man ist, er handelt anders, als man tut oder von ihm vielleicht aus Gründen des Opportunismus erwartet würde.

Es heißt, in den letzten Jahren habe sich das Verhältnis Staat/Kirche in der DDR etwas zum Besseren gewandelt. Spüren Sie das in Ihrer Gemeinde und Ihrer Arbeit?

Seit dem Gespräch zwischen Bischof Schönherr und Staatsratsvorsitzendem Honecker vor dreieinhalb Jahren hat sich im allgemeinen das Verhältnis zwischen Staat und Kirche entkrampft, könnte man vielleicht sagen. Aus persönlicher Erfahrung könnte ich hinzufügen, daß wir beispielsweise in Fragen der Druckgenehmigung oder der Genehmigung von Veranstaltungen unter freiem Himmel keinerlei Schwierigkeiten haben und ich im Augenblick nichts Negatives sagen könnte. Ich meine auch, daß diese Entkrampfung von beiden Seiten begrüßt worden ist.

Ist es richtig, daß seit dem Beginn dieser Phase der Entkrampfung, wie Sie sagen, Sie mehr Zulauf von jungen Leuten hatten?

Ob dieser Zulauf unbedingt mit dieser Begegnung zu tun hat, weiß ich nicht. Aber im Lauf der letzten Jahre haben wir doch eine erfreuliche Anzahl von jungen Menschen auch in unserer Gemeinde immer wieder feststellen können. Jugendliche, die auch nach der Konfirmation – früher sagte man ja, der Mensch wird aus der Kirche herauskonfirmiert – zu ihrer Kirche und Gemeinde stehen. Ich glaube sagen zu können, daß das auch optisch deutlich geworden ist zum Kirchentag in Leipzig 1978, wo man feststellen konnte, daß im Maßstab unserer Landeskirche bei den etwa 50 000 Teilnehmern des Kirchentages, ich möchte sagen, zwei Drittel etwa der Anwesenden Jugendliche und Gemeindeglieder unter vierzig Jahren gewesen sind.

Glauben Sie, daß manche junge Leute in die Kirche kommen, weil sie die Kirche als eine Art Opposition begreifen?

Ich hoffe es nicht. Und sollte es der Fall sein, möchte ich mal ganz nackt und dürr sagen, dann würden sie bei uns nicht auf ihre Kosten kommen.

Interview von 1980: Mutige Äußerungen oder belangloses Gerede?

Der Film hatte für mich zur Folge, daß ich bis zum Ende der DDR nie wieder eine Genehmigung bekam, in Leipzig zu arbeiten. Ich stellte alle möglichen Anträge zu allen möglichen Themen, sie wurden hinhaltend beantwortet und verliefen irgendwann im Sande. Ich fragte immer wieder nach dem Grund und bekam keine Antwort. Bis mir eines Tages „Ober-Stasi" Wehmann unter vier Augen eine Erklärung gab. Sie überraschte mich nicht. Sie dokumentierte nur, wie beleidigt die „Organe" auf jede Kritik reagierten.

Wir hatten gefilmt, wie in einem Leipziger Altbau Briketts für den Winter angeliefert wurden. Ein vertrautes Bild aus der Kindheit: Staubige Kohlenmänner mit schwarzen Gesichtern schleppten zerfranste Säcke in den Hof des völlig verfallenen Hauses und kippten den Inhalt mit Schwung in ein Kellerfenster. Im Filmtext hieß es dazu: *„Briketts im Keller stapeln, Kachelöfen anheizen, Asche runtertragen – darum haben wir uns als Kinder nicht gerade gerissen. Sicher gibt es hier eines Tages Fernheizung, richtige Badezimmer und Wasserrohre, die nicht dauernd brechen. Aber das wird noch Jahre dauern. Und bei manchem Haus wird sich's dann nicht mehr lohnen."* Das, sagte mir Wehmann, halte man im Bezirk Leipzig für nicht repräsentativ. (Wobei er unter „repräsentativ" verstand: der Repräsentation dienend, während wir ja darunter verstanden: von allgemeiner Gültigkeit.) Zweitens hatten wir in unserem Film den historischen Marktplatz gezeigt: *„Das Alte Rathaus ist – für mich jedenfalls – das schönste in Deutschland. Es wurde gleich nach dem Krieg wieder aufgebaut. Bürgerhäuser wurden mit Sorgfalt restauriert. So könnte dieser Marktplatz ein Schmuckstück sein, Vorbild für Städte in Ost und West – gäbe es nicht seit fünfzehn Jahren den öden Neubau des Messeamts. Da steht er nun, fehl am Platz und hoffentlich nicht für die Ewigkeit."* Das, sagte Wehmann, sei einfach zu viel gewesen. Ich könne gern Anträge stellen für Filme in allen anderen Bezirken, von Rostock bis Suhl, sie würden mit Vorrang bearbeitet. Aber Leipzig: Nein! Es blieb dabei: Meinen nächsten Film über die Stadt machte ich nach 1989. Und das Messeamt wurde – endlich – im Jahr 2001 abgerissen.

Übrigens war nie herauszubekommen, wo in solchen Fällen „gemauert“ wurde: in der Berliner Zentrale oder vor Ort in den Bezirken. Sie schoben sich gern die Verantwortung gegenseitig zu – nach dem Motto: „Wir können überhaupt nicht verstehen, was die Kollegen in Dresden gegen Ihr Projekt haben!“ Man rief in Dresden an: „Wir hier wären sofort einverstanden, aber die Kollegen in der Hauptstadt mauern aus irgendeinem Grund.“ Natürlich hatten sie abgestimmt, wie sie am besten die Kuh vom Eis brächten.

Zu unseren „Betreuern“ entwickelte sich sogar manchmal ein gewisses persönliches Verhältnis. Es wurde sehr gefördert, wenn man ihnen ein paar kleine Gefälligkeiten erwies. Vor allem D-Mark tauschte, eins zu eins, wie es sich meiner Ansicht nach für einen anständigen Menschen schickte, der keine miesen Geschäfte auf dem Buckel der Ostdeutschen machen wollte. Oder wenn zum Beispiel die Kupplung ihres privaten Lada oder Zastava herunter war und seit Monaten in der ganzen Republik keine zu kriegen. Dann ging man zu Hause zur nächsten FIAT-Werkstatt, besorgte das Teil und schickte es rüber. Geschenkt. Im Gegenzug gab es vielleicht ein paar Flaschen Meißner Wein, der zwar damals nicht viel taugte, aber immer ein originelles Mitbringsel war. Einer meiner „Betreuer“, dem auch die eine oder andere Hilfe zuteil wurde, durfte Ende der achtziger Jahre auf Westreise und besuchte mich in Wiesbaden. Ein wenig seltsam berührte es mich, daß ich später bei der Gauck-Behörde in meiner Stasi-Akte seinen Bericht lesen konnte: wie ich lebte, wie ich wohnte, was ich sagte, was ich dachte. Das wäre vielleicht nicht nötig gewesen. Aber wie sollte er auch damit rechnen, daß ich eines Tages seinen Bericht in Händen halten würde?

Es gab in der Bundesrepublik eine Reihe von Fernsehredaktionen, die sich besonders mit der DDR und der deutschen Teilung auseinandersetzten. Im ZDF – natürlich auf unterschiedliche Weise – „Kennzeichen D“ und „Das ZDF-Magazin“. Sie waren eigens eingerichtet worden, um sich dem Thema zu widmen. Von den übrigen Redaktionen des ZDF beschäftigte sich die unsere – sie nannte sich „Dokumentationen/Reportagen Innenpolitik“ – besonders oft mit dem Thema. Was übrigens auch wieder zu einer winzigen, aber typischen Pikanterie führte: Unsere Verhandlungspartner in Ost-Berlin legten größten Wert darauf, daß sie für uns „Ausland“ seien – und wir für sie. Aber darauf wollten wir uns nicht einlassen. Wenn sie Geschäfte mit uns machen wollten, müßten sie unsere Auffassung akzeptieren. Sie taten es bald. Stillschweigend.

Manchmal treffen wir uns irgendwo: Kollegen von ZDF und ARD, die lange Zeit oder wenigstens häufig in der DDR gearbeitet haben. Dann taucht das bekannte Phänomen auf: Weißt du noch? Wir haben die DDR nicht geliebt – aber unsere Arbeit dort. Wir hielten sie für nötig – damit der Riß nicht immer tiefer wurde. Und sie hat uns Spaß gemacht – auch wegen der tausend Spitzfindigkeiten. Aber es ist ein Glück, daß es vorbei ist.

Mein Film damals im Jahr 1980 trug den Titel „Mein Leipzig – lob ich’s mir?“ und kam am Ende zu einer sehr zwiespältigen Antwort. Aber er hatte ein unvermutetes Nachspiel. Ich bekam nicht nur Hunderte Briefe, meistens von ehemaligen Leipzigern, die irgendwann „weggemacht“ waren wie wir. Mir schrieben Freunde und Schulkameraden, die ich aus den Augen verloren hatte, oder Nachbarn von damals. Meine Frau und ich beschlossen, zwei Dutzend dieser „Ehemaligen“ zu einem Fest nach Wiesbaden einzuladen. Ein Wochenende lang schwelgten wir in gemeinsamen Erinnerungen: an das Karussell und die Limobude und die Gemüsegärtchen im Rosental, ans Buntmetall-, Pferdeäpfel- und Kartoffelkäfersammeln, an die Tricks beim Entwischen von der Maikundgebung, an den historischen 6:0-Sieg von „Chemie“ gegen den DDR-Meister „Turbine“ Halle. Und daran, wie wir alle, einer nach dem anderen, unserer Heimat den Rücken gekehrt hatten. Der Höhepunkt der Freude war erreicht, als ein paar ältere Damen an Hand einer Fotografie feststellten, daß sie gemeinsam in der Tanzstunde gewesen waren. Wie immer, versprachen einige der Gäste, sie würden nächstes Mal die Sache in die Hand nehmen und das zweite Treffen organisieren. Dabei blieb es. Aber ein paar alte Freundschaften sind neu belebt.

Fazit: Ich wäre gern auch Korrespondent in Italien oder Brasilien gewesen – aber die Arbeit in der DDR war, glaube ich, die spannendere.

28 Ein wundersamer Anruf aus Bern

Montagmorgen in der Redaktion. Die Woche beginnt träge, was damit zu rechtfertigen ist, daß diesmal am Wochenende gut zu tun war. Zeitungslektüre. Montags immer rückwärts: zuerst der Fußball, zuletzt die Politik. Das muß man als Redakteur ja niemandem verraten.

Das Telefon, eine Stimme mit eindeutig schweizerischem Zungenschlag, auch wenn er Guten Tag! sagt und nicht Grüezi!

„Ja, Rudolf Streit-Scherz vom Scherz Verlag in Bern. Sie haben uns dieses Manuskript geschickt."

„Ja", sage ich, einfach weil es stimmt.

„Das wollen wir machen."

„Ja?" frage ich, einfach weil es nicht völlig normal ist.

„Das wollen wir machen. Wir werden es im Frühjahrsprogramm als Spitzentitel herausbringen."

„Ja", sage ich, weil der Mann es ja wissen muß.

Mein erstes Buch!

Wie kommt man dazu, ein Buch zu schreiben? Und hat nicht jeder zweite schon mal gesagt: Ich kann dir Sachen erzählen, darüber könnte ich ein Buch schreiben! Aber er tut es nicht. Keine Zeit, keine Zeit! Heute kann ich sagen: Ich hatte auch keine Zeit, ich habe sie mir genommen.

Schreiben! Aufsätze. Gute Aufsätze in der Schule. Wirklich meistens mit eins oder zwei benotet. Ganz im Unterschied zu Mathe. Oder auch Sport. Man kann nichts für ein Talent, ebensowenig für mangelnde Begabung in Chemie und Biologie. Also kleine Geschichten für den Hausgebrauch. Später ein paar Satiren an „Pardon", die es damals noch gab, und die druckten sie alle und wollten mehr. Satiren für die letzten Seiten der „Süddeutschen Zeitung" und der „Frankfurter Rundschau". Ein lustiger Nebenerwerb. Aber irgendwann sollte es etwas Größeres sein.

Wie kommt man erstens zu seinem Thema, zweitens zu dem Entschluß, es tatsächlich in Angriff zu nehmen, und drittens zu der Hartnäckigkeit, es zu Ende zu bringen?

Das kann man ruhig mal erzählen – weil so viele sagen: Ich könnte ein Buch schreiben!

Durch einen Zufall lernte ich nach einer Fernsehsendung Rainer Barzel kennen. Ich moderierte seinerzeit die „heute"-Sendung. „Und was tun Sie außerdem?" fragte er im Lauf des Abends. „Was soll ich sonst noch tun?" fragte ich. Er schüttelte den Kopf: „Jeder muß noch etwas tun, das niemand von ihm verlangt. Ich schreibe gerade wieder ein Buch."

Da hatte er wohl recht.

Ich hatte zu jener Zeit einen ziemlich aufreibenden Job: Ich war einer der Studioredakteure und einer der verantwortlichen Schlußredakteure einer der beiden großen Nachrichtensendungen dieser Republik. Ich war ein wenig stolz darauf, es mit Mitte dreißig geschafft zu haben. Aber eines gab mir immer mehr zu denken: Wenn ich mich abends ins Auto setzte, um von Wiesbaden nach Hause nach Frankfurt zu fahren, fünfundvierzig Kilometer zum Abschalten, dann war die Sendung vergessen – es sei denn, ich hatte irgendeinen Kinken eingebaut, einen Fehler, vielleicht einen blöden Versprecher, der mich Tage, manchmal wochenlang fuchste. Ich lebte beruflich sozusagen von der Hand in den Mund. Ich hatte das Gefühl, noch unausgesprochen, noch ohne Konturen: Du mußt mal etwas in Angriff nehmen, das dich auch am nächsten Morgen noch beschäftigt. Und da kam Rainer Barzel mit seiner Frage: Was tun Sie denn sonst noch?

Zweiter Zufall: Ich las gerade „Die Heiden von Kummerow". In diesem Roman beschreibt Ehm Welk das bescheidene Dorf seiner Kindheit wie ein verlorenes Paradies. So etwas Ähnliches hatte ich doch auch erlebt! Ostzone. Nachkrieg. Ärmlich. Aber in meiner Erinnerung eine schöne, aufregende Kindheit. Mit Recherche vertraut, fand ich heraus, daß dieses Thema bislang noch nicht in einem Roman beschrieben worden war. Also los!

Wir hatten damals in Frankfurt eine Dachwohnung hinzugemietet. Dorthin zog ich mich zurück. Halbe Nächte hämmerte ich auf der Schreibmaschine und merkte nicht, wie mein Privatleben dabei zugrunde ging. Ich wollte mir beweisen, daß ich einen Roman schreiben konnte!

Die meisten Romanautoren fangen mit einem Stoff an, der ihnen am besten vertraut ist: Autobiografisches. Im eigenen Leben kennt man sich aus, an die Umstände erinnert man sich. Man muß sich nicht mühsam hineinarbeiten. Damit es authentisch ist, muß man dennoch mit Zeitzeugen reden und Quellen studieren. Meine Zeitzeugen waren Verwandte und Freunde, meine Quellen die Zeitungen von damals. Zum Glück gab es die „Leipziger Volkszeitung" komplett im Archiv der Friedrich-Ebert-Stiftung in Bonn. Schließlich war das damalige Bezirksorgan der SED eine der ältesten sozialdemokratischen Zeitungen in Deutschland. Ein paar Wochen brachte ich im Lesesaal damit zu, ganze Jahrgänge zu durchforsten. Mir kam entgegen, daß die „LVZ" in den Nachkriegsjahren nur dreimal die Woche erschien und nur vier bis sechs Seiten hatte. Aber ich stieß auf ungezählte Hinweise: Mensch, so war das ja damals! Plötzlich war ich eingetaucht in meine Vergangenheit. Traf im Geiste Menschen wieder, die lange tot waren oder aus den Augen verschwunden. Ich mußte achten, daß nicht ein Stück Nostalgie entstünde.

Ich hatte noch keinen Computer, das wäre damals auch ungewöhnlich gewesen. Ich tippte auf der Schreibmaschine. Vertippte oft genug. Wenn ich mich mitten im

Tippen anders entschied, riß ich den Bogen heraus und begann von vorn. Ein mühsames Geschäft! Man kennt das. Es gibt ja Dichter, die auf den Federkiel schwören. Aber für den normalen Schriftsteller war die Erfindung und Verbreitung des Computers ein Segen.

Die erste Fassung war zwar ein Manuskript, aber noch kein Roman. Wie schrieb man einen Roman? Es gibt Techniken. Die kann man lernen.

Zweite Fassung. Von Anfang bis Ende neu getippt. Rainer Barzel erklärte sich bereit, mal „gegenzulesen". Er tat es mit Akribie, schrieb Hunderte Bemerkungen an den Rand. Ich danke ihm dafür.

Dritte Fassung. Das Manuskript an den ersten Verlag. Warten. Wochenlang. Monate sogar. Die Antwort: sehr schön, sehr flott geschrieben, aber wer, bitte schön, interessiere sich für die Geschichte einer Kindheit nach dem Krieg in der Ostzone? Nächster Verlag. Zwei Monate. Die Antwort: diese Nachkriegskindheit in der Ostzone sei eine sehr interessante Geschichte, aber leider, leider viel zu unliterarisch geschrieben. Was immer das bedeuten sollte. Vielleicht zu verständlich geschrieben? So ging es hin und her, eineinhalb Jahre lang. Absagen, Absagen, Absagen. Aber das kennen viele.

Bis eines Montags Rudolf Streit-Scherz anrief. Er hatte mit Ilse von Bredows „Kartoffeln mit Stippe" einen großen Erfolg gelandet und suchte einen Anschluß – weil ja Ilse von Bredow nicht schon wieder ein Manuskript fertig hatte.

Der Roman wurde ein ansehnlicher Erfolg. Genauer gesagt: Er wurde zu einem Erfolg gemacht. Ich habe gelernt, daß es verkehrt ist zu sagen: Ich habe einen Bestseller geschrieben! Richtig ist: Ich habe ein Manuskript geschrieben, das einem Verlag gerade recht kam, auf das er gesetzt und für das er geworben hat, das die Vertreter engagiert verkauft haben, das der Buchhandel positiv aufgenommen hat und das – last, but not least – viele Menschen gekauft, gelesen, verschenkt, empfohlen haben. Nicht: Ich habe einen Bestseller geschrieben.

Aber ein schöner Anblick war es: ganze Schaufenster dekoriert mit Stapeln von „Brause“. Und nach drei Wochen erschien es in der Bestsellerliste im „Spiegel“.

Ich fragte mich: Was finden die Leute an diesem Buch? Eigentlich eine banale Geschichte: Ein kleiner Junge in Leipzig schlägt sich durch die Nachkriegszeit, erlebt lauter alltägliche Abenteuer, leidet mit seiner Familie unter Mangelwirtschaft und politischem Druck, bis es heißt: Wir flüchten! In den goldenen Westen. Was sollte er dort: ohne seine geliebte Heimatstadt, seine Großeltern, seine Freunde, seinen Fußballverein? Aber er hat keine Wahl. Das ist schon die ganze Geschichte. Aber das wollten Hunderttausende lesen.

„Wir machen eine Fortsetzung“, sagte der Verleger.

Eine Fortsetzung? Wozu das? Wer will wirklich wissen, wie es dem Jungen Thomas im Westen erging? Außerdem: Ich wollte ja nicht Schriftsteller werden. Ich wollte mir nur beweisen, daß ich ein Buch schreiben kann. E i n Buch und nicht zwei oder mehr. Aber der Verleger blieb hart: „Das ist eine gute Geschichte. Der Junge aus der Zone im Wirtschaftswunderland! Konrad Adenauer, Fritz Walter, James Dean. Das wollen die Leute lesen. Sie schreiben, und wir bringen es unter die Leute.“ So haben wir es gemacht.

29 Die Telefonzelle in Herleshausen

Warum tue ich mir das schon wieder an? Warum mache ich für das ZDF nicht einen gemütlichen Film über den Schwarzwald oder sonst eine erbauliche deutsche Landschaft? Murnau in Oberbayern vielleicht oder unseren Rheingau direkt vor der Haustür. Mit bayerischem Bier oder Rheingauer Riesling. Aber es muß ja unbedingt wieder die DDR sein!

Dieser Aufstand jedesmal! Zuerst ein Antrag beim Internationalen Pressezentrum in Ost-Berlin. Endlose Schriftwechsel, persönliche Verhandlungen, eine Recherchenreise. Was dürfen wir drehen, was nicht? Mit wem dürfen wir reden, mit wem nicht? Was dürfen wir fragen, was nicht? Am Ende ein Vertrag. Wir müssen kräftig löhnen. Ein „Betreuer" paßt auf, daß wir nichts filmen, was wir nicht filmen sollen. Keine militärischen Anlagen sowieso. Aber auch keine Verkehrsanlagen, dazu gehört im Zweifel eine malerische Dampflok auf freier Strecke. Keine maroden Produktionsanlagen, also die meisten. Keine verfallenen alten Wohnhäuser, also praktisch alle. Keine Fernsehtürme, keine Radaranlagen. Wozu dieses Getue? Die Geheimdienste des Klassenfeindes kennen das alles ohnehin, seine Satellitenkameras haben jeden Quadratmeter registriert, sie sind gar nicht angewiesen auf unsere läppischen Kameraeinstellungen. Aber wenn der „Betreuer" ein Angsthase ist, werden wir wieder mal um jeden Bahnübergang feilschen müssen.

Warum also tue ich mir das schon wieder an?

Am Vorabend der Reise auf dem Lerchenberg den Dienstwagen abgeholt. Das blaue „ZDF" auf beiden Seiten der Karosserie weiß überklebt, damit wir „drüben" nicht auf Schritt und Tritt erkannt werden. In aller Frühe daheim verabschiedet. Die nächsten drei Wochen wird es schwierig bis unmöglich werden mit dem Telefonieren: Selbst auf ein Blitzgespräch mit doppelter Gebühr muß man Stunden im Hotel warten.

Die Grenze bei Herleshausen. Kein Mensch wußte früher, wo Herleshausen liegt. Warum auch? Ein kleines Städtchen mit ein paar Fachwerkhäusern, einer ziemlich großen Burgruine, sonst nichts Auffälliges. Plötzlich kennt man Herleshausen. Und die anderen kleinen Nester, die plötzlich in die Weltpolitik geschubst wurden: Schlutup, Oebisfelde, Marienborn, Wartha, Gerstungen, Hirschberg, Töpen-Juchhöh, Rudolphstein. Weil sie zufälligerweise dort lagen, wo seit 1945 durch die Erde ein Riß ging.

Herleshausen. Nochmal tanken, nochmal Vergessenes einkaufen, nochmal telefonieren. Durch das außerordentlich einladende Grenzgebiet mit Wachtürmen, Gitterzäunen, Panzersperren hinüber in die andere Welt.

Wozu das Ganze? Dafür gab es Gründe. DDR war mal Heimat gewesen. Olle Ostzone damals. Nicht das entsetzliche politische System, aber das vertraute Land. In meinem Fall Sachsen. Leipzig. Trotz Schlangestehen, trotz Braunkohlegestank, trotz Bespitzelung, trotz des Dialekts. Heimat. Und die drohte für die Menschen im größeren, reicheren, glänzenderen Teil Deutschlands ein weißer Fleck auf der Landkarte zu werden. Oder war es sogar schon. Leipzig war noch ein Begriff, Dresden, sogar Erfurt. Aber zum Beispiel der Kyffhäuser oder die Bastei oder die mecklenburgische Seenplatte? Und nun hatte man als Fernsehjournalist, dank deutsch-deutscher Verträge, die Chance, den weißen Fleck etwas mit Farbe zu füllen. Das mußte getan werden. Aber es machte ja auch Spaß! Zum Beispiel Ecken kennenzulernen, die man selbst noch nie besucht hatte. Die Oberlausitz. Die alten Thüringer Residenzstädtchen. Das erzgebirgische Spielzeugland. Der Spreewald.

Spätestens am zweiten Tag der Drehreise begann die Faszination dieser Arbeit. Auch der Spaß daran, sich von „Betreuern" und Funktionären möglichst nicht mit Beschönigungen und Potemkinschen Kulissen hinters Licht führen zu lassen, was sie auf Schritt und Tritt versuchten. Ein richtig spannender Job! Und eben einer, der in unseren Augen einen Sinn ergab.

Wenn freilich alles geschafft war, die letzten Meter im Kasten, wenn Drehende war, beobachtete ich an mir einen entgegengesetzten Effekt: Nichts wie raus! Zurück über die Grenze! Nicht mehr auf Schritt und Tritt überwacht werden! Dann wußte ich zu schätzen, daß ich den grünen Paß und das Ausreisevisum in der Tasche hatte, das Millionen von DDR-Bürgern auch gern einmal gehabt hätten.

Um Mitternacht oder später am DDR-Grenzübergang Wartha. Bei der Ausreise ging meistens alles ruckzuck. Hinter der letzten martialischen Betonsperre erstmal Gas geben! Mal sehen, ob das Auto noch über hundert fährt. Ein kurzes Stück bis Herleshausen. Halt. Raststätte. Telefonzelle.

„Hallo, ich bin wieder drüben! In zwei Stunden bin ich zu Hause."

Die Autobahn von Dresden und Chemnitz über Erfurt in Richtung Frankfurt ist heute eine streckenweise geradezu pompöse dreispurige Rennbahn. Die hohe Werrabrücke bei Eisenach stammt noch aus der Zeit, als die

BRD auf ihre Kosten Transitstrecken durch die DDR ausbaute, um den Verkehr nach West-Berlin zu erleichtern. „Auf Wiedersehen in Thüringen!“ steht jetzt geschrieben und „Willkommen in Hessen!“ Hier war also der Riß durch die Erde. Man muß nicht mehr das Gas zurücknehmen.

Der Mensch hat heute ein Handy und kann damit über alle Grenzen bis nach Hongkong und Sidney telefonieren. Aber wenn ich auf einer Fahrt über Herleshausen komme, halte ich immer, die Telefonzelle ist modernisiert, aber am alten Platz, und ich rufe zu Hause an: „Hallo! Ich bin über die Grenze. Noch zwei Stunden.“

30 Gaslaternen für Eindhoven

Das Gebäude des Staatlichen Antiquitätenhandels war in der Leipziger Innenstadt, gegenüber der Rückseite des Stasi-Komplexes, der wie eine Zwingburg des Landesherrn die Stadt zu beherrschen schien. Ja, die ehemalige Pleißenburg, dort wo seit einem Jahrhundert das Neue Rathaus steht, muß auf die Bürger einen ähnlichen Eindruck gemacht haben.

Antiquitätenhandel: In mehreren Stockwerken waren alte Möbel und altes Gerät zum Kauf ausgestellt, Porzellan aus Meißen oder auch nur von Rosenthal, Vasen und Figürchen, von teurem Geschmack bis hin zu gehobenem Nippes. Manchmal fand man etwas als Mitbringsel von der DDR-Reise. Manches nicht sehr teuer für unsere Verhältnisse.

Tagsüber sah man vor allem ältere Menschen das Haus betreten. Aber nicht um etwas zu kaufen. Sie trugen

Taschen und Kartons hinein, manchmal recht schwer. Ich stellte mir immer vor, daß auch meine Großeltern aus ihrem Altersheim die letzten schönen Stücke, an denen ihr Herz hing, hierhergeschleppt hätten, einfach weil die Rente nicht reichte und die Westpakete zu selten kamen.

Eines Tages lernte ich einen Menschen kennen, der sich als Einkäufer bezeichnete. Er schien im Hause ein und aus zu gehen und begrüßte jeden kollegial. Mit sicherem Blick steuerte er auf einzelne Objekte zu, begutachtete sie von allen Seiten oder drehte sie in den Händen. Dann zückte er einen Block, riss einen Aufkleber ab, der mich an den Kuckuck eines Gerichtsvollziehers erinnerte, und klebte ihn auf. Dieses Stück war damit dem normalen Verkauf entzogen.

Wozu er das mache? Und für wen? Ich erfuhr erst einmal, daß dieser Mensch ein politischer Flüchtling aus der BRD sei, übergesiedelt in die DDR. Aha. Dann aber seinen Job: Für einen holländischen Antiquitätenhändler kaufte er als Agent die interessantesten Objekte auf. Der Holländer kam einmal die Woche mit einem ausgewachsenen Sattelschlepper nach Leipzig gefahren und lud alles ein, was ihm der Staatliche Antiquitätenhandel zuspielte. Das Zauberwort in diesem Geschäft, wie konnte es anders sein, hieß: Devisen!

Der Agent plauderte bereitwillig über sein offenbar glänzend gehendes Geschäft und erzählte mir, im Augenblick seien alte Gaslaternen der Renner. Jawohl, die traditionellen dunkelgrünen Gaslaternen! In den Straßen meiner Kindheit wurden sie wirklich noch, wie seit Kaisers Zeiten, mit Gas befeuert, und wenn die Dämmerung hereinbrach, schritt ein leibhaftiger Laternenmann mit langer Stange durch unser Viertel und entzündete das

Licht für die Nacht. Es leuchtete eher trübe, und wir sagten im Scherz, die Laternen würden nur entzündet, damit man sich in der Dunkelheit nicht den Kopf an dem Pfahl stoße. Manche Pfähle trugen freilich seit dem Krieg keine Laterne mehr. Das erlaubte uns Jungen, hinaufzuklettern und droben bequem Platz zu nehmen, um die Straße zu überschauen und die Ankunft von Fremden oder Feinden zu melden.

Im Jahr 1980 also wurden die Gaslaternen abgeschraubt und exportiert. An ihrer Stelle wurden moderne „Peitschenleuchten“ aufgestellt, die zu den übriggebliebenen alten Häuserfassaden paßten wie farbige Glasbausteine in eine Barockkirche. Wenn man Verantwortliche fragte, schworen sie voller Eifer, sie hätten mit dieser Maßnahme zum modernen Erscheinungsbild ihrer Stadt beigetragen. Es war nicht schwer, ihnen zu prophezeien, daß man es irgendwann bereuen werde. Die Frage war eigentlich nur: wann? Doch überall auf der Welt und zu allen Zeiten hat man aus Überdruß Altes beseitigt, um nach einiger Zeit zu begreifen, daß das Neue in alte Nachbarschaft nicht gehört. Also ging es auch mit den Gaslaternen. Man hat sie seit 1990 nach altem Vorbild neu angefertigt und in der Zwischenzeit ganze Straßenzüge der Innenstadt damit bestückt. Nur kommt kein Laternenmann mehr.

Eine ganz ähnliche Geschichte betrifft die Pflastersteine. Als es im Westen modern wurde, wieder auf gepflasterten Straßen zu laufen und nicht auf Platten oder Asphalt, da wurde Straßenpflaster ein Exportschlager der DDR. Heute in Leipzig – und natürlich auch anderswo – hört man auf Schritt und Tritt die Hammerschläge der Männer, die die alte Kunst des Pflasterns herübergerettet oder von den Alten abgeguckt haben.

Zurück zu den Gaslaternen. Ob ich denn so eine käuflich erwerben könne, fragte ich, zum üblichen und regulären Preis? Kein Problem, antwortete der Antiquitätenagent. Nur könne ich die Lampe nicht einfach mitnehmen, da ich sie nicht durch den DDR-Zoll brächte. Ich müsse sie mir bei dem Händler in Holland abholen.

Vielleicht muß man ein wenig närrisch sein, um wegen einer Gaslaterne nach Eindhoven zu fahren. Aber ich finde, es hat sich gelohnt. Der Antiquitätenhändler hatte eine riesige neue Lagerhalle errichtet, die schon mehr als halb voll war mit Ware aus Leipzig. Und nur aus Leipzig. Alles, was die Rentnerinnen und Rentner, manchmal schweren Herzens, in den Staatlichen Antiquitätenhandel getragen hatten, landete per Sattelschlepper in dieser Halle und wurde, bestimmt mit gutem Gewinn, weiter veräußert. Und kein Holländer, der seit damals seine Damasttischdecken in ein altes Vertiko sortiert oder aus Meißner Tassen seinen Sonntagskaffee schlürft, weiß etwas von dieser Geschichte. Muß er auch nicht.

Meine Laterne ist schon ein paarmal mit mir umgezogen. Ich hatte sie anfangs zu hellgrün gestrichen, ein bißchen „gackrich“, wie wir Sachsen sagen. Aber sie ist allmählich nachgedunkelt.

31 Pyramiden für Florida

Es war Anfang der achtziger Jahre in Orlando/Florida, mitten im subtropischen Sommer, daß wir zufällig auf ein Geschäft für Weihnachtsdekorationen stießen. Ein riesiger Laden voll X-mas! Weihnachtbäume aus Plastik und mit elektrischen Kerzen, geschmückt in den schrillsten Farben, die man sich vorstellen konnte: babyrosa, lindgrün, himmelblau, zitronengelb. Und mittendrin eine Abteilung mit erzgebirgischer Volkskunst: Pyramiden von mannshoch bis knöcheltief, Schwibbögen, Räuchermännchen, Nußknacker. Weihnachtskrippen mit Ochs und Esel. Engelchenkapellen mit nackten Hintern. Wirklich alles, was man sich vorstellen konnte. Die Preise: gesalzen. Eben echte deutsche Importware, nicht in Korea nachgemacht. Wenn man die Figuren umdrehte, war aufgeklebt: „Made in GDR".

Ein paar Wochen zuvor hatten wir im Erzgebirge gefilmt. In Seiffen, „dem" deutschen Weihnachtsdorf. Mit dem berühmten Museum für weihnachtliche Handwerkskunst. Mit der größten Pyramide der Welt. (Vielleicht gibt es inzwischen eine größere in Japan.) Dem achteckigen Dorfkirchlein mit Zwiebelturm, das weltweit millionenfach als Nachbildung in adventlichen Zimmern steht. Wir filmten Volkskünstler beim Reifendrehen, jener verblüffenden Technik, bei der ruckzuck Pferde und Kühe und Schafe entstehen. Filmten beim Schnitzen und Leimen und Bepinseln. Wir müssen einen guten Eindruck gemacht haben, denn zum Abschied durften wir uns im genossenschaftseigenen Laden etwas aussuchen. Gegen D-Mark.

Sachsen ist das Land der Weihnachtskunst. Manche sagen auch Weihnachtskitsch dazu, aber die meisten mögen es. Früher, ich meine: ganz früher, hatte eine sächsische Familie ein ganzes Arsenal auf dem Dachboden, das vor dem ersten Advent entstaubt und aufgebaut wurde.

In der DDR zählte erzgebirgische Kunst zur „Bückware", unter dem Tresen verstaut für besonders gute Kunden oder solche, die eine Gegenleistung zu bieten hatten. Meine Tante betrieb in Leipzig ein uralt eingesessenes Geschäft für Schreibwaren und Geschenkartikel. Früher, sagte sie, sei ihnen von Vertretern und Lieferanten aus dem Erzgebirge die Bude eingerannt worden. Und im späten Herbst hätten sie begonnen, die Regale vollzustopfen mit Weihnachtsware. In der DDR hingegen hatte sie großes Glück, wenn sie pro Jahr drei Pyramiden zugeteilt bekam und fünf Räuchermänner. Exportartikel. Devisenbringer. Orlando/Florida. Singapur. Tokio.

Nun ist es wieder wie früher. Ich meine, wie ganz früher.

32 Wir fahr'n nach Lodz

Vor den Kirchen von Lodz standen morgens lange Schlangen von Frauen. Sie warteten in der Kälte auf die Verteilung von Babynahrung. Zu kaufen gab es so etwas fast nie, aber die Kirchen hatten einiges in ihren Magazinen. Spenden aus westlichen Ländern, vor allem aus der Bundesrepublik Deutschland.

Es war Dezember 1982 und saukalt. Wir waren nach Lodz gefahren, um ungefähr zwanzig Tonnen Hilfsgüter abzuliefern: Babynahrung, Medikamente, Margarine, Grieß, Schokolade, Waschpulver, Schuhe, Kleidung. Wir waren ein Dutzend Leute, kamen aus verschiedenen Städten und Berufen. Keine professionellen Helfer und notorischen Gutmenschen. Jeder hatte etwas zusammengestoppelt und irgendwo einen Lastwagen oder einen Lieferwagen geborgt, Benzin oder Diesel getankt. Jeder hatte ein paar Tage Urlaub genommen.

Wir hatten den Umweg über die Ostsee gewählt, mit der Fähre von Travemünde über Kopenhagen ins polnische Swinemünde. Wir wollten nicht durch die DDR fahren. Wir kannten den latenten Haß vieler DDR-Bürger auf die „Polacken“, die Verachtung für die östlichen Nachbarn. Nun hatten sie auch noch mit ihrer aufmüpfigen „Solidarnoŕšč“-Bewegung die Friedhofsruhe des „sozialistischen Lagers“ zu stören gewagt. Man kannte sie ja: Undiszipliniertes Volk. Notorische Aufrührer.

Auf der Fähre skandinavische Touristen, deren einziges Anliegen es schien, sich auf der Fahrt nach Swinemünde und zurück zollfrei und kollektiv bis zur Sinnlosigkeit zu betrinken. Unglaubliche Bilder menschlichen Niedergangs. Wir saßen dazwischen und unterhielten uns. Wir fahr'n nach Lodz. Warum? Die Antworten waren alles andere als philosophisch. In Polen herrschte Not und bei uns Überfluß. Man mußte im Leben nicht immer alles gegen Bezahlung oder Beförderung tun. Helfen machte Spaß. Und Abenteuer war auch dabei.

Politisch waren wir ganz unterschiedlicher Ansicht. Schwarze, Rote, Grüne, Farblose. Ein paar kernige Antikommunisten und einige, die den Versuch mit dem Sozialismus immer begrüßt hatten. Aber das war eigentlich kein Thema. Eher die gemeinsame Vergangenheit und unsere Verpflichtung. „Gerade wir Deutschen müssen doch...“

Natürlich wußten wir, daß unsere dreißig Tonnen wie ein Tropfen auf einem heißen Stein waren. Das verdampfte, ohne daß sich etwas änderte. Auch konnten wir nicht mit den großen Hilfsorganisationen konkurrieren, die Tausende Tonnen ins Land schaufelten. Das wollten wir aber auch nicht. Uns lag daran, unser bißchen Zeug selbst nach Lodz zu bringen. Wir wollten es den Leuten in die Hand drücken und sehen, wem es half.

Der polnische Zoll in Swinemünde ließ uns sechs Stunden in der eisigen Kälte warten. Eigentlich, dachten wir, sollten wir willkommen sein mit unserer Babynahrung. Aber ein Zöllner war ein Staatsbeamter, und für die Volksrepublik Polen war es eine ausgewachsene Pleite, daß sie ohne westliche Hilfe nicht mehr überleben konnte. Ein Zöllner nahm uns beiseite und bat uns dringend, ihm ein Medikament für seine schwerkranke Frau zu beschaffen. Offenbar waren doch nicht alle stramm auf Linie.

Wir fuhren über eisige Straßen und durch stockdunkle Städte. Spät in der Nacht kamen wir in Lodz an, der trostlosen Industriestadt, die für immer mit dem Ghetto von „Litzmannstadt“ in Verbindung gebracht werden wird. Wir wußten nicht, wo es zu unserem Ziel ging, der Kinderklinik. Wir fragten einen Taxifahrer. Er verstand sofort, worum es ging, und wollte uns lotsen: „Du komm mit! Ich fahren eins, du fahren zwei.“ Wir waren inzwischen todmüde, aber die Sache machte riesigen Spaß. Wir wurden erwartet und kriegten im Krankenhaus einen Kaffee und eine Pritsche bis zum Morgen.

Der große Augenblick: Wir öffneten die Ladefläche. Der Chefarzt der Kinderklinik entdeckte mit geübtem Blick unsere Kartons mit chirurgischem Nahtmaterial. Das brauchte er am dringendsten! Der ernste, eher verschlossene Mann griff sich einen Karton und tanzte vor Freude von einem Bein auf das andere. Wir standen daneben, gerührt, betreten.

Mittags wurden wir zum Essen eingeladen, danach besichtigten wir die Kinderklinik. Sie war zur zentralen

Sammelstelle für Spenden auserkoren worden und verteilte, möglichst gerecht, an die kleineren Häuser des Umlandes. Die Klinik selbst wurde vor achtzig Jahren erbaut für 200 Kinder. Inzwischen war sie veraltet, mußte aber 400 Kinder beherbergen. Selbst als Nicht-Mediziner erkannte man leicht, daß fast alles fehlte. Wir müßten mehrere LKW-Ladungen herbeischaffen, medizinisches Gerät vor allem. Und die Kinder in den Gitterbettchen könnten Spielzeug brauchen, denn sie langweilten sich erkennbar. Im Geiste stellten wir schon die nächste Fuhre zusammen.

Aber hier endet die Geschichte. Leider. Es gab keine zweite Fahrt nach Lodz. Und es ist eine schwache Beruhigung des Gewissens, daß sie uns heute – heute! – in Lodz nicht mehr brauchen wie damals.

Zurück mit dem leeren LKW trauten wir uns durch die DDR. An der Grenze in Görlitz, an der Brücke über die Neiße, wurden wir penibel durchsucht. Schließlich kamen wir aus dem verhaßten Freundesland. Aber sie fanden nichts. Leer ist nun mal leer.

33 Sonst gehst du nach Bautzen

„Mensch, paß bloß auf! Sonst gehst du nach Bautzen."

Das war die finsterste Drohung, die ich in meiner Kindheit in der Ostzone ausstoßen hörte. Oder wenigstens die zweitfinsterste. Denn sie konnten einen auch – Pst! Pst! – mit dem Finger vorm Mund warnen: „Nimm dich in acht, sonst gehst du nach Sibirien!"

Sibirien, das war mir als Kind ein Begriff. Nicht, jedenfalls nicht in erster Linie wegen seiner unermeßlichen

Größe und seiner landschaftlichen Schönheiten, nicht wegen Omsk, Tomsk und Nowosibirsk, wegen Ob, Jenissei und Lena. Nein, man hörte immer wieder, jemand sei „nach Sibirien gegangen". Weil er den Mund zu voll genommen hatte. Oder weil er mit Mangelwaren geschoben hatte. Gar wertvolles Volksvermögen über die Zonengrenze nach Westen verbracht hatte. Fünfundzwanzig Jahre habe es dafür gegeben, das normale Strafmaß der Militärgerichte. Fünfundzwanzig Jahre! Das hätte, auf mich umgerechnet, bedeutet, erst mit Mitte dreißig wieder in Freiheit zu sein. Das also war Sibirien.

Und Bautzen? Bautzen ist nach meinem Dafürhalten eine der schönsten, angenehmsten, sympathischsten Städte in Deutschland. Wann immer ich, schon damals zu Zeiten der DDR, in jener Ecke unterwegs war, machte ich einen Abstecher in diese Stadt, in ihre schöne Umgebung und zu meinen Leuten.

Anfang der achtziger Jahre drehten wir dort einen Film fürs ZDF. Der Titel „Auch die Spree fängt ganz klein an" sollte natürlich den Kontrast zum „Moloch" Berlin und der sprichwörtlichen großen Schnauze assoziieren. Drei Gemeinden der Oberlausitz behaupten, auf ihrem Territorium entspringe die Spree. Klären läßt es sich nicht. Wir filmten die wunderschöne, nur leicht bergige Landschaft und die schmucken Dörfer mit den „Umgebindehäusern". Wir besuchten die alten katholischen Klöster, darunter Marienstern, wo die Nonnen etwas taten, was in der DDR weitestgehend vernachlässigt wurde: Sie pflegten Schwerbehinderte. Wir erfuhren hintenherum, daß die Klöster eine blühende Landwirtschaft betrieben und daß manche LPG, wenn es anfing zu kneifen, leise nachfragte, ob die Nonnen aushelfen könnten mit Saatgut oder Dünger. Und sie konnten, hieß es, fast immer. Wir fuhren in die sorbischen Dörfer und hörten uns Geschichten an. Zum Beispiel diese, die auf Ehre und Gewissen wahr sei: Die katholischen Bauern des sorbischen Dorfes Radibor wollten nicht in eine LPG und sträubten sich mit Händen und Füßen – bis es nicht mehr anders ging. Sie gründeten eine Genossenschaft und gaben ihr einen ganz besonderen Namen: LPG „Gott schütze uns!“ Radibor.

Und Bautzen! Die Stadt der Mauern und Türme über der Spree. Der einzige gemischt konfessionelle Dom, in dem sich nach jahrhundertealtem Zeitplan Katholiken und Protestanten mit ihren Gottesdiensten abwechseln. Leider gab es damals auch das häßliche Hochhaus, das die alte Stadtsilhouette brutal störte. Der Dresdner Denkmalschützer Professor Nadler erzählte unter der Hand: Nicht nur jeder Bezirksfürst der SED, auch jeder Kreisvorsitzende wollte in seiner Stadt „sein“ repräsentatives Hochhaus. Ohne Rücksicht auf Ästhetik und Tradition wurde also hineingeklotzt. (Was freilich im Westen aus anderen, meist ökonomischen Gründen ebenfalls getan wurde.) In Bautzen, sagte Nadler, hätten sie die Partei in zähen, natürlich geheimen Auseinandersetzungen wenigstens um zwei Stockwerke herunterhandeln können. Zum Glück steht der häßliche Kasten heute nicht mehr. Leider verfiel damals, Anfang der achtziger Jahre, die Stadt rapide, bis auf ein paar zentrale Straßenzüge, deren Häuser wenigstens von außen renoviert wurden. Wir lernten junge Leute vom deutsch-sorbischen Theater kennen und verbrachten nach der Arbeit die Abende bei Bier und Diskussion. Freundschaften bahnten sich an zwischen den Schauspielern und unserem Kamerateam, Freundschaften, die über die Jahre andauerten. Uhrmachermeister Scholze, den sie uns als Interviewpartner zur Verfügung gestellt hatten, besuchte ich immer mal wieder. Er erzählte mir, nach der Ausstrahlung unseres Films seien alle, die irgendwie damit zu tun gehabt hatten, mit Autos zur Bezirkszentrale der Stasi nach Dresden gekarrt worden zu einer Manöverkritik.

Heute ist Bautzen auferstanden aus den Ruinen des jahrzehntelangen Verfalls. Wenn man abends durch die Gäßchen bummelt und vorübergehend nicht an die verlorenen Arbeitsplätze und die Abwanderung erinnert wird, fühlt man sich zwischen den neuen Kneipen und den alten Mauern fast ein wenig wie in der Toskana. Oder ist das übertrieben?

Bautzen! Eine sympathische Stadt, in Verruf geraten durch das bekannteste politische Zuchthaus der DDR. Das „Gelbe Elend" nannten die Bürger den Backsteinkasten aus der Kaiserzeit, dessen veraltete Säle und Zellen um ein Vielfaches überbelegt waren. Bei Walter Kempowski nachzulesen. Wir wollten das „Gelbe Elend" natürlich filmen, wenigstens von außen, denn man konnte keinen Film über Bautzen machen und das Thema übergehen. Wir hatten es geschafft, daß unsere Kamera oberhalb der Stadt aufgebaut war und das berüchtigte „Objekt" vor unserem Objektiv lag. Da sagte unser „Betreuer" im letzten Moment: „Bitte filmen Sie nur bis zu diesem Baum dort! Nicht nach links." Nichts war's! Ich machte mich später mit dem Fotoapparat auf, schlich wie ein Dieb umher und drückte heimlich ab.

Das Zuchthaus „Bautzen II" lag unauffällig in der Stadt. Dort saß, unter vielen anderen, Erich Loest seine Jahre ab. Heute, sagt er, wird er manchmal gefragt, ob er nicht für Filmaufnahmen oder Diskussionen nochmal hinkommen wolle. Nein, sagt er, es gebe zwei Dinge, die er bestimmt nicht mehr tun wolle: nach Bautzen gehen und mit Hermann Kant reden. Beides gut zu verstehen.

Schade, aber die schöne, sympathische Stadt wird mit ihrem Namen noch eine Zeitlang umgehen müssen. Wie lange noch? Manchmal wünscht man sich ja Vergessen.

34 Der große Bluff von Güstrow

Wer ein paar Jahrzehnte Journalist war, hat in seinem Kopf die Erinnerung an mindestens einen Tag gespeichert, von dem er sagt: Das war der Höhepunkt! Das war das größte Erlebnis meiner Laufbahn. Aufregend. Gefährlich. Kurios. Vielleicht wehte gar der berühmte „Mantel der Geschichte“.

Ich hatte eines Tages die Idee, die bekanntesten Kolleginnen und Kollegen unserer Fernsehbranche zu bitten, „ihr“ Erlebnis zu beschreiben – für ein Buch, das ich herausgab: „Dramatische Augenblicke“. Ich war froh und auch ein wenig stolz über die Liste von dreißig großen Namen, darunter Gerd Ruge, Thilo Koch, Franca Magnani, Peter von Zahn, Dieter Kronzucker, Peter Scholl-Latour, Wolf von Lojewski, Fritz Pleitgen, Peter Merseburger, Friedrich Nowottny, Gabriele Krone-Schmalz und andere. Man verzeihe mir den Anschein von „name dropping“, aber ich hatte wirklich eine illustre Gesellschaft zusammengetrommelt.

Die Geschichte, die ich selbst beisteuerte, spielte natürlich in der DDR, auf dem bevorzugten Terrain meiner Arbeit als Journalist und Buchautor. Ich hatte dort manch

Spannendes, Merkwürdiges, auch Lächerliches erlebt. Aber es gab einen Anlaß, den niemand vergessen wird, der dabeiwar. Horst Schättle, Joachim Jauer, Fritz Pleitgen, Lutz Lehmann und andere tauschen, wenn sie sich irgendwo begegnen, bis heute diese „Wißt-ihr-noch-Geschichten“ aus.

Meine Reportage heißt: *Ausnahmezustände.*

Der Wecker klingelt unangenehm früh um vier, nicht meine Zeit. Das Radio eingeschaltet, Frühnachrichten. Das Devisenhotel „Merkur“ am Ost-Berliner Bahnhof Friedrichstraße beherbergt fast nur D-Mark- und Dollar-Gäste, dennoch ist auf den Zimmern kein RIAS, SFB oder AFN zu empfangen. Aber die Topmeldung des Tages verkündet auch der DDR-Sender, und er verkündet sie wie einen Triumph: Ausnahmezustand in Polen! Der große Schlag gegen Lech Walesas Gewerkschaft „Solidarität“! Es ist der 13. Dezember 1981.

Wir vom ZDF wollen heute live übertragen, wie Bundeskanzler Helmut Schmidt zum Abschluß seines DDR-Besuchs mit Erich Honecker in die mecklenburgische Kleinstadt Güstrow kommt, wo der von Schmidt verehrte Bildhauer Ernst Barlach gewirkt und wichtige Werke hinterlassen hat. Aber muß der Kanzler unter diesen neuen politischen Umständen nicht die DDR schnurstracks verlassen? Denn Honecker hat sicher gewußt, was in Polen bevorstand. Hat also seinen Gast ins Messer laufen lassen.

Doch das ist nicht mein Problem. Ich habe heute für alle Fälle die Übertragung aus Güstrow zu organisieren, um sie nachmittags live zu kommentieren. Also raus aus den Federn, Zähne geputzt, kein Frühstück, auf nach Güstrow!

Das Wetter ist lausig, Schneesturm, die Autobahn von Berlin nach Norden fast leer an diesem frühen Sonntagmorgen. Der Weg zieht sich.

Der Kanzler beim Staatsratsvorsitzenden. Wie lange war gefeilscht worden um diesen zweiten Besuch eines Bundeskanzlers in der DDR, über elf Jahre nachdem Willy Brandt bei Willi Stoph in Erfurt gewesen war. Immerhin ist es diesmal der erste Besuch beim Staatsoberhaupt. Darf ein Bundeskanzler das? Ist das nicht eine De-Facto-Anerkennung der deutschen Zweistaatlichkeit? Oder nutzt es den deutsch-deutschen Beziehungen und den Menschen „hinter Mauer und Stacheldraht"?

Vorgestern Ankunft auf dem DDR-Flughafen Berlin-Schönefeld. Wir haben live übertragen. Es ist das allererste Mal, daß das ZDF aus der DDR von einem politischen Ereignis live übertragen darf. Das Team spürt eine Art Pioniergefühl. Die Kollegen des DDR-Fernsehens hingegen, die uns an ihrer Technik für Bild und Ton teilhaben lassen sollen, stellen sich stur. Wahrscheinlich sind sie eingeschüchtert von ihren politischen Scharfmachern. Jeden Kleinkram müssen wir telefonisch übers Ministerium klären.

Schönefeld scheint an diesem 11. Dezember 1981 der kälteste Ort in Europa zu sein. Kann sich jemand vorstellen, daß man auf einem zugigen Holzpodest im Freien kommentiert und spürt, wie einem langsam das Mundwerk einfriert?

Die Luftwaffenmaschine landet in der DDR! Fahnen! Hymnen! Bundeswehruniformen! Zum ersten Mal. Der Kanzler flachst, wie gewohnt, mit dem Journalistentroß auf der provisorischen Tribüne. Die Fahrt der Autokolonne an den Werbellinsee. Die Autobahn durchschneidet ein paar hundert Meter weit das Territorium von Ost-Berlin. Darf der Kanzler auf diese Weise die „Hauptstadt der DDR" politisch aufwerten? Vier-Mächte-Status! Heftigste Vorwürfe der Opposition in Bonn. Und daß sogar die Rede ist von einem Gegenbesuch Honeckers in Bonn. Unglaublich!

Am Bogensee, in der FDJ-Hochschule „Wilhelm Pieck", einem typischen Bau der Stalin-Ära, ist ein Pressezentrum eingerichtet. Die ständigen Bewacher von der Stasi stehen vor den Türen, mit abweisenden Mienen und rauhen Zurechtweisungen. Den Saal zu besichtigen, in dem die täglichen Pressekonferenzen stattfinden werden, ist nicht gestattet. „Warum nicht?" – „Nur mit Genehmigung." – „Und wo bekomme ich die?" – „Das sage ich Ihnen nicht." Die Vertreter des DDR-Außenministeriums, Abteilung Journalistische Beziehungen, um die Reputation ihrer Republik fürchtend, haben alle Hände voll zu tun mit Vermitteln. Davon abgesehen, sind unsere Arbeitsbedingungen für DDR-Verhältnisse ungewöhnlich großzügig. Unverkennbar ist die Sache von ganz oben, vom Politbüro, wie es im Jargon heißt, „durchgestellt".

Hier draußen in den verschneiten märkischen Wäldern, das wissen wir natürlich, kann nichts aus dem Ruder laufen wie bei Willy Brandts Besuch in Erfurt, als DDR-Bürger in Sprechchören nach „Willy" riefen und nicht Willi Stoph meinten. Aber hatte sich Bonn unbedingt auf diesen einsamen, leicht zu sperrenden Ort einlassen müssen?

Das alles war vorgestern, heute also der Tag von Güstrow. Nach der Autobahnabfahrt, auf den paar Kilometern Landstraße, fällt mir auf, daß hinter jedem Allee-

baum ein Mann steht und beobachtet. Alle tragen die typischen Anoraks mit den ausgebeulten Taschen. Was mag darin stecken? Thermosflaschen mit Pfefferminztee? Oder Funksprechgeräte? Oder Waffen?

Hinein nach Güstrow. Alles ist ausgestorben heute morgen. Nein, nicht alles! Vor jedem Hauseingang, wirklich vor jedem, ein Mann oder zwei in Anoraks. Sie verfolgen mein einsames Auto mit den Augen.

Gestern war ich schon einmal nach Güstrow gefahren, um mich kundig zu machen und die heutige Übertragung vorzubereiten. Die kleine Stadt wirkte gar nicht aufgeregt. Von Vorbereitungen wenig zu bemerken. Ein Pressezentrum ist eingerichtet, aber niemand kann uns dort Auskünfte geben. Oder niemand will Auskünfte geben. Oder niemand darf. Der Umgang mit diesen naßforschen BRD-Journalisten mag auch ungewohnt sein. Ich treffe Bonner Kollegen, die man von Parteitagen oder Staatsbesuchen oder Wahlen kennt. Der Troß. Ich frage mich durch zu einem Verantwortlichen des DDR-Fernsehens, das uns auch hier die Technik stellt. Der Umgangston ist schon viel kollegialer als bei der Ankunft in Schönefeld. Der Produktionsleiter nimmt mich mit auf den Marktplatz. Dort ist Weihnachtsmarkt mit Buden, Glühwein, Rostbratwurst, adventlicher Musik. Viele Familien mit Kindern. Vor dem Rathaus werden Podeste mit Kameras aufgebaut. Ich will wissen, von wo aus ich morgen für das ZDF kommentieren könne. Nicht von hier. Es gebe nicht genug Funkstrecken vom Marktplatz in die Außenwelt. Der DDR-Kollege weist auf technisches Gerät auf den Dächern rings umher: Es müsse noch eine andere DDR-Firma das Geschehen beobachten. Natürlich: die Firma „Horch & Greif". Ich werde also morgen ein paar hundert Meter entfernt am Bahnhof vor meinem Monitor sitzen und das Geschehen am Marktplatz kommentieren.

Den Güstrower Dom schaue ich mir noch an am Tag davor. Hier hängt Barlachs „Schwebender Engel", den der Kanzler morgen sehen will. Ich komme mit einem älteren Herrn ins Gespräch, sage ihm, wer ich bin, er ist der Domprediger. Er erzählt mir folgendes: Meine Kollegen von der ARD haben in Güstrow einen Vorbericht zum Kanzler-Besuch gedreht, aber am Mittwochabend, als er ausgestrahlt wurde, war dummerweise in ganz Güstrow – ein Stromausfall.

Wie hat sich von Sonnabend auf Sonntag die Stadt verändert! Ausgestorben ist sie, bis auf die Anoraktypen vor den Hauseingängen. Ich parke am Bahnhof und nehme meinen Kommentatorenplatz in Augenschein. Das versprochene Telefon fehlt, daran kann man heute nichts mehr ändern.

Ich mache mich auf den Weg zum Marktplatz. Ich bin fast der einzige Fußgänger in der frühen Stunde. Die frierenden Gestalten in den Hauseingängen mustern mich mißtrauisch. Ich mache einen Test und frage einen dieser betont unauffälligen „Güstrower Bürger" nach dem Weg zum Marktplatz. „Oh, das duhd mr leid, das weeß'ch ooch nich", entgegnet er in astreinem Sächsisch. Ich frage einen zweiten, dritten, sechsten. Alle reden Sächsisch oder Thüringisch und kennen sich in dem überschaubaren mecklenburgischen Städtchen kein bißchen aus. Hinter den Fenstern bewegen sich Gardinen, die Güstrower Bürger beobachten vorsichtig. Ich verstehe: Güstrow ist besetzt. Ausnahmezustand!

Eine Straßensperre. Ich werde angehalten und nach meinem Passierschein gefragt. „Wieso?" frage ich, „ich will auf den Marktplatz. Ist das verboten?" – „Nur mit Passierschein." – „Aber heute kommt doch der Bundeskanzler." – „Eben. Deswegen." Mein Presseausweis verschafft mir den Durchgang. Hundert Meter weiter das gleiche Spiel, dann noch einmal und noch einmal, viermal zwischen Bahnhof und Marktplatz.

Die Stadt belebt sich jetzt. In den Nebenstraßen rangieren Omnibusse mit Kennzeichen südlicher DDR-Bezirke. Die Insassen treten in Formation an und marschieren zum Marktplatz. Der füllt sich, aber fast nur mit Männern in Anoraks. Wenige Familien mit Kindern. Keine Weihnachtsstimmung wie gestern, obwohl es aus den Lautsprechern dudelt. Gelangweiltes Herumstehen.

Ich war darauf gefaßt, daß die Begegnung des Bundeskanzlers mit den Güstrower Bürgern nicht ganz ungestört vor sich gehen würde. Ich kannte ja meine DDR. Aber was ich hier erlebe, übersteigt meine Erwartung. Eine ganze Bevölkerung ist in ihren Häusern eingesperrt, um einer herbeigekarrten Kulisse von zuverlässigen Jublern Platz zu machen. Darf man einen Staatsgast einem solchen Betrug aussetzen? Anders gefragt: Darf sich ein Staatsgast einem derartigen Betrug aussetzen? Ist nicht noch Zeit, einen Bogen um Güstrow zu machen und nach Hause zu fahren? Oder ist es richtig, den wichtigen Besuch nicht mit einem Eklat enden zu lassen?

Zurück zum Bahnhof. Auf der Straße dorthin kommen gerade Mannschaftswagen der Volkspolizei an. Hunderte Grünuniformierte quellen von den Ladeflächen und nehmen auf den Bordsteinen im Abstand von etwa fünf Metern Aufstellung. Kurz darauf geht ein heftiger Schneeschauer nieder. Die grünen Uniformen verwandeln sich in Schneemänner, die eisern dem Wetter trotzen. Eine

Szene wie aus einem absurden Spielfilm. Nach einer Viertelstunde sind die Schneemänner abgetaut und wieder grün.

Am Bahnhof sind Sonderzüge eingetroffen. Auch von hier machen sich disziplinierte Marschkolonnen auf den Weg zu ihrem Einsatz auf dem Weihnachtsmarkt.

Wer hat sich diese Peinlichkeit ausgedacht? Honecker? Mielke? Krenz? Sie werden sich hinterher die Hände reiben über das gelungene Bubenstück. Und werden in ihren Schädeln nicht verstehen, daß es jeden denkenden Menschen, in der DDR und anderswo, schüttelt vor Peinlichkeit.

Es wird langsam ernst. Hier draußen am Bahnhof ist leider nicht zu erfahren, ob der Konvoi pünktlich in Güstrow ankommen wird oder irgendwo im Schnee steckt. Als ich ausnahmsweise Kontakt mit der ZDF-Zentrale habe, verabreden wir, daß ich einfach anfange zu kommentieren, wenn ich den großen Citroen von Honecker auf dem Monitor sehe.

Sie kommen! Ich berichte, was in Güstrow seit dem Morgen vorgeht. Vom Rathausbalkon werfen Honecker und Schmidt Schneebälle in die Menge. Aber der Spuk ist schnell vorbei. Ich habe das Gefühl, der Kanzler weiß, was ihm hier vorgespielt wird, und drückt aufs Tempo.

Die Wagenkolonne fährt zum Dom, zum „Schwebenden Engel". Dort drinnen haben wir keine Kameras. Schließlich durch das dichte Spalier der Grünuniformierten zum Bahnhof. Auf Gleis 1 wartet Schmidts Salonwagen. Ich verlasse meinen Kommentatorenplatz und stelle mich zu den Kollegen zwischen Bahnhofsvorplatz und Bahnsteig. Kameramänner haben Position bezogen, die Reihen sind durchsetzt mit Anoraks der Stasi.

Schmidt und Honecker treffen ein. Bestellte Jubler stimmen ihr Sprüchlein an: „Unser Generalsekretär, der Genosse Erich Honecker, er lebe hoch, hoch, hoch!" Und weil es so spontan wirkt, wird es wiederholt.

Schmidt und Honecker gehen durch die Gasse der Journalisten zum Zug. Neben mir eine groteske Szene: Ein Kameramann will mitschwenken, aber der Stasi neben ihm will es verhindern. Warum? Aus Prinzip? Aus Bösartigkeit? Aus Frust? Ein stummer, verbissener Kampf: Kamera gegen Wange. Mit letzter Kraft kommt der Kameramann zu seinem Schwenk auf die berühmte peinliche Szene: Der Kanzler am Abteilfenster, der Staatsratsvorsitzende reicht ihm scherzend ein Bonbon hinauf.

Honecker hat Grund zur Zufriedenheit. In Polen läuft es seit heute nacht in seinem Sinn. Der Kanzler ist trotzdem nicht vorzeitig abgereist. In Güstrow hat eine perfekte Inszenierung Zwischenfälle verhindert. Aber wir haben die Schmierenkomödie übertragen.

Der Zug fährt ab, Honecker geht in gelöster Stimmung zurück zu seinem Auto. Ich versuche mein unangemeldetes und ungenehmigtes „Interview" und spreche ihn von der Seite an: „Herr Generalsekretär, sind Sie heute mit a l l e m zufrieden?" Er bleibt tatsächlich stehen: „Ja, sehr zufrieden." Vor der zweiten Frage zieht ihn ein Begleiter ungeduldig fort.

Lastwagen sammeln die Grünuniformierten vom Straßenrand ein. Die sogenannten Güstrower Bürger marschieren zurück zu ihren Bussen oder Sonderzügen. Die Wachen vor den Häusern werden abgezogen. Die Stadt erwacht aus ihrer Lähmung. Die echten Güstrower wagen sich heraus. Wir bereiten die Technik vor für unsere abendliche Sondersendung.

Ein Mann tritt zu uns und reicht mir einen Strauß Rosen, die er mitten im Dezember irgendwo organisiert haben muß: „Die waren für Ihren Bundeskanzler oder seine Frau. Aber wir durften ja heute nicht auf unseren Marktplatz." Die Passierscheine habe es nur für Mitglieder der SED, der übrigen Blockparteien und der Massenorganisationen gegeben. Zuverlässige Jubler also. Andere Güstrower bestätigen uns, sie hätten den Besuch in ihrer Stadt nur im West-Fernsehen verfolgen können. „Sagen Sie bitte Ihren Zuschauern, daß wir uns als DDR-Bürger für diesen Tag schämen."

Abends die Sondersendung. Die DDR-Kollegen haben wieder Kameras, Mikrofon, Scheinwerfer aufgebaut und fragen dauernd, ob wir noch etwas brauchen. Drei Tage haben die frostige Atmosphäre verwandelt. Wir revanchieren uns, mehr symbolisch, mit ein paar Flaschen Whisky aus dem Intershop und ahnen, daß die Scharfmacher die Beute abnehmen werden.

Wir senden. Horst Schättle im ZDF-Studio in West-Berlin, ich auf dem Bahnsteig in Güstrow. Ich gebe die erbitterte Stimmung der Güstrower wieder, die Scham über die geschmacklose Inszenierung in ihrer Stadt. Wir wiederholen die Bilder von auswärtigen Jublern, Stasi und Volkspolizei.

Feierabend. Der Tag von Güstrow ist zu Ende. Durch die Nacht zurück nach Berlin. Schnee auf der Autobahn. Obwohl mich nichts mehr hetzt, habe ich es plötzlich eilig, die DDR zu verlassen. Lange nach Mitternacht Berlin. Am Grenzübergang Heinrich-Heine-Straße will der Zöllner gerade sein Sprüchlein hersagen: „Bitte mal den Kofferraum...", da sieht er meinen Presseausweis und winkt mich mit einer höflichen

Verbeugung durch. Ab morgen wird das wieder anders sein.

35 Sudel-Ede und Löwenthal

Immer wieder in den neunziger Jahren rannte uns jemand mit der tollen Idee die Redaktion ein: in einem Film oder einer Diskussion Gerhard Löwenthal und Karl-Eduard von Schnitzler aufeinanderzuhetzen! Die beiden berühmtesten Bildschirm-Exponenten des verflossenen und inzwischen entschiedenen kalten Kriegs. Diese beiden Urgesteine zum Gaudium des Publikums sich mal richtig fetzen zu lassen. Das müßte doch Quote bringen. Aber ich war immer dagegen.

Gerhard Löwenthal galt im ZDF als ein freundlicher Kollege, witzig und charmant. Daß er uns in Konferenzen mit seinen mächtigen Zigarren den Atem raubte, haben wir ihm durchgehen lassen: Jeder Mensch ist auf seine Weise süchtig. Allerdings waren die meisten von uns nicht seiner Meinung. Willy Brandt und Walter Scheel mit ihrer Entspannungspolitik standen uns nahe, Egon Bahrs Formel vom „Wandel durch Annäherung" schien uns plausibel. Ich bin immer noch dieser Ansicht, die allerdings im letzten nicht zu beweisen ist. Aber heute müssen wir auch erkennen, daß viele westliche Politiker, Wirtschaftler, Journalisten, Künstler – vor allem solche, die die DDR nur vom Hörensagen kannten – reichlich blauäugig in weitgeöffnete Arme liefen. Sie ließen sich von der SED hofieren und herumreichen und bauchpinseln und in Staatslimousinen kutschieren, daß es einem manchmal ganz übel werden konnte. Es gibt darüber unzählige Geschichten, übrigens über Leute jeglicher politischer Couleur. Und das Bild des Kommunistenfressers Franz Josef Strauß, auf der Leipziger Messe breit feixend den Staatsratsvorsitzenden begrüßend, hat weithin, vor allem im Osten, Übelkeit verursacht. Ausgerechnet FJS, der intime Freund aller rechten Diktatoren. Nein, das kann auch Löwenthal nicht goutiert haben.

Die knüppelharte Haltung von Löwenthal und seinem „ZDF-Magazin" war also nicht unsere Sache. Doch bei alledem wußten wir, das Gerhard Löwenthal immer ein Demokrat war. Auch wenn rechts von ihm nicht mehr viel Platz war. Ein klarer Verfechter einer freiheitlichen Staatsform.

Dagegen „Sudel-Ede"! Ein fanatischer, unbelehrbarer, uneinsichtiger Propagandist, dem ich nie irgendeine Überzeugung abgenommen habe. Wer dem Volk bescheidenen Sozialismus predigt und abends in zwielichtigen Kreisen der „Frontstadt" West-Berlin die Sau raushängen läßt, ist für mich ein Gesinnungslump. Keine Minute Sendezeit für so einen!

Auf Reisen in der DDR versuchte ich allerdings sooft wie möglich seinen „Schwarzen Kanal" zu sehen, den wir zu Hause nicht empfangen konnten. Einmal äußerte ich bei meinen Verwandten den Wunsch und löste damit Hektik aus. Der kleine Sohn drehte aufgeregt die Knöpfe des Fernsehers, bis er rief: „Papa, wie kriegt man denn hier DDR-Fernsehen rein?" Der Papa wußte es auch nicht. Niemand wußte es. Der Fernseher war sozusagen auf ARD und ZDF eingerostet. Die Gebrauchsanweisung mußte her. „Warum willst du denn diesen Mist sehen?" wurde ich genervt gefragt. „Aus rein professioneller Neugierde“, antwortete ich. „Ich will wissen, ob er wirklich so raffiniert ist.“

Karl-Eduard von Schnitzler galt den wenigen, die seine Sendungen mit Begeisterung verfolgten oder mit Bauchgrimmen ertrugen, gleichermaßen als ein begnadeter Propagandist. Ich fand das nie.

Sein Trick war, sich auf Material aus ARD und ZDF zu stützen – wohlwissend, daß dieses in der DDR als ziemlich glaubwürdig galt. So weit, so gut. Er manipulierte dieses Material gnadenlos. Die meisten merkten das aber nicht. Wenn man freilich selbst beim ZDF arbeitete und das meiste Material gut kannte, dann wußte man: Da wurde aus dem Zusammenhang gerissen, da wurden neue abstruse Zusammenhänge konstruiert, da wurden Sätze abgehackt und in ihr Gegenteil verkehrt, da wurden Fragen mit Antworten kombiniert, die nichts miteinander zu tun hatten. Eigentlich stimmte nichts. Aber es war so raffiniert zusammengemixt, daß es plausibel wirkte. Vor allem, weil Sudel-Ede stets darauf verweisen konnte: Seht, sie sagen es ja selbst! Es ist alles original aus dem BRD-Fernsehen!

So weit, so gut. Aber dann, am Ende seiner Sendung, holte Sudel-Ede regelmäßig die große ideologische Keule hervor und schwang sie beidhändig. In der DDR war selbstredend alles besser! Da herrschten Wahrheit und Klarheit. Da gab es garantierten Wohlstand und nie endende soziale Sicherheit. Da ging es unaufhörlich bergauf.

Das war immer die Stelle, an der die paar aufmerksamen DDR-Zuschauer ihren Lachreiz nicht mehr bändigen konnten.

Nein, Sudel-Ede war nach meinem Dafürhalten kein begnadeter Propagandist, sondern ein erbärmlicher Lügner und Fälscher, der nicht einmal raffiniert genug war, um seine paar Zuschauer zu überzeugen. Er hat seine fanatische Überzeugung, von der niemand weiß, ob sie echt war, mit ins Grab genommen. Da soll er ruhen und schweigen.

Gerhard Löwenthal sah man bis zuletzt in Wiesbaden. Manche erkannten ihn noch. Ein Fernseh-Gesicht eben. Es muß in den siebziger Jahren gewesen sein, auf einem CSU-Parteitag in München, von dem ich zu berichten hatte: Der große Vorsitzende Franz Josef Strauß schritt unter dem brausenden Jubel der Delegierten wie ein Triumphator durch den Mittelgang zur Tribüne. Kurz danach betrat Gerhard Löwenthal den Saal und steuerte den weißblau geschmückten Pressetischen zu. Beifall. Jubel. Schulterklopfen. Händeschütteln. Als hätte Straußens zweiter Mann den Saal betreten. Zwei Jahre später schon, bei gleicher Gelegenheit, nahm er still Platz. Ein paar nickten ihm zu.

Sic transit gloria mundi, habe ich vom Lateinunterricht übrigbehalten.

36 Die Fahrweise entsprach der StVO

Die Staatssicherheit hat gemordet. Sie hat Menschen physisch und psychisch ruiniert. Sie war die verbrecherischste staatliche Organisation, die es nach dem Ende des Dritten Reichs in Deutschland gab. Und es ist moralisch völlig unerträglich, daß ihre führenden Leute nach dem Ende der DDR frei herumlaufen durften. Doch ein Rechtsstaat hat sich, was manchem nicht einsichtig ist, penibel an seine Gesetze zu halten, denn das macht den Unterschied.

Wenn ein langjähriger Bautzen-Häftling wie Erich Loest – ich komme immer wieder auf unseren Leipziger Schriftsteller – zum ersten Mal in den unzähligen Aktenordnern blätterte, die ihm die Gauck-Behörde zusammengestellt hatte, wird er nur an ganz wenigen Stellen zu lachen gehabt haben. Vielleicht manchmal über die Dummheit und den blinden Eifer seiner Verfolger. Meistens wird es ihn vor Entsetzen geschüttelt haben. Über die Perfidie des Apparats. Über den gewaltigen Aufwand. Über die ausgeklügelten Techniken. Über die schamlose Zerstörung seiner Privatsphäre. Über die Niedertracht einiger seiner „Freunde", die nach jedem privaten Beisammensein eifrig ihre Aufzeichnungen anfertigten und ablieferten. Und die nach dem Ende des schmählichen Systems, in der Hoffnung, nicht entdeckt zu werden, kein Wort der Erklärung, gar der Entschuldigung fanden. (Freilich sagt Erich Loest, wie auch andere in seiner Situation, daß es genauso wichtig war zu erfahren, wer ihn eben n i c h t bespitzelt hat.)

Darüber ist inzwischen viel gesagt und geschrieben worden. Auch daß die DDR keine Gesellschaft von Verrätern war. Daß die meisten sich heraushielten oder gar nicht erst gefragt und in Versuchung gebracht wurden. Daß viele sich selbst unter Gefahr weigerten. Aber es gab eben auch die Willfährigen, die Karrieristen, die moralischen Lumpen und Strolche. Heute treten sie, wenn sie nur hoch genug angesiedelt waren im Apparat, als „Zeitzeugen" auf und reden, als seien sie stets nur neutrale Beobachter gewesen.

Als „BRD-Journalist", der in der DDR arbeitete, war man in besonderer Weise Objekt der Beobachtung und Beschnüffelung. Nicht weil man eine besonders interessante Persönlichkeit gewesen wäre, sondern weil man eine besondere Funktion ausübte. Man muß sich vor Augen halten, daß unsere Situation einmalig in der Welt war. Im Unterschied zu allen Auslandskorrespondenten berichteten wir a u s einem Land, aber gleichzeitig f ü r dieses Land. In der DDR wurden zwar keine Einschaltquoten öffentlichgemacht, aber zuverlässige Schätzungen sprachen davon, daß zu etwa 85 Prozent ARD und ZDF gesehen wurden. Ein Zustand, den die SED-Führung nur schwer ertrug, aber aufgrund ihrer internationalen Verpflichtungen, Stichwort „Helsinki", und des Drucks aus der Bevölkerung ertragen mußte. Das bedeutete für uns zweierlei. Die „Organe" waren hinter uns her wie der Teufel hinter der armen Seele und versuchten alles unter Verschluß zu halten, was das Ansehen ihres Staates hätte beeinträchtigen können. Aber es bedeutete auch eine besondere Pflicht zur Wahrhaftigkeit. Natürlich hat auch ein Korrespondent aus Chile oder Neuseeland wahrheitsgemäß zu berichten – aber wenn ihm mal etwas durchrutscht, erfahren es die Chilenen oder Neuseeländer in der Regel nicht. Wenn ein BRD-Korrespondent aus der DDR auch nur einen falschen Zungenschlag unterbrachte, konnte es ihm passieren, daß er am nächsten Tag von Passanten in Berlin-Mitte oder Lichtenberg angepflaumt wurde: Was haben Sie denn da gestern abend wieder verzapft?

Wir hatten auf Schritt und Tritt die Schnüffler an den Hacken. Es ist unvorstellbar, mit welchem Aufwand wir beschattet wurden. Der geringste Verdacht genügte, um Scharen von Leuten in Flotten von Autos auf unsere Spur zu setzen. Was sie glaubten über uns herausbekommen zu haben, war bisweilen der blanke Unsinn. Meine Stasi-Akte strotzt von unfreiwilliger Komik.

Unter dem Datum vom 29. April 1977 wird berichtet, daß meine damalige Frau und ich über die „Güst“ (Grenzübergangsstelle) Wartha eingereist seien:

es wurde festgestellt, dasz die reisenden eine filmkamera mitfuehren. sie brachten zum ausdruck, dasz sie in leipzig aufnahmen besonders von der situation in den intershop-verkaufsstellen machen wollen. je nach moeglichkeit sollen umfragen ueber das angebot und dgl. gemacht werden fuer eine sendung der reihe „drehscheibe“. die mitgefuehrte aufnahmetechnik deklarierten sie als ihr persoenliches eigentum.

Nun gibt es zwar auch dumme Redakteure, aber kaum einer wäre so dumm gewesen, bei der Einreise zu verkünden, er wolle in der DDR nicht genehmigte Aufnahmen machen. Dennoch hatten wir für den Rest unserer Reise die Stasi an den Hacken:

durch die ha roem 2/13 wird die ankuendigung als provokation eingeschaetzt und es wurde festgelegt, die journalisten op. (operativ) *zu kontrollieren, um dieses vorhaben zu verhindern.*

Wir fuhren nach Leipzig, trafen Leute, besichtigten dies und jenes, besuchten allerdings keinen Intershop, was uns wahrscheinlich als Täuschungsmanöver ausgelegt wurde. Inzwischen hatte die Angelegenheit eine höhere Stufe erklommen. Das Ministerium für Auswärtige Angelegenheiten war eingeschaltet:

das mfaa informierte die zustaendige abteilung des zk der sed vom vorhaben. durch die ha roem. 2/13 wurde mitgeteilt, dasz es sich vermutlich um eine provokation handelt, die mit dem ziel der ausweisung der journalisten durchgefuehrt wird. erreicht werden soll vermutlich durch die ausweisung, dasz entsprechendes material fuer die bevorstehende belgrader konferenz geschaffen werden soll, welches gegen die ddr verwendet werden soll.

Donnerwetter! Ohne etwas zu ahnen, waren wir Gegenstand der Weltpolitik geworden! Und man wußte über uns Bescheid, obwohl wir mit niemandem über unsere Reisepläne geredet hatten. Außer natürlich am Telefon. Eben!

beide planen am 2.5. fuer ca. 3 tage nach dresden zu reisen. Zimmer hat dort verwandte wohnen. unsererseits wird geprueft, die journalisten mit kraeften der abt. 8 bis dresden unter kontrolle zu halten.

Wir sind inzwischen mit Decknamen versehen worden: Ich heiße in den Protokollen der Stasi „Klaus", meine Frau – das hätte sie, wenn sie es geahnt hätte, vermutlich fuchsteufelswild gemacht – hieß „Erna".

9.39 uhr tankte „klaus" an der tankstelle marschnerstrasze seinen pkw auf.

9.56 uhr fuhren sie weiter ueber fr.-l.-jahn-allee, f.-engels-platz, eutritzscher str., str.d.dsf. (Deutsch-Sowjetische Freundschaft) *zur f 2. danach ging es ueber die ausgeschilderte umleitungsstrecke nach krostitz* (bekannt durch das Ur-Krostitzer Bier), *ueber bad dueben nach wittenberg.*

Und die Stasi immer hinterher! Unser Besuch Wittenbergs, heute ein Vierteljahrhundert her, steht mir plastisch vor Augen bei der Lektüre meiner Akte. Was ich zum Beispiel völlig vergessen hatte: bei der Besichtigung der Wittenberger Schloßkirche *fotografierte „klaus" ein jesusbild.* Das Foto klebt nicht in meinem Album, wahrscheinlich war es unterbelichtet. Auch Intimes kommt zur Sprache: *kurze zeit spaeter begab sich „erna" zur toilette.*

12.43 uhr: in jessen verliessen sie die f 187 und befuhren einen feldweg zu einem bauerngehoeft.

Richtig! Das hatte eine besondere Bewandtnis. Das Gehöft am Rande der kleinen Stadt Jessen an der Schwarzen Elster wollte ich wiedersehen. Hier hatten einst Verwandte gewohnt, und als ich elf war, luden sie mich in den großen Ferien zu sich ein. Auf dem Hof gab es Pferde und Ponys, Kühe und Schweine, Hühner und Gänse, Hunde und Katzen. Eine Obstkellerei und ein Ausflugslokal. Eine völlig fremde Welt für ein Großstadtkind aus Leipzig. Ja, das wollte ich noch einmal sehen, ein gutes Vierteljahrhundert danach. Aber das konnten unsere Verfolger natürlich nicht ahnen. Welche konspirativen Absichten mochten mich nach Jessen geführt haben?

15.08 uhr in luebbenau am hafen verliessen beide den pkw und sprachen an der anlegestelle mit einem stechkahnbesitzer. nachdem sie mit ihm einige worte gewechselt hatten, forderte dieser sie zum einsteigen auf. Ausser „klaus“ und „erna“ und dem stechkahnbesitzer befand sich niemand im boot. 15.15 uhr begann die Kahnfahrt. aus gruenden der konspiration wurde die beobachtung zu diesem zeitpunkt unterbrochen.

Verständlich. Es wäre uns aufgefallen, wenn jemand neben dem Stechkahn her geschwommen wäre. Aber auch hier wurde wieder richtig beobachtet. Die Boote hatten bereits Feierabend, doch gegen D-Mark wurden wir noch ganz allein durch den Spreewald gestakt. Ein wunderschönes Erlebnis! Zum Glück hat die Stasi nie erfahren, was uns der Bootsführer über die Lage und Stimmung in der DDR erzählte! Auch wenn er, laut Stasi-Protokoll, identifiziert und vermutlich befragt wurde.

So geht es weiter, viele Tage, viele Seiten. Lauter Nichtigkeiten, akribisch gesammelt und notiert. Sie mußten sich ablösen, die Schnüffler, wegen der Arbeitszeitvorschriften. Und sie mußten die Autos wechseln, wegen der „Konspiration". Sie müssen sehr professionell vorgegangen sein. Jedenfalls haben wir nichts von der Verfolgung bemerkt. Überhaupt nichts! Allerdings haben wir auch nicht darauf geachtet, ob uns jemand hinterherschnüffelte.

Nach Dresden, zu meinen Verwandten. Sie bekamen die Namen „Peter" und „Biggi" zugeteilt. Tagelang durch die Stadt. Die Stasi immer hinter uns. Mit dem Elbdampfer in die Sächsische Schweiz. Die Stasi mit an Bord. Nach Meißen. Minutengenaues Protokoll. Wieder Dresden.

einschaetzung der beobachtung von „klaus" und „erna": seit anbeginn der beobachtungen konnte eine kontrolltaetigkeit von „erna", spaeter auch von „biggi", festgestellt werden. dies aeuszerte sich darin, indem sich beide waehrend den fahrten des oefteren umschauten.

Wirklich untrügliche Anzeichen konspirativen Verhaltens! Aber es gab abschließend auch Lob:

die fahrweise von „peter" entsprach der stvo.

Die Wahrheit ist, daß wir keinen Film machen wollten. Weder über die Intershops noch über sonst etwas. Weder für die „Drehscheibe" noch für sonst eine Sendung. Es wäre auch gar nicht gegangen mit unserer Super-8mm-Schmalfilmkamera, ohne Nagra-Gerät für den Ton und ohne Scheinwerfer. Das hätte man schon anders anfangen müssen. Wir wollten nicht die DDR provozieren. Wir wollten auch nicht die KSZE platzen lassen. Wir wollten Urlaub machen und ein paar Leute treffen. Von der großen Ehre, die uns angetan wurde, erfuhr ich erst in den neunziger Jahren durch meine Akte.

Sie konnten uns ohnehin nichts anhaben. Erstens habe ich in der DDR bewußt niemals nachweisbar gegen Gesetze und Bestimmungen verstoßen, um keinen Vorwand für einen Rausschmiß zu liefern. Ich wollte ja nicht als Held gefeiert werden, sondern arbeiten. Und zweitens schützte natürlich unsere Institution: Einen ZDF-Redakteur festzunehmen oder auszuweisen, wäre eine öffentliche Aktion gewesen. Wieder Stichwort KSZE!

Der gewaltige Aufwand, der riesige Stasi-Apparat, dieser berühmte Krake, der sich übers Land gelegt hatte: Was hat das alles am Ende genützt? Was hat er letztlich verhindert? Sicher hat er die Existenz der DDR verlängert. Aber schließlich ist sie zusammengeklappt wie ein Kartenhaus. Und die Stasi konnte vielleicht das Politbüro warnen, verhindern konnte sie es nicht.

Die uns damals quer durch ihre Republik „konspirativ" verfolgten, hätten sich nicht träumen lassen, daß ich eines Tages ihren Unsinn lesen und mich darüber amüsieren würde. Aber ich war ja auch privilegiert. Tausende andere, die wehrlos waren, hat die Stasi kaputtgemacht.

37 Auspuff zu tauschen

Es gab, wie man weiß, Tausende dicke Bücher über den Sozialismus und sein Wirtschaftssystem – aber manchmal bedurfte es einer alltäglichen Beobachtung, um zu verstehen.

Berlin, Hauptstadt der DDR, später Vormittag. Ich fahre mit dem Auto am Bahnhof Friedrichstraße vorbei. Das alltägliche Bild: eine lange Schlange von Bahnreisenden, sicher fünfundzwanzig, die geduldig mit ihren Koffern auf ein Taxi wartet. Aber weit und breit keines zu sehen.

Zehn Minuten später, auf dem Weg nach Köpenick: Ich komme an der Zentrale des VEB Berliner Taxi vorbei. Auf dem Hof parken ungefähr fünfzig Taxis. Die Fahrer, vermute ich, sitzen drinnen beim Skat oder beim Zeitunglesen. Und am Bahnhof Friedrichstraße wächst die Schlange.

Aber das ist ja egal. Man stelle sich vor, ein Taxifahrer steht vom Skat oder Zeitunglesen auf und fährt zum Bahnhof Friedrichstraße. Was hätte er davon? Nichts! Keinen Vorteil. Keine Einkommensverbesserung. Höchstens Ärger mit den Kollegen.

Ich habe verstanden.

Wenn man in der DDR ein Taxi brauchte, sagte man mir, mußte man es ein bis zwei Tage vorher bestellen. Plan-Wirtschaft! Mitten in der Innenstadt von Leipzig habe ich mal einem Taxi gewunken – und es hielt an und nahm mich mit! Aber wo immer ich diese Geschichte in der DDR erzählte: Keiner hat sie mir abgenommen.

Zwickau. Wir machen für einen Film Aufnahmen im Geburtshaus von Robert Schumann. Auf der anderen Straßenseite: ein Laden für Autoersatzteile, wie er in der DDR üblich war. Ein Lastwagen fährt vor, der Fahrer steigt aus und geht hinein.

Innerhalb von Minuten bildet sich vor der Tür eine Schlange. Ungefähr fünfundzwanzig, dreißig Passanten haben sich eingereiht. Sie warten unaufgeregt. Der Fahrer scheint erst mal Mittag zu machen. Schließlich schlägt er die Plane zurück und lädt ab: Auspufftöpfe für den „Trabant“.

Man könnte annehmen: Nun trollen sich alle diejenigen, die keinen Trabi fahren oder einen intakten Auspuff haben. Aber natürlich geht keiner. Geduldig warten sie, bis jeder seinen Auspuff davontragen kann.

Jeder DDR-Bürger wußte: So funktioniert Planwirtschaft. Man kaufte nicht, wenn man brauchte – man kaufte, wenn es gab. Und hortete. Bis man brauchte. Oder tauschen konnte gegen etwas, was man brauchte, aber nicht zu kaufen bekam. Deswegen war immer alles ausverkauft: „Hammer nich, griech m'r ooch nich wieder rein."

Am besten hob man, wenn es nach zwölf, vierzehn Jahren den neuen Trabi gab, den alten auf, mit einer Plane abgedeckt, irgendwo hinter der Garage. Als Ersatzteillager für den Neuen. Man konnte sich ja auch darauf verlassen, daß es in den nächsten zehn Jahren keine wesentlichen technischen Änderungen gab.

Wir haben übrigens oft gestritten, ob der „Trabi" ein gutes Auto sei. Ich fand: Nein. Er war technisch primitiv und der weltweiten Entwicklung am Ende Jahrzehnte hinterher. Aber viele DDR-Bürger sagten: Ja. Er war das richtige Auto zur richtigen Zeit am richtigen Ort. Er fuhr wenig schneller als hundert – aber wozu auch? Er war zuverlässig, es konnte keine komplizierte Elektronik ausfallen, fast jeder konnte fast alles selbst reparieren. So gesehen, fand ich, waren natürlich auch die Handwagen, die wir früher im Keller stehen hatten, technisch auf der Höhe der Zeit.

Tauschwirtschaft: Ich kannte Leute, die vier oder fünf Telefonapparate besaßen. Aber keinen Anschluß hatten. Auch keinen beantragt. Sie wollten nur was zum Tauschen haben.

Hat mal jemand ausgerechnet, welche volkswirtschaftlichen Werte in den Kellern und auf den Dachböden der DDR schlummerten und aufs Getauschtwerden warteten? Und wo ist das alles am Ende geblieben?

Und dann: Devisen! Das Zauberwort. Für Devisen tat die DDR alles. Der Witz war zynisch, aber bezeichnend: Auf dem Marktplatz steht ein hölzernes Podest, da darf man für zehn West-Mark einmal „Heil Hitler!" rufen.

Wir machen Filmaufnahmen in einem volkseigenen Textilbetrieb im Erzgebirge. Spezialität: Jeans. (In der DDR hießen sie bis zuletzt immer noch gern „Niethosen".) Am Ende des Fließbands werden sie in Kartons verpackt, auf denen steht: „Quelle". Das ist doch ein witziges Bild für unsere Zuschauer im Westen! Sollen Sie doch endlich erfahren, woher die hervorragende Qualität kommt, die sie per Katalog beziehen! „Um Gottes Willen!" bittet uns die Betriebsleiterin, „filmen Sie das nicht!" Warum nicht? Sie druckst etwas. Also: Der Abnehmer in der BRD hat sich vertraglich ausbedungen, daß nichts, aber auch gar nichts auf die Herkunft der Jeans hinweist.

Das muß man sich vorstellen: Die Oma in Osnabrück schickt ihrem Enkel in Dresden zu Weihnachten die begehrten Original-West-Jeans von „Quelle". Und er trägt sie voller Stolz. Steht ja nichts drauf von VEB. Kann ein politisches System sich mehr entwürdigen?

Es gab ein Zauberwort: Weltniveau! In besseren Restaurants hieß es: „Sie werden plaziert." Man stand am Eingang und wartete. Die meisten Tische waren leer. Die Schlange wuchs. Die Bedienungen standen am Tresen und unterhielten sich. Die Schlange wuchs. Bis jemand sich ein Herz nahm und auf einen Tisch zusteuerte. Da kam endlich Bewegung in die Sache. „Könn'se nich lesen? Hier wird plaziert!"

Plazieren im Restaurant bedeutete Weltniveau. In Amerika wurde schließlich auch plaziert. Aber es gab diesen nicht unwichtigen Unterschied: In Amerika stürzen sich die Bedienungen auf jeden Gast, damit er es sich nicht doch noch anders überlegt, und schleppen ihn an einen Tisch. Er sitzt noch nicht ganz, da hat er schon die Speisekarte in der Hand und ein Glas Wasser vor sich. Wettbewerb! In der Überflußgesellschaft muß man besser sein als das Lokal nebenan. Sonst ist man seinen Job los. Oder muß seinen Laden dichtmachen. In der Mangelgesellschaft konnte man dem Gast eine Gnade erweisen und ihn plazieren. Weltniveau.

Die Gastronomie in der DDR war ein interessantes Phänomen. Das „Ermelerhaus" in der Hauptstadt galt in den achtziger Jahren als heißer Tip. Unser DDR-Korrespondent Werner Brüssau lud uns eines Tages dorthin ein. Wunderbares Ambiente, aufmerksame Bedienung, angehobene Preise. Aber die Suppe war kalt, der Wein war warm, das Steak war schwarz. Wir machten unsere Witze und ließen nichts zurückgehen. Wir sagten uns: Woher sollen sie es wissen? Sie durften nicht in Paris oder am Genfer See oder im Rheingau die Feinheiten der besseren Gastronomie studieren. Sie haben äußerstenfalls in Oberhof oder Ahrenshop gelernt. Weltniveau!

Aber man konnte richtig gut essen in der DDR. Zum Beispiel in ganz normalen Dorfkneipen. So etwas gab es ja auch noch. Im Erzgebirge zum Beispiel: Entenbraten, Rotkraut und Klöße – köstlich für 2,66 Mark! Es kam leider keiner auf die Idee, daß man die Gastwirte einfach nur machen lassen mußte. Ohne Plan. Wie beim Klassenfeind. Das wäre ja das Ende des Sozialismus gewesen. Das vorzeitige.

38 Das sagte Lenin!

„Wo denken Sie hin!" rief der Mann vom Internationalen Pressezentrum der DDR, „Kabarett gibt es nicht mal in u n s e r e m Fernsehen!"

Es war aussichtslos. Keine Genehmigung. Nicht mal eine Diskussion darüber. Kein Reinkommen. Genau wie in Margot Honeckers Reich der „Volksbildung".

„Kennzeichen D" verfiel deswegen einmal, nach x abgelehnten Anträgen, auf den Trick, sich einige Nummern eines DDR-Kabaretts schriftlich zu besorgen, um sie im eigenen Studio von Schauspielern nachspielen zu lassen. Das war ganz aufschlußreich für manchen West-Zuschauer, aber eigentlich fehlte alles, was Kabarett in der DDR ausmachte.

Denn warum besorgte man sich als wirklich interessierter Besucher, nicht selten gegen Devisen, eine der heißbegehrten Eintrittskarten? Man wollte wissen, wie weit sie sich wagten. Oder wagen durften. (Frei nach dem Zitat von Karl Valentin: Mögen hätten wir schon gewollt, aber dürfen haben wir uns nicht getraut.) Zweitens wollte man erleben, wie das Publikum reagierte.

Im „Akademixer"-Keller oder in der „Pfeffermühle", in der „Herkuleskeule" oder im „Theater am Obelisken" das gleiche Phänomen: Man war unter sich. DDR-Bürger, die einmal „ablachen" wollten, um am nächsten Tag die Schwierigkeiten des Alltags wieder anzugehen. An manchem Arbeitsplatz hätte man sich überlegt, wie laut man über den Honecker-Witz des Kollegen lachen sollte. Im Kabarett war es erlaubt. Sogar erwünscht. Denn wie hätte Kabarett leben sollen ohne Lachen und Beifall? Nur mußte es buchstäblich auf die vier Wände des Theaterchens begrenzt bleiben. Das Gelächter über die Mühen mit dem real Existierenden durfte nicht zu einer Volksbewegung werden. Deswegen durfte es auf keinen Fall im Fernsehen verbreitet werden. Auch nicht im eigenen.

Das Lachen war herzhaft und befreit, wenn es um die Unzulänglichkeiten des DDR-Alltags ging: „Sozialismus siecht!“ Es war manchmal etwas lustlos bei den Pflichtnummern gegen den Klassenfeind. (Obwohl dieser ja genug Stoff bot, wie die Kollegen der „Lach- und Schießgesellschaft“ oder des „Kom(m)ödchen“ bewiesen.) Das Lachen stockte, wenn es ans Eingemachte ging. An die Weltrevolution. Oder die unverbrüchliche Freundschaft mit der Sowjetunion. Oder den Staatsratsvorsitzenden. Dürfen die das? Dürfen wir darüber lachen und klatschen? Jeder, ob aus Ost oder West, konnte interessante Studien treiben.

Was durften sie? Jeder Text mußte, wie man weiß, geprüft und abgenommen werden. Aber so lange die Sache nicht subversiv wurde, gab es ein bewährtes System. Bernd-Lutz Lange, der Mitbegründer der Leipziger „Akademixer“, erzählt, was andere bestätigen: In jedem Programm hätten sie ein oder zwei harte politische Nummern gehabt, von denen jeder wußte: Die gehen nie und nimmer durch! Natürlich wurden sie gestrichen. Der Zensor konnte sagen: Seht ihr, ich habe verantwortungsvoll meine Arbeit getan! Und die Kabarettisten brachten auf die Bühne, worauf es ihnen eigentlich angekommen war. So habe das funktioniert.

Dennoch – oder gerade deshalb – fand ich Kabarett in der DDR meistens spannender als in der BRD. Im Westen konnte man sich an manchem guten Gag erfrischen, konnte sich über manchen Tritt ins Hinterteil des politischen Gegners freuen – aber das alles durfte ja ohne Risiko ganz direkt gesagt werden. Hingegen der Gag hinter dem Gag, die angedeutete Boshaftigkeit, vor allem die Kunst, die Obrigkeit mit ihren eigenen Worten zu schlagen – das war im Osten gefordert.

Eine kleine, hinreißende Szene ist mir immer in Erinnerung. Typisch für Kabarett in der DDR. Es war im „Theater am Obelisken" in Potsdam. Ein Schauspieler, allein auf der Bühne, zur Erhöhung der Wirkung auf einer hohen Leiter sitzend und von unten angestrahlt.

Der Schauspieler läßt sich in einem Monolog kritisch aus über die Privilegien der Parteifunktionäre. Trotz des sozialistischen Gebots der Gleichheit wohnten sie in komfortablen Villen, führen große Dienstwagen mit Chauffeur, hätten ihre Ferienhäuser in gesperrten Gebieten, kauften – nein: ließen kaufen – in besonderen Geschäften mit besonderem Angebot. Der Text wird immer strenger, vorwurfsvoller, giftiger. Das Potsdamer Publikum lauscht, ohne sich zu rühren. Kein Lacher, kein Klatschen. Um Gottes Willen, darf der das? Am Ende seiner Philippika macht der Schauspieler eine bedeutungsvolle Pause.

Dann spricht er mit einem lakonischen Lächeln nur zwei Sätze: „Das sagte Lenin. Ich hätte es nicht sagen können."

39 Lieber nach New York

Gerhard Klarner stammte aus Leipzig. Er konnte wunderbar Sächsisch sprechen. Die Zuschauer der „heute“-Sendungen im ZDF kannten und mochten ihn als den gemütlichen Dicken mit dem Schnauzer. Wir, seine Kollegen, schätzten ihn als einen exzellenten, professionellen Sprecher, einen Fanatiker der perfekten Präsentation von Nachrichten und Texten aller Art. Man konnte viel von ihm lernen. Zum Beispiel: Wenn man sich vor der Kamera mal versprach, durfte man nicht mit bedauerndem Lächeln eine Entschuldigung murmeln, sondern mußte mit Schmackes darüber hinweglesen, so daß die meisten Zuschauer nichts bemerkten. Manchmal moderierte Gerhard den „Jazz-Club“ des ZDF, er liebte diese Musik.

Er starb Anfang 1990 an Krebs. Ich schrieb etwas zur Erinnerung an ihn.

Als Gerhard Klarner schon sehr krank war, aber noch Hoffnung hatte, sprachen wir das letzte Mal miteinander. Wir müßten, sobald er gesund wäre, zusammen nach Leipzig fahren, jetzt, nach den Veränderungen in unserer Heimatstadt.

1946, als Gerhard dort Sprecher beim Mitteldeutschen Rundfunk wurde, wohnte ich, ein kleiner Junge, wenige Meter vom Funkhaus entfernt. Manchmal stand ich mit meinem Vorkriegs-Holzroller vorm Eingang und sah ehrfurchtsvoll Menschen hineingehen, von denen man mir sagte, ihre Stimmen kämen geheimnisvoll über die Luft in unseren Radioapparat. Keine Frage, daß ich manchmal auch Gerhard, den ich noch nicht kannte, zu seiner Arbeit gehen sah, daß ich ihn zu Hause aus dem braunen Kasten sprechen hörte.

Fünfundzwanzig Jahre später trafen wir uns in Wiesbaden. Wir „verkauften“ die „heute“-Sendung des ZDF. Bald stellten wir unsere gemeinsame Herkunft fest, sprachen oft über Leipzig. Auch über so banale Dinge wie die Straßenbahnlinie 20, die vor unserem Haus hielt und mit der Gerhard von seiner Wohnung im Vorort Anger-Crottendorf ohne umzusteigen zum Dienst kam, denn ein Auto besaß man noch nicht. Wir sprachen darüber, wie unsere zerbombte Heimatstadt nach 45 mühsam repariert wurde, aber bald weiter verfiel bis heute. Ich konnte Gerhard davon überzeugen, daß man jetzt nach den Veränderungen endlich wieder hinfahren müsse, so schlimm es auch aussehe. Und daß man ihm wegen seiner Flucht schon lange nichts mehr anhaben wolle.

Er fuhr aber dann doch lieber nach New York, immer wieder in seine Traumstadt. Man sagt, man brauche mehrere Leben, um New York richtig kennenzulernen. Aber Gerhard war schon ziemlich weit vorgedrungen. Wir sagten, auch dorthin sollten wir mal zusammen: zwei Leipziger in New York. Immer entschließt man sich zu spät.

Jetzt wäre aber vor allem die Zeit gewesen für Leipzig. Wir haben noch darüber gesprochen. Zu spät. Da man im Osten inzwischen ungehindert alles tun kann, will ich bei meinem nächsten Besuch nicht nur, wie stets, nach meinem alten Wohnhaus schauen, sondern endlich auch einmal ins Funkhaus gehen, das ich immer nur von außen sah, und Gerhards alten Arbeitsplatz besuchen, der sich wohl wenig verändert haben dürfte in den vierundvierzig Jahren.

40 Eine DDR-Bürgerin der anderen Art

Es gab Menschen in der DDR, für die die Frage des „Mitmachens", sei es um der Vorteile willen, sei es aus Angst vor Konsequenzen, so fern lag wie die Milchstraße. Regine Hildebrandt zum Beispiel. Es gab viele. Zum Beispiel Christa aus Leipzig. Ich lernte sie beim Kirchentag der Evangelischen Kirche Berlin-Brandenburg 1987 kennen.

Wenn man immer wieder daran erinnern muß, daß die Revolution von 1989 nicht urplötzlich vom Himmel gefallen ist, sondern eine lange Vorgeschichte hatte, dann gehört dazu neben vielem anderen dieser Kirchentag in der „Hauptstadt der DDR". Ich hatte das Glück, ihn als Reporter für das ZDF mitzuerleben. In einer mutigen, offensiven Weise wie kaum je zuvor verlangten junge Leute, angehört zu werden mit ihrer Kritik an den Zuständen im Staat – aber auch mit ihrem Unbehagen an der Politik der Kirche, der sie eine Art Schmusekurs gegenüber der SED vorwarfen. Ein „Kirchentag von unten" versuchte sich Gehör zu verschaffen und verlangte Räumlichkeiten für seine Diskussionen. Es dauerte lange, bis eine Ost-Berliner Kirchengemeinde sich durchrang, ihre Türen dafür zu öffnen. Dann bekam man Dinge zu hören, die sonst nur in den eigenen vier Wänden gesprochen wurden. Die auffällig unauffälligen Horcher der „Firma" hatten viel mitzuschreiben.

Christa gab im Rahmen des Kirchentags ein Konzert mit jiddischen Liedern. Das war damals noch ungewöhnlich, denn die DDR verstand sich ja als anti-zionistisch, in Wahrheit anti-israelisch, weil auf der Seite der arabischen Bruderländer stehend, der sozialistischen selbstredend wie

Saddam Husseins Irak, nicht der feudalistischen der Saudis oder Kuwaitis. Erst kurz vor ihrem Ende besann sich die DDR – wie viele vermuteten, weil Honecker seine Laufbahn mit einem Besuch der USA krönen wollte. Christa gehörte jedenfalls zu den ersten Künstlern in der DDR, die sich öffentlich mit traditioneller jüdischer Kultur befaßten. Für ihre Zuhörer eine ungewohnte Kost.

Auch Stefan Krawczyk sang beim Kirchentag, der aufmüpfigste Liedermacher der DDR, der an sich schon Auftrittsverbot hatte. Mit allen Mitteln hatte die Partei versucht, sein Konzert zu verhindern. Wir als Berichterstatter konnten etwas hinter die Kulissen blicken und miterleben, wie vor allem Manfred Stolpe, der im Hintergrund Regie führte, gegen alle Widerstände das Konzert unerbittlich durchsetzte. Das Auftrittsverbot für Krawczyk gelte für öffentliche Einrichtungen, nicht für kirchliche. Und wer einmal eingeladen sei, werde nicht wieder ausgeladen. Am Ende setzte die Partei einen albernen Kompromiß durch: Das Konzert sei keine öffentliche, sondern eine geschlossene Veranstaltung, weshalb jeder Besucher gebeten wurde, am Eingang ein paar Münzen in einen Hut zu werfen. Die Samariterkirche in Friedrichshain – Pfarrer war Rainer Eppelmann – war innerhalb kürzester Zeit so voll wie vermutlich nie seit ihrer Weihe. Tausende junge Leute. Eine Riesenstimmung. Kein Sitzplatz mehr, nicht mal auf dem Fußboden. Unser Kamerateam im Mittelgang regelrecht einzementiert. Sie drehten und drehten und drehten, eine Kassette nach der anderen. Ein kesser Krawczyk zog noch mal alle Register der Provokation, das Publikum jubelte – aber ein paar Tage später war der Sänger vor die Alternative gestellt: Ausreise oder.... Er reiste aus. Viele nahmen ihm das übel. Das wunderbare Filmmaterial des Konzerts, das auch heute noch – oder wieder – mit größter Spannung anzuschauen wäre, ging leider in Flammen auf, als in den neunziger Jahren im Berliner ZDF-Studio aus immer noch ungeklärter Ursache ein Feuer ausbrach. Aber die Erinnerung an einen unglaublichen Abend, sie bleibt.

Christa stammt aus der Rhön, jenem schönen, aber klimatisch etwas rauhen Mittelgebirge um die Wasserkuppe. Die Grenze zwischen Hessen und Thüringen geht quer hindurch. Die Familie hatte seit Generationen ihren Hof und ihr Land auf östlicher Seite, und zwar – leider! – im Grenzsperrgebiet. Nur noch wenige – außer den damals Verantwortlichen und den lebenslang Betroffenen – wissen etwas anzufangen mit dem Begriff „Aktion Kornblume". Das war ein Tiefpunkt menschenverachtender Politik der SED. Christa erinnert sich: Eines Morgens, sie war noch ein Kind, fuhr Volkspolizei mit Lastwagen vor. Die Bewohner im Sperrgebiet wurden aus ihren Häusern getrommelt, mußten rasch das Notwendigste einpacken und wurden abtransportiert. Mit unbekanntem Ziel. Für immer. Die Familie landete in einem Ort und in einer Gegend, von denen sie noch nie gehört hatten, in der Dübener Heide, nördlich von Leipzig. Der Vater, Landwirt aus Leidenschaft, sah seine Äcker nicht wieder. Was hatte doch Walter Ulbricht einst versprochen: eine humanistische Gesellschaft!

Hausbesetzungen in der DDR? Gab es nicht! Gab es nicht?

In den achtziger Jahren sah man immer häufiger an Türen alter Mietshäuser das handgemalte Schild: „Achtung! Dieses Haus ist noch bewohnt." Man hätte es sonst für eine Ruine gehalten. Sobald jedoch ein Haus leerstand, begann der unkontrollierte Abriß: Treppengeländer raus, Fensterrahmen, Parkett, Kloschüssel, was man eben für zu Hause brauchen, aber nicht kaufen konnte. Alte Leute wohnten in diesen Beinahe-Ruinen, sei es aus Anhänglichkeit, sei es, weil sie keine Aussicht auf eine Neubauwohnung in der „Platte“ hatten oder weil sie nicht im Altersheim mit jemand Wildfremdem in ein Zimmerchen gesperrt sein wollten. Aber auch junge Leute lebten dort, die noch nicht an der Reihe waren mit ihrer eigenen Zwei-Raum-Wohnung in Grünau. Christa mit Mann und zwei kleinen Kindern wohnte in so einem „ausgewohnten“ Objekt. Als zum ersten Mal Ratten ins Kinderzimmer eindrangen, faßte die Familie einen Entschluß. Sie wußten, es gab guten Wohnraum in der Stadt. Es wurde zum Beispiel immer welcher für unvorhersehbare Fälle zunächst freigehalten, wenn die bisherigen Mieter ihren Neubau bezogen hatten oder in die BRD übergesiedelt waren. Wenn man abends durch die Straßen ging, erkannte man leicht, wo die Fenster dunkel und gardinenlos waren. Die Nachbarn, danach befragt, regten sich schon lange auf über den Leerstand angesichts schreienden Mangels. Einer erklärte sich bereit, unter einem Vorwand den Wohnungsschlüssel auszuleihen. Und eines Abends war es dann so weit: Blitzaktion! Nach generalstabsmäßigem Plan. Freunde halfen. Ein Lieferwagen war geliehen. Fünf, sechs Fuhren. Möbel und Hausrat die Treppen hinaufgeschleppt. Ehe der Morgen graute, war die Wohnung besetzt. Und die Kommunale Wohnungsverwaltung? Die war in der Zwickmühle. Das Verhalten war eindeutig gegen das Gesetz. Also rauswerfen? Aber dann würde sich die Sache mit Sicherheit herumsprechen, mit ungewissem Ausgang. Also verfuhr man salomonisch: Die KWV gab den neuen Mietern für die Wohnung, die sie ihnen zugewiesen hatte, einen Vertrag.

Die Staatsgewalt foppen! Zum Beispiel, wenn Christa und ihre Freunde sich zu einer gemeinsamen Radfahrt trafen. Sie konnten sicher sein, daß sie an irgendeiner Straßenecke aufgehalten wurden: Personenkontrolle, Fahrzeugkontrolle, Einvernahme. Woher? Wohin? Wozu? Sie fanden nie etwas zu beanstanden. Das war ja der Sinn des Spiels. Sie sollten suchen, suchen, suchen und sich das Hirn zermartern: Was steckte dahinter? Allerdings wurde eine Frage nie geklärt: Woher wußte die Stasi, wann und wohin die Gruppe mit ihren Rädern aufbrach? Wer also war der Verräter?

Aber dann wurde es ernst. Herbst 1989. Oktober. Die Montagsandachten in mehreren Leipziger Kirchen, darunter auch, was mich persönlich freute, die Michaelis- oder Nordkirche, die einst die Gemeinde meiner Familie gewesen war und der Ort der Trauung meiner Eltern. Seit Monaten waren die Andachten immer besser besucht – und immer besser bespitzelt. Am 2. Oktober predigte in der Nikolaikirche als Gast Pfarrer Wonneberger. Er gehörte zu den herausragenden Köpfen der kirchlichen Opposition in Leipzig, und hätte er nicht auf dem Höhepunkt einen Schlaganfall erlitten, würde man heute von ihm reden, wenn es um das Thema geht. Nach seiner Ansprache sang Christa zur Gitarre: „We Shall Overcome". Die Menschen sangen mit. Ich stelle mir vor, daß es eine sehr ergreifende Szene war. Ich wollte sie, mit den beiden Hauptbeteiligten, in der Nikolaikirche nachstellen für eine Dokumentation über den Leipziger Herbst '89. Es war verabredet. Leider fiel die Dokumentation dem

Rotstift zum Opfer. Nicht genug Publikumsinteresse zu erwarten. Vielleicht stimmte das.

Eine Woche später, am 9. Oktober, war die DDR am Ende. Auch wenn sie es noch nicht mitbekommen hatte im Freudentaumel ihrer 40-Jahr-Feier. Wer zu spät kommt... Ungefähr 70 000 zogen an jenem Abend um den Ring. Die Staatsgewalt war zu allem entschlossen, ließ aber angesichts der Menschenmenge die Waffen sinken. Der Apparat hatte aufgesteckt. Der Rest war Vollzug.

Unter diesen 70 000 war natürlich auch Christa. Zu den Andachten und Demonstrationen bisher hatte sie meistens ihre beiden kleinen Töchter mitgenommen. Diesmal ließ sie sie zu Hause und sorgte dafür, daß sich jemand kümmerte, wenn die Mutter nicht zurückkäme. Denn es war ja angedroht: „notfalls mit der Waffe in der Hand..." Die Krankenhäuser hatten Bereitschaft, Blutkonserven waren gehortet. Und provisorische Konzentrationslager waren vorbereitet im Süden der Stadt. „Wir hatten Angst, große Angst", sagt Christa und sagen alle, die dabeiwaren. Daß sie sich trotzdem bei den Händen nahmen und losmarschierten, das ist das Geheimnis dieser Revolution.

Die meisten derer, die damals besonders rührig waren, haben sich nach der Deutschen Einheit irgendwann aus der aktiven Politik zurückgezogen. Alle aus Enttäuschung? Ach was, sagt Christa, man kann jetzt so viel anderes tun. Und sie tut tausend Dinge, die früher nicht möglich waren.

41 Eine DDR-Kneipe der anderen Art

Wenn ich als kleiner Junge, von Chemie Leipzigs Siegen träumend, barfuß eine leere Konservendose vor mir herdribbelnd, auf dem Weg in Pfarrer Haases Christenlehre in der Gohliser Friedensgemeinde, vielleicht auch nach Hustensaft in die alte Apotheke nebenan trabte, dann kam ich an einem Lokal vorbei, das einen höchst merkwürdigen, mir unerklärlichen Namen trug: „Cajeris Gosenschenke Ohne Bedenken". Ich traute mich damals noch nicht über die Schwellen von Lokalen, und wenn, dann hätte ich bescheiden fürn Groschen Brause bestellt und sicher keine Gose. Da war ja Teufel Alkohol drin! Und meine Familie erzählte schauerliche Geschichten über dieses Gebräu: Es sei extrem verdauungsfördernd, man könne sich oft nur mit knapper Not auf die Toilette retten. Obwohl ja einstmals der Kellner auf besorgte Anfragen der Gäste stets versichert hatte, man könne Gose „ohne Bedenken" trinken. Besonders Mutige, hieß es, schlürften Gose „mit Regenschirm", also mit einem Schuß Leipziger Allasch, einem süßlichen Kümmellikör. Falls man sich so etwas vorstellen möchte. Die Gosenschenke, lernte ich als Kind, sei jedenfalls ein Ort harter Mutproben für gestandene Männer.

In späteren Jahren nahm ich bei Besuchen in Leipzig am Rande wahr, daß sich in der inzwischen aufgegebenen Gohliser Gosenschenke die „Nationale Front" ein Lokal eingerichtet hatte. Die benötigte man damals, und sie tat ja auch viel Gutes, wohingegen die Gose gestrichen war. Ich vermute, viele Leipziger hätten ihr traditionelles Gesöff gern weiter konsumiert, aber die Staatliche Plankommission wird festgestellt haben, daß Gose für den Kampf um die Erfüllung des Plans und die Sicherung des

Friedens nicht zwingend notwendig sei und man die Schenke ohne Bedenken schließen könne. Wie ja überhaupt landesweit eine blühende Restaurant- und Kneipenkultur trostlos trockengelegt wurde.

Eines Tages, Mitte der achtziger Jahre, ereilte mich die Kunde, die alte Gosenschenke habe wieder geöffnet. Da mußte ich hin, um mit ein paar Jahrzehnten Verspätung doch noch herauszubekommen, ob das legendäre Gebräu unmittelbar zum Tode führte oder später. Ein mutiger Unternehmer mit Namen Lothar Goldhahn hatte das Lokal seinem Dornröschenschlaf entrissen. Es wurde bald völlig umgebaut, besser gesagt zurückgebaut, denn nichts erinnerte mehr an früher. Es gab auch keine alten Pläne mehr. Nur ein paar alte Ansichtskarten aus der Zeit der Jahrhundertwende, an Hand derer der traditionsreiche Ort rekonstruiert wurde. Die schwierigste Hürde war jedoch, mitten in der Planwirtschaft eine Brauerei dazu zu bewegen, für die Schenke Gose zu brauen, die ja in der DDR bekanntlich nicht gebraucht wurde. Es gelang! Allerdings nicht immer.

Als das Lokal lief, übergab es der Gründer an einen neuen Wirt. Dr. Hartmut Hennebach war bislang Veterinärmediziner an der Karl-Marx-Universität gewesen. Spezialist für Schweinezucht. Mit interessanten Forschungsvorhaben und internationalen Veröffentlichungen. Aber er kam nicht voran. Immer wenn es um eine Reise zu Kongressen im westlichen Ausland ging, sagte er, habe man ihn darauf hingewiesen, daß er ja nicht in der Partei sei. Aber das wollte er nicht. Also entschloß er sich, Wirt zu werden.

Was mochte ich auf Anhieb an diesem Lokal? Die Gose, die es manchmal nicht, dann aber wiederum doch gab?

Die Fettbemmchen? Zu deutsch Schmalzbrote. Ja, die Fettbemmchen. Die Quorggeilchen? Ja, auch die Quarkkeulchen, unseren sächsischen National-Nachtisch. Und die rustikalen landsmannschaftlichen Gerichte auf der Karte. Manche mögen sie, manche nicht. Ich mag sie.

Aber vor allem war es dies: Bei Cajeri beziehungsweise bei Hennebach fühlte man sich schon damals, in der Spätphase des real Existierenden, nicht so richtig wie in einer gastronomischen Einrichtung der HO. Sondern wie in seiner Stammkneipe. Also auch ein bißchen unter sich.

Nicht daß man glaubte, in der Menckestraße 5 sei ein Hort der Konterrevolution. Das wäre schon deswegen nicht lange geheim geblieben, weil ein aufstrebender Mitarbeiter des sowjetischen KGB mit Büro um die Ecke seinen Stammplatz in einer etwas erhöhten Ecke des Lokals hatte, ein Mann, der es noch bis zum Präsidenten Rußlands bringen sollte. Aber ein bißchen anders als anderswo in der DDR fühlte man sich bei Hennebach schon. Die Kabarettabende auf der winzigen Ein-Mann-Bühne. Ich erinnere mich an den damals noch unbekannten Leipziger Clemens Wachenschwanz, der den Mund voll Texten nahm, die eigentlich nicht genehmigungsfähig waren. Sie waren auch nicht genehmigt, sagt Hennebach heute, sie hätten einfach mal was ausprobiert. Vielleicht ging es nur, weil der Rahmen so klein war.

Als die Leipziger Kneipenszene nach '89 ungebremst ins Kraut schoß, hielt unsereins Cajeri und Hennebach die Treue. Man erlebte mit, wie die Gosenschenke plötzlich „in“ wurde bei den Bankern, Rechtsanwälten und Generalvertretern aus dem Westen, die freitags nach Hause fuhren und montags wieder dawaren. Sogar ein bißchen Prominenz aus Bonn ließ sich manchmal blicken.

Heute ist man weitgehend wieder unter sich. Und die Bude brummt!

Sie ist hundert geworden, die Gosenschenke. Eigentlich müßte man die Jahrzehnte der Schließung und Fremdnutzung abrechnen, aber lassen wir sie einfach unter den Schanktisch fallen! Derartiges wird auch so schnell nicht wieder passieren.

An die Gose habe ich mich übrigens gut gewöhnt. Ich vertrage sogar mehrere Gläser. Ich habe überhaupt einen ziemlich stabilen Magen. Den Schuß Kümmellikör habe ich aber nur ein einziges Mal probiert.

42 Der Film, der nicht gewinnen sollte

Die jungen Leute holten, wie auf Kommando, aus ihren Taschen Luftballons hervor und pusteten sie schnell auf. An jedem Ballon hing ein Zettel. Sie kamen nicht bis zum Ende. Von den unauffälligen Passanten auf der Petersstraße schritten einige energisch, aber durchaus nicht hektisch auf die Demonstranten zu. Mit brennenden Zigaretten brachten sie die Ballons zum Platzen. Sie kassierten die Zettel ein. Was mag darauf gestanden haben? Dann drängten sie wortlos, immer noch geschäftsmäßig die „Störer“ in eine Passage gegenüber dem Kino „Capitol“. Die Aktion war gescheitert. Und man konnte sich fragen, woher die Stasi mal wieder Wind bekommen hatte, um mit ihren angezündeten F6 auf die nicht genehmigte Aktion zu warten. Vielleicht waren einige sogar Nichtraucher.

Es war Leipziger Dokumentarfilmwoche, wie jeden Herbst, mit internationalem Publikum. Da konnte die

Staatsgewalt den Bürgern noch weniger als sonst erlauben, aus irgendeine Weise Unzufriedenheit zu artikulieren. Das Festival hatte sich über die Jahrzehnte international etabliert als Treffpunkt von Filmemachern, Filmkritikern, Filmpolitikern. Natürlich entstammten die meisten dem linken Spektrum – aber gibt es überhaupt nennenswerte rechte Dokumentarfilmer? Dem Staat lag die prestigeträchtige Veranstaltung am Herzen, er ließ sie sich einiges an Devisen kosten, zumal viele der Künstler aus armen Ländern der dritten Welt kamen.

Aber die „Dokfilmwoche“ hatte eine weitere wichtige Funktion. Die Filmvorführungen waren öffentlich und boten eine Art Fenster zur Welt. Es wurde fast nur von jungen Leuten genutzt, die aus der ganzen DDR anreisten. Die meisten Älteren wollten, wie überall auf der Welt, lieber nicht von ungewohnten Eindrücken irritiert werden. Eintrittskarten für die Dokfilmwoche wurden einem jedenfalls nicht hinterhergeworfen. Rappelvoll das „Capitol“, ein großes und repräsentatives Plüschkino aus der Vorkriegszeit, das mich übrigens immer an mein allererstes Kinoerlebnis kurz nach dem Krieg erinnert: „Wolfsblut“.

Vielleicht war die Dokfilmwoche des Jahres 1988, bei der der fast unbemerkte Zwischenfall mit den Luftballons geschah, die Interessanteste von allen. Unter den fast nicht zu zählenden Filmen stachen zwei auf ganz unterschiedliche Weise hervor.

Der eine hieß „Der Mega-Chip“ und schilderte, wie im VEB Carl Zeiss Jena mit großem Aufwand ein ebensolcher Chip entwickelt wurde. Daß er der internationalen technischen Entwicklung schon wieder hinterherhinkte, war nicht Thema des Films. Vielmehr wurde der Kampf um den Mega-Chip mit allen Mitteln der Filmkunst dramatisiert, wie in alten „Russenfilmen“ der vaterländische Krieg. Man begegnete Helden der Arbeit, die an Gestalten aus den Romanen der frühen Sowjetunion erinnerten. Es ging ja nicht nur um den Chip, es ging um den Sieg. Das Publikum reagierte zunächst mit Verwunderung. Man kannte sein DDR-Fernsehen, das dieses Werk in Auftrag gegeben hatte. Man war einiges gewöhnt. Aber nach und nach wurde es doch zu komisch. Das Publikum begann zu kichern und bald herzlich zu lachen. Auf dem Höhepunkt des Werks überreichte der Kombinatsleiter, der Genosse Biermann, dem Staatsratsvorsitzenden, dem Genossen Honecker, feierlich den ersten Chip. Da platzte es aus den Leuten heraus. Befreiendes Gelächter, ironischer Beifall, fröhliches Trampeln. Ich saß zufällig hinter dem DDR-Filmminister, lassen wir den Namen des armen Kerls weg. Er wand sich förmlich vor Unbehagen, rutschte auf seinem Kinosessel hin und her und wischte sich den kalten Schweiß von der Stirn. So eine Unbotmäßigkeit hatte er wahrscheinlich noch nicht erlebt. Und sein Nachbar, hörte ich zufällig, raunte ihm auch noch das passende DDR-Bonmot zu: „Sehen Sie, unsere Mikroelektronik ist einfach nicht kleinzukriegen.“

Soweit „Der Mega-Chip“. Und nun „Winter adé“.

Diesem DEFA-Film von Helke Misselwitz ging bei den wenigen, die ihn schon gesehen hatten, der Ruf voraus, er hätte in der DDR gar nicht entstehen dürfen. Es handele sich also um einen der seltenen und unerklärlichen Fälle, in denen der Zensur etwas durchgerutscht sei, was nie hätte passieren dürfen. Warum? Weil der Zensor ein bißchen dusslig war und nichts gemerkt hatte? Oder weil er mal besonders mutig sein wollte? Weil er die Nase voll davon hatte, immer nur zu verbieten? Oder weil jemand im Kulturapparat aufmüpfen wollte gegen „Tapeten"-Hager und den ganzen Apparat?

Wie auch immer. „Winter adé" besteht aus einer Reihe filmischer Porträts von Frauen, wie es sie im Sozialismus gar nicht hätte geben dürfen. Und wenn es sie schon gab, dann durften sie nicht Gegenstand eines DEFA-Films sein. Ich erinnere mich vor allem an die Arbeiterin in der Schwelerei einer Braunkohlefabrik. Sie machte einen wahrhaft harten, schmutzigen, eintönigen, deprimierenden Job, der ganz und gar nichts zu tun hatte mit Heldentum der Arbeit. Sie führte ein kaputtes, aussichtsloses Leben, ohne Mann und mit einem mißratenen Kind. Man hätte ihr helfen wollen – wenn man bloß gewußt hätte, wie. Dieser Film im „Capitol" bewirkte buchstäblich atemlose Aufmerksamkeit. Auch einige unfreiwillig komische Szenen riefen eher Beklommenheit hervor. „Winter adé", das war die Sensation des Festivals.

Aber er durfte natürlich nicht der Sieger sein. Dafür war ja „Der Mega-Chip" vorgesehen, das unsägliche Machwerk des DDR-Fernsehens.

Bengt von zur Mühlen ist ein alter Film-Hase, mit weltweiten Kontakten und einem unerschöpflichen Archiv. Er war in der Jury der Dokfilmwoche 1988. Er erzählte unter der Hand über das erbitterte Ringen hinter den Kulissen. Die Juroren aus aller Welt waren für „Winter adé" und gegen den „Mega-Chip". Aber das durfte nicht sein! Die Veranstalter brachten es zuwege, daß der beste Film nicht die goldene Taube bekam. Doch die internationale Weigerung bewirkte, daß auch der schlechte Film nicht Bester wurde.

Eine Geschichte am Rande des Festivals gilt es noch zu erzählen – damit nicht der Eindruck entsteht, wir Westler hätten bei alldem eine besonders gute Figur gemacht.

„Winter adé“, fanden wir, die wir unsere Anstalt in Leipzig vertraten, war eine politische Sensation und mußte angekauft werden fürs ZDF-Programm. Der Preis war erträglich, und was die Qualität anging, verließ man sich auf uns vor Ort. Der Deal kam zustande. Nur konnte zu Hause niemand etwas mit diesem außergewöhnlichen Film anfangen. Erfolglose Frauen? Die gibt's überall. Nicht nur in der DDR. Darüber gab's auch bei uns schon Filme. Außerdem ist er in Schwarz-weiß. Und sowieso: Das Thema DDR ist ein Quoten-Killer.

Der unglaubliche Film von Helke Misselwitz wurde spät abends „weggesendet“, wie das in solchen Fällen heißt.

Und die Dokfilmwoche? Sie kämpft tapfer ums Überleben. Sie ist nicht mehr der spannende Treffpunkt zwischen den Welten. Sie ist jetzt eben ein Festival. Nicht irgendeines, aber eines zwischen anderen. Das ist auch eine Folge der Freiheit.

43 Herr Gorbatschow, öffnen Sie das Tor!

Jeder Mensch, sofern er alt genug ist, sich zu erinnern, weiß, an welchem Ort und auf welche Weise er vom Tode John F. Kennedys erfahren hat. Ich zum Beispiel saß beim Bier in einer Kneipe der Schwabinger Türkenstraße, als der Wirt in den Raum hineinrief: „Den Kennedy ham's derschossa!“ Und weil es nicht gleich ganz stumm wurde, wiederholte er: „Der Kennedy. Umbracht ham's ean!“ Nach einer kurzen Stille sagte ein Gast: „Mei, jetzt gibt's an Kriag!“ Es war der 22. November 1963.

Am 13. August 1961 war ich im Urlaub an der Nordsee. In Noordwijk aan Zee wurden Extrablätter verkauft. Selbst mit meinen minimalen Kenntnissen des Holländischen verstand ich, was geschehen war. Und ich lernte, was auf Holländisch Stacheldraht hieß: Prikkeldraat. Ehrlich gesagt, war ich zwar bestürzt, aber nicht sehr überrascht, denn in der Zone hatten wir schon vor Jahren gemunkelt: Irgendwann machen sie Berlin dicht! Irgendwann halten sie den Aderlaß nicht mehr aus. Den Verlust gerade an jungen, ausgebildeten Menschen. Wer raus wollte, sollte sich entscheiden. Dennoch: Nun war es geschehen. Wie hatte Ulbricht noch vor kurzem beteuert: „Niemand hat die Absicht, eine Mauer zu errichten.“ Diese Kanaille! Der Spitzbart mit der Fistelstimme hatte alle Beteuerungen beiseitegewischt. Aber wir Sachsen kannten ihn ja.

Uns selbst traf es nicht direkt. Wir waren schon acht Jahre zuvor mit der ersten großen Welle geflüchtet. Abgehauen. Weggemacht. Aber ich dachte an meine Verwandten, die beschlossen hatten, den gleichen Weg zu gehen. Seit Monaten packten sie ihren Hausrat in Pakete und schickten sie mit fingiertem Absender an Adressaten in der Bundesrepublik. Irgendwann im Urlaub, Mitte August, hatten sie uns verschlüsselt mitgeteilt, wollten sie nach Ost-Berlin fahren und mit der S-Bahn rüber zum Bahnhof Zoo. So wie Tausende jeden Tag in der zweiten großen Fluchtwelle. Nun saßen sie in der Falle. In einer fast leergeräumten Wohnung. Warum, in Gottes Namen, hatten sie ihren Krempel nicht einfach stehen- und liegenlassen? Nun stapelten sich Pakete in einem Dutzend Kellern der Bundesrepublik, einige auch bei mir. Staubten vor sich hin und begannen eines Tages zu schimmeln.

Andere hatten mehr Glück. Die Eltern meiner Frau entschlossen sich, kurz bevor die Falle zuschnappte, mit der kleinen Tochter der Heimatstadt Görlitz den Rücken zu kehren. Sie fuhren mit dem Nötigsten nach Ost-Berlin und parkten, mit einer Träne im Augenwinkel, ihr fast neues, schickes, zweifarbig gespritztes Wartburg-Coupé am Bahnhof Friedrichstraße. Hunderte, vielleicht Tausende Autos müssen im Lauf der Jahre dort führerlos aufgegriffen worden sein. Die Familie bestieg die S-Bahn in die Freiheit. Das kleine Mädchen hatte seinen Teddybären fest unterm Arm und plapperte stolz, der Bär sei gerade frisch operiert und habe Mamas Schmuck und Papas Papiere im Bauch. Patsch! machte es, und sie sagte kein Wort mehr bis zum Bahnhof Zoo.

Die Mauer! Viele Menschen mochten das scheußlichste Bauwerk der Welt nie mit eigenen Augen sehen. Viele Ost-Berliner und DDR-Bürger hielten das durch bis zum Ende. Aber auch manche West-Berliner weigerten sich. Sie flogen nach „Westdeutschland", wie sie die Bundesrepublik über Jahrzehnte nannten, und schauten höchstens kurz aus dem Flugzeugfenster. Sie wollten den Anblick einfach nicht ertragen.

Ich habe die Mauer an hundert Stellen besucht, mit und ohne Kamerateam. Nicht nur am Brandenburger Tor, wo Touristen ihre Apparate klicken ließen. Oder an der Bernauer Straße, wo man von einer mehrstöckigen Aussichtsplattform ganz nah hineinschauen konnte ins Herz des Sozialismus; wo jugendliche Touristen mit Faxen und Scherzen versuchten, den merkwürdigen

Wesen auf der anderen Seite eine Reaktion zu entlocken, so wie man die Affen im Zoo zu provozieren sucht; wo ein alter, nicht mehr ganz zurechnungsfähiger Mann Tag für Tag und Stunde um Stunde laut Klage führte über das Schicksal der deutschen Teilung. Wir fuhren mit der Kamera an viele Stellen, an denen alte Grenzziehungen kuriose Zustände gezeugt hatten. Natürlich das berühmte Steinstücken, die West-Berliner Exklave auf Potsdamer Gebiet, die eines Tages, nachdem hochqualifizierte Spezialisten beider Seiten über Jahre verhandelt hatten, das Nächstliegende bekam: eine Zufahrtsstraße. Nach „Albrechts Teerofen", wo eine verzwickte Grenze auf einer stillgelegten Straßenbrücke über den Teltowkanal einen Campingplatz für Wohnwagen hatte entstehen lassen. Und wir fuhren hinaus zur „Bürgerablage", jener Wiese mit Strandbad an der Havel im äußersten Norden des Bezirks Spandau, wo damals gerade nach Gefallenen der Schlacht um Berlin gegraben wurde: Gebeine, Gewehre, Stiefel, Tornister, ein MG. An dieser Stelle hatte die Grenze eine Tür. Ein paarmal täglich kamen Spandauer Kleingärtner mit Eimer und Korb, klingelten, warteten und wurden von DDR-Grenzposten zu ihren Parzellen geleitet, die – wieder so ein Kuriosum – als winzige West-Berliner Exklävchen ein paar hundert Meter weit in Brandenburg lagen. Wenn sie genug gebuddelt und geerntet hatten, machten sich die Schreber-Freunde bemerkbar und wurden zurückgeleitet in den Kapitalismus. Verrücktheiten einer vergangenen Zeit.

Manchmal fuhren wir mit Freunden aus dem Ausland durch West-Berlin. Am Reichstag: die Mauer. Am Brandenburger Tor: die Mauer. Am Potsdamer Platz: die Mauer. Am Spreeufer: die Mauer. Weit draußen in Gatow:

schon wieder die Mauer! Verwunderung. Sie hatten nie darüber nachgedacht, daß die Mauer kein Instrument politischer Propaganda war – dann hätte sie genügt zwischen Reichstag und Potsdamer Platz. Wenn sie Flüchtlinge aufhalten sollte, mußte sie einmal rund um die Inselstadt führen. War das nicht einfach zu verstehen?

Die Mauer war auch ein Kunstwerk. Jedenfalls von der einen Seite. Bemalt von mehr oder weniger begabten Künstlern. Kilometer um Kilometer. Das größte Kunstwerk der Welt? Die Ost-Berliner haben das nie zu sehen bekommen. Ihre Mauer war blütenweiß, immer wieder frisch gestrichen, damit sich Flüchtlinge davon abhoben. Und für sie war jenseits der Mauer – nichts. Jedenfalls offiziell. Der Stadtplan der „Hauptstadt der DDR“ verzeichnete eine weiße Fläche, wo in Wahrheit der Tiergarten und der Kreuzberg und der Ku-Damm waren. Wie kindisch, wie albern!

Es waren zwei Welten, und wenn sie sich begegneten, gab es fast immer Probleme. Eine deutsch-deutsche Liebesgeschichte zwischen einem Mädchen aus West-Berlin und einem Jungen aus Ost-Berlin fiel mir eines Tages ein: „Das Mädchen vom Alex“. Liebe mit Mauer. Ich fand es einen meiner besten Romane. Er sollte verfilmt werden. Aber dann fiel die Mauer. Gott sei Dank!

Der große Tag, an dem Ronald Reagan die Mauer besuchte! Welch ein Auftrieb! Tausende geladene Gäste wurden nach Waffen kontrolliert. Natürlich auch wir, die wir live übertrugen. Ein Podium vor dem Brandenburger Tor. Mit einer schußsicheren Scheibe gen Osten, man mußte den Kommunisten ja das Äußerste zutrauen. Der alte Herr aus Washington und seine zwei berühmten Sätze: „Mr. Gorbatshev, open this gate!“ und: „Mr. Gorbatshev, tear down this wall!“ Ganz ehrlich: Was haben wir dabei gedacht? Braver alter Mann! Oder wußte er schon mehr als wir alle?

Als sich die Mauer öffnete, lag ich leider im Krankenhaus. Schlaganfall. Den sollte man ohnehin vermeiden, aber ich empfand es als eine besondere Niedertracht des Schicksals, daß ich nicht mitjubeln konnte an der Bornholmer Brücke oder wo immer die Menschen außer sich vor Begeisterung über die Grenze drängten, die plötzlich keine mehr war. Aber ich lag leider im Krankenhaus und mußte mich darauf beschränken, vor Rührung und vor Begeisterung zu heulen.

Als plötzlich die Mauer offen war, kam so manche Wahrheit ans Licht. Bis dahin konnte sich ja der Dienstreisende darauf verlassen, daß seine Ehefrau in Mannheim nichts über seine Freundin in Magdeburg erfuhr. Aber plötzlich stand sie vor der Tür. Und der Bruder in Hannover war immer sicher gewesen, daß der Bruder in Potsdam nie erfuhr, daß die vom Vater geerbten Gemälde überhaupt nicht bei der Flucht verlorengegangen, sondern im Wert enorm gestiegen waren.

„Wieder vereinigt“ nannte ich 1991 die kurze Reihe von Geschichten über kleine deutsche Lügen und Legenden. Eine davon geht so:

44 Deutsch-deutsche Lügen

Als plötzlich die Mauer offen war, kam so manche Wahrheit ans Licht. Bis dahin konnte sich ja der Dienstreisende darauf verlassen, daß seine Ehefrau in Mannheim nichts über seine Freundin in Magdeburg erfuhr. Aber plötzlich stand sie vor der Tür. Und der Bruder in Hannover war immer sicher gewesen, daß der Bruder in Potsdam nie erfuhr, daß die vom Vater geerbten Gemälde überhaupt nicht bei der Flucht verlorengegangen, sondern im Wett enorm gestiegen waren.

„Wieder vereinigt" nannte ich 1991 die kurze Reihe von Geschichten über kleine deutsche Lügen und Legenden. Eine davon geht so:

„Herzlich willkommen in Köln am Rhein!"

Die alte Dame im dunkelgrauen Mantel umarmte ihren Neffen, der dem D-Zug aus Leipzig entstiegen war.

„Einmal am Rhein!" strahlte er. „Wie lange habe ich davon geredet!"

„Der Rhein. Ja, das ist schon etwas anderes, als unsere Pleiße zu Hause." Und heimatlich bekräftigte sie: „Newahr, mei Gudsder!"

Sie schlug vor, erst einmal den Dom zu besuchen, gleich nebenan. Köln-Besucher mußten seit Jahrhunderten, ob sie mit dem Schiff, der Postkutsche oder der Eisenbahn ankamen, zuerst in den Dom. Erwins Koffer kam in ein Schließfach.

Die himmelstürmenden Türme, die gewaltige Rosette. Erwin gab sich andächtig. Drinnen unandächtiger Rummel. Putzig verkleidete Männer hielten ihm Spendenbüchsen hin. Erwin wich ihnen aus, er hatte seine paar West-Kröten nicht für fromme Werke vorgesehen. Er bestaunte alles, den Pomp und den Plüsch, hörte sich Erklärungen an, spürte aber keinen Schauer.

Dann hinunter zum Rheinufer, Blick auf den deutschesten Strom. Erwin mußte, einer Gewohnheit folgend, in den Rhein spucken, um symbolisch von ihm Besitz zu ergreifen. Erwin war über vierzig und hatte in die Elbe und die Donau gespuckt, wo sie sozialistisch waren, auch in die Oder, die Weichsel und die Wolga. Endlich der Rhein!

Sie aßen bei einem kleinen Italiener mit Flußblick Spaghetti und Tiramisu, das Erwin noch nicht kannte. Tante Ernestine erklärte ihm, Spaghetti dürften höchstens acht Minuten gekocht werden, sonst würden sie pappig. Früher, zu Hause in Sachsen, hätte sie das auch immer falsch gemacht.

„Ich habe dir ein Zimmer in einem kleinen Hotel besorgt", sagte Tante Ernestine.

„Ach, nicht nötig!" wehrte Erwin ab. „Ich schlafe auf der Couch. Wir Zonis sind doch nicht anspruchsvoll."

„Es ist aber bequemer für dich", beharrte die Tante.

„Nichts da! Wozu das schöne Westgeld in den Rachen des Hoteliers? Aufs Sofa! Oder, wie wir Sachsen sagen: uff de Gaudsch."

Die Tante zahlte und führte ihren Neffen zurück über die Hohe Straße, wo er an fast allen Schaufenstern lange stehenblieb. Er stellte Vergleiche an mit Schaufenstern in Leipzig und zwischen der Hohen und der Grimmaischen Straße und schüttelte immer wieder den Kopf.

„Sei bloß froh, daß du vor der Mauer noch weggemacht bist. Das war das große Los!"

Sie holten den Koffer aus dem Schließfach.

„Das Problem ist nämlich", fing Tante Ernestine noch mal an, „daß ich die Maler habe. Alles ist verräumt und verhängt und verkleckert."

„Mensch, das hätte ich dir doch gemacht. Für'n Trinkgeld. Hauptsache Westmark."

„Ich meine, es ist eigentlich nicht möglich, dort zu übernachten."

„Aber nachts malern die doch nicht. Nicht mal im Kapitalismus. Außerdem muß ich doch endlich sehen, wie du wohnst. Wie oft haben wir uns das ausgemalt!"

Die Tante seufzte und schüttelte den Kopf.

Sie fuhren mit der Straßenbahn weit hinaus. Erwin stellte Vergleiche an mit den Tatra-Zügen in Leipzig, die lauter und vor allem viel dreckiger waren. Hingegen war er erschüttert von dem Fahrpreis, den die Tante bezahlen mußte. Es tat ihm weh, das schöne Westgeld für diesen Wucher zu verplempern.

Tante Ernestine schloß ihre Wohnung im dritten Stock auf.

„Und die Maler?" fragte der Neffe.

„Ach, die Maler."

Erwin setzte seinen Koffer ab und schaute sich um. Es dauerte etwa zwei Minuten, in denen auch seine Tante schwieg. „Gemütlich, so eine Ein-Raum-Wohnung", sagte Erwin.

„Du hattest dir ganz was anderes vorgestellt, nicht wahr? So was wie früher, zu Hause in Leipzig, an der Wildstraße."

„Ich habe mir nichts Konkretes vorgestellt", wich Erwin aus.

„Unsinn! Ihr habt doch immer geglaubt, die Tante Ernestine in Köln lebt in Saus und Braus. In einer Fünf-Zimmer-Suite, in der sie Gesellschaften für dreißig Gäste in Abendroben gibt. So habt ihr euch das vorgestellt."

Erwin trat ans Fenster und schaute hinunter auf den Hof, wo Kinderfahrräder standen. Dann setzte er sich auf das Sofa, legte sich zur Probe lang, nickte zufrieden und stand wieder auf.

„Auf dem Sofa“, sagte die Tante, „schlafe normalerweise ich.“

„Dann schlafe ich eben auf dem Fußboden“, entschied Erwin. Er hob jetzt seinen Koffer auf die Couch und öffnete ihn, um einen Umschlag herauszuholen: „Hier, das hat Yvonne für dich gemalt.“

Sie betrachtete die kindliche Malerei und lachte: „Die große Mimin Ernestine Waldmüller als Lady Macbeth auf den Brettern, die die Welt bedeuten. So habt ihr euch das also ausgemalt.“

Erwin schüttelte den Kopf: „Vorgestellt haben wir uns eigentlich nichts. Wir wußten nur: Tante Ernestine ist Schauspielerin in Köln. Das klang ganz eindrucksvoll, aber was Genaues haben wir uns nicht ausgemalt.“

Tante Ernestine lachte ohne Fröhlichkeit: „Lady Macbeth! Weißt du, die brauchen mich hier einfach nicht. Die haben genug wie mich. Mal eine Statistenrolle als Klofrau oder als Volk am Straßenrand, mal ein bißchen Synchronisieren, mal ein paar Seiten Text im Hörfunk. Schluß. Aus.“

„Aber Sächsisch kommt doch immer an.“

„Sächsisch! Mit dem Sächsischen ist das eine vertrackte Sache. Ich kriege meinen Dialekt nie ganz weg, und das stört bei den meisten Rollen. Aber für die sächsischen Rollen nehmen sie lieber rheinische Frohnaturen, die eine Woche lang Sächsisch üben: Ei verpippich, so was goomsches!“

„Warum bist du dann nicht wieder nach Hause?“

Tante Ernestine überlegte.

„Das ist mir nie in den Sinn gekommen. Es war trotz allem hier ein ganz anderes Leben.“

Erwin packte weiter aus. Ein Glas Marmelade, von Lisa selbst gekocht. Zwei Topflappen, von Cornelia selbst gehäkelt. Ein Leipziger Wappen, geschnitzt, von Erwin selbst gekauft. Tante Ernestine beguckte und bedankte sich.

Dann holte sie Eierlikör und zwei Gläschen aus dem Eckschrank.

„Trotzdem!" sagte sie und stieß mit Erwin an.

„Bei uns war ja auch nicht alles so", sagte er. „Zum Beispiel als du letztes Mal bei uns warst, da sind wir doch mit dem grünen Lada herumgefahren"

„Mit dieser russischen Luxuslimousine?"

„Das war gar nicht meiner. Den hatte ich mir bei einem Kumpel ausgeliehen. Extra für den Westbesuch."

„Oh, ich verstehe. Damit die alte Tante mit ihren kaputten Bandscheiben besser sitzt."

Erwin schüttelte den Kopf: „Daran habe ich nicht gedacht. Wenn meine Tante kommt, die berühmte Schauspielerin aus der BRD, kann ich sie nicht mit dem klapprigen Trabant ins Schaupielhaus fahren. Und Taxen gibt's bei uns nicht."

Die Tante lachte: „Und ich hab' dich noch beglückwünscht zu dem tollen Wagen. Mein Audi, den ich zu Hause habe, ist auch nicht besser, habe ich gesagt. Ist dir heute aufgefallen, daß wir mit der Straßenbahn gefahren sind?"

„Ist ja auch viel bequemer", sagte Erwin.

Sie lachten und tranken noch jeder einen Eierlikör.

45 Leipzig war noch zu retten

„Ist Leipzig noch zu retten?" So hieß ein Film des DDR-Fernsehens, der im Dezember 1989 Furore machte. Das war keine rhetorische Frage damals und eine nur wenig polemische, denn die Stadt war in weiten Teilen buchstäblich ruiniert. Ohne die Einwirkung von Bomben. Die Folgen von vier Jahrzehnten Mangelwirtschaft drohten den Menschen, in Form von Dachziegeln und Dachrinnen, Schornsteinen und Balkons, buchstäblich auf den Kopf zu fallen. Noch heute sieht man so manche Halb- oder Totalruinen, an denen verwitterte Holzkonstruktionen verhindern sollen, daß Passanten durch Steinschlag aus dem Leben gerissen werden. Die Autorin des Films damals fragte auch einen der Verantwortlichen der Stadt, warum er über das Problem des Verfalls nie öffentlich gesprochen habe. Er gab ihr die entwaffnende Antwort: „Sie machen ja Ihren Film auch erst jetzt." Damit hatte er nicht unrecht, denn Tabus wie dieses wurden in der DDR von den meisten beachtet, im allseitigen stummen Einvernehmen. Aber nun war es ja, auch wenn der Staat formell noch ein gutes Dreivierteljahr vor sich hatte, mit der Herrschaft der SED praktisch vorbei.

Über ein Jahrzehnt später ist es schon schwer, sich der Bilder von damals zu erinnern. Deswegen war es verdienstvoll, daß Niels Gormsen, ab 1990 fünf Jahre lang Beigeordneter für Planung und Bau, den Fotoband „Den Wandel zeigen" herausbrachte. Er dokumentiert auf ebenso simple wie verblüffende Weise den Unterschied. Er stellt Ansichten von damals und heute gegenüber, nach dem Motto „vorher – nachher". Auch wenn man meinte, das Leipzig der achtziger Jahre einigermaßen in Erinnerung zu haben: Man erlebt sein graues Wunder! Es ist nicht zu fassen, wie man in Friedenszeiten mitten in Europa eine Stadt derart verrotten lassen konnte.

Als ehemaligem Leipziger, der oft und oft zu Besuch war, stach einem über die Jahre möglicherweise manches ins Auge, was ständigen Bewohnern alltäglicher Anblick war. Ein-, zweimal im Jahr ging ich meine gewohnten Trampelpfade von damals und blieb immer wieder stehen, fassungslos, erschüttert, verbittert. Weitere Häuser an meinem alten Schulweg „ausgewohnt“, weitere Dächer eingesunken, Eingänge schlampig vermauert, Fensterhöhlen gähnend leer. Es war fünf vor zwölf. Aus der „heimlichen Hauptstadt“, sagte man, war die Hauptstadt des Verfalls geworden. Freilich ging es Halle nicht besser oder Greifswald oder Zittau.

Nun sind sie vorerst gerettet. Genauer gesagt: Jene Bürger haben ihre Städte gerettet, die so mutig waren, im 89er Herbst zu demonstrieren, bis die unfehlbare Partei, die Siegerin der Geschichte, kampflos aufgab.

Seither macht es Freude, alte Wege zu gehen und Neues zu entdecken. Oder neues Altes. Auch wenn es gleichzeitig traurig macht zu sehen, daß in Ostdeutschland viele Städte zu groß geworden sind für immer weniger Einwohner. Wer soll den riesigen Leerstand zum Beispiel im wunderschönen Görlitz auf Dauer bezahlen? Auch wenn es vielen noch undenkbar scheint, kann man den Gedanken an Abriß nicht mehr von sich weisen. Diesmal nicht wegen Verfalls, sondern wegen Überangebots. Oder Mangels an Nachfrage.

Die Aktion „Pleiße ans Licht!“ Auch hier hat besagter Niels Gormsen Aktivität eingebracht. Die Leipziger Flüsse meiner Kindheit: Die Weiße Elster wurde von alters her so genannt, damit man sie unterschied von der Schwarzen Elster. Paradoxerweise war jedoch gerade die Weiße Elster kohlrabenschwarz. Sie schleppte – nicht erst seit DDR-Zeiten, aber dann immer mehr – aus dem Gebiet von Braunkohle und Chemie im Süden der Stadt Unmengen ungeklärten Abwassers mit sich. Buntschillernde Ölflecken trieben träge auf dem anthrazitfarbenen Wasser dahin. Ein penetranter Gestank stach in die Nasen. Wir wohnten nicht weit vom Fluß und mußten an manchen Sommertagen die Fenster geschlossen halten. Meistens war vom Wasser nichts zu sehen, weil es von Ufer zu Ufer schmutzig-weißen Schaum vor sich herschob. (Wohl daher „Weiße" Elster, flachsten Scherzbolde.)

Die Pleiße nun, der Nebenfluß, nach dem sich Leipzig schon früher vermessenerweise gern „Pleiß-Athen" nannte, diese Pleiße floß in meiner Kindheit noch offen quer durch die Stadt, vorbei an Reichsgericht und Neuem Rathaus, Thomaskirche und Hauptfeuerwache, hin zum Zoo und Rosental. Aber Anfang der fünfziger Jahre wurde sie in eine knapp mannshohe Betonröhre verbannt, das Flußbett zugeschüttet. Weil ihr Zustand, wie sogar in der Zeitung eingeräumt wurde, die Gesundheit der Anwohner beeinträchtigen könne. Es war eine große Aktion und ein spannendes Schauspiel für uns Jungen. Kräne hievten die Rohre ins Flußbett, Lastwagen karrten Schutt heran, Bagger füllten damit auf. Rasen wurde auf Mutterboden ausgesät. Eiserne Brückengeländer wurden mit Schweißbrennern entfernt. Leider konnte man unsere Hilfe bei der spannenden Arbeit nicht brauchen, sie sei zu gefährlich. Die Älteren in der Stadt, auch bei uns zu Hause, schimpften, daß nach den Zerstörungen des Kriegs weiterhin Altes vernichtet werde, das den Charakter ihrer Stadt mitgeprägt habe. Jahrzehntelang ward die Pleiße nicht mehr gesehen. Aber nun jene Aktion „Pleiße ans Licht!" Zunächst waren viele, vielleicht die meisten in der Stadt dagegen. Rausgeschmissenes Geld! Es gebe gewiß wichtigere Aufgaben! Aber man weiß ja und muß stets damit rechnen, daß am Anfang die meisten gegen jedwede Änderung sind. Seitdem der Fluß in Abschnitten wieder „am Licht“ fließt, man sogar schon ein paar hundert Meter entlangbummeln kann an restaurierten Mauern und neugegossenen Eisengeländern, greift Begeisterung um sich für die Idee.

Und so geht es an vielen Stellen. Eine besondere Attraktion, insbesondere für ältere Bürger der Stadt, ist es, einmal wieder wie früher im Ausflugsboot auf den Flüssen und Kanälen zu fahren. Die alteingesessene Firma Herold mußte in den sechziger Jahren den Bootsbetrieb einstellen, weil, wie der Inhaber erzählt, „unsere Passagiere vor Schaum das Ufer nicht mehr sehen konnten“. Die Bummelfahrt geht heute wieder durch grünen Urwald mitten in der Stadt und vorbei an denkmalgeschützten Villen und Fabrikbauten der Gründerzeit. Hinein in den engen Karl-Heine-Kanal, der Mitte des 19. Jahrhunderts die Stadt in Richtung Saale an die weite Welt anschließen sollte, was freilich nie gelang. An diesem kleinen Kanal, erinnere ich mich, standen in den achtziger Jahren noch Schilder, die dringend vor „Gesundheitsgefahren bei Berührung mit dem Wasser“ warnten. Heute kann man dort Rad fahren, spazierengehen und auf Bänken rasten. Und Boot fahren, wie gesagt. Einer meiner letzten Filme fürs ZDF handelte – zugegeben etwas nostalgisch – von der „Seestadt“, als die sich Leipzig selbstironisch seit jeher bezeichnet.

Das ist vielleicht Kleinkram, aber auch Großes ist geschehen. Die von gigantischen Maschinen zerwühlte Mondlandschaft der Braunkohletagebaue im Süden der Stadt wird rekultiviert. Das erste der „Restlöcher“ ist schon geflutet und wirbt mit Strandbad, Restaurant,

Aussichtsturm, Segelhafen, Schiffsfahrten. Neue Wohngebiete entstehen am Ufer dieses Cospudener Sees. Als kurz nach dem Ende der DDR der neue Leipziger Regierungspräsident Walter Christian Steinbach, einer der führenden Köpfe der kirchlichen Opposition gegen die SED, zu schwärmen begann von einer wunderschönen Seenlandschaft im Südraum, also dort, wo die Braunkohle schiere Verwüstung hinterlassen hatte – da tippten sich viele an die Stirn. Dort war doch einfach verlorenes Terrain, eine Un-Landschaft für alle Zeiten. Zaun drum! Liegenlassen! Nein, sagte Steinbach: Wenn er eines Tages Abschied nehme von seinem Amt, wolle er seine letzte Dienstfahrt mit dem Boot machen, von seinem Regierungspräsidium in Leipzig zu seinem Heimatort Rötha im Süden, über Seen und kleine Kanäle durch eine völlig neue Erholungslandschaft. Es sieht so aus, als nehme die Utopie Gestalt an.

Aber viel eindrucksvoller ist es im Norden der Stadt. Dort war damals nichts außer den Feldern, auf denen unsere Schulklasse, bewaffnet mit Marmeladegläsern, die Kartoffelkäfer sammeln mußte, die heimlich bei Nacht und Nebel abgeworfen wurden von Flugzeugen des imperialistischen Klassenfeinds. Gerade dort im Norden gab es nichts als Felder, Felder, Felder und ein paar Dörfchen. Hätte nicht, wie schon erwähnt, Gustav Adolf im Dreißigjährigen Krieg bei Breitenfeld eine Schlacht für die Evangelischen geschlagen und gewonnen, ließe sich über diese Landschaft buchstäblich nichts berichten. Heute aber herrscht hier der Boom! Man kann sich das Erlebnis gönnen, mit einem Propellermaschinchen mitzufliegen entlang der Kette der Neuheiten. Einschließlich Straßen und Eisenbahnstrecken für Hunderte von Millionen. Das

Schkeuditzer Kreuz, wo man früher bei Regen auf spiegelndem Pflaster sofort ins Schleudern geriet, ist nun millionenteuer sechsspurig ausgebaut. Der Flughafen Leipzig-Halle nebenan, früher eine Einrichtung von tiefster Verschlafenheit, die nur zur Messe zeitweilig blinzelte, kann nun Millionen Passagiere im Jahr schaufeln. Das Postfrachtzentrum und das Güterverkehrszentrum vom Modernsten. Porsche hat sein neues und natürlich atemberaubend schönes Werk für den Geländewagen hier in die Felder gesetzt. Das neue Messegelände, deutschlandweit bekannt durch seine unverwechselbare Architektur, füllt sich immer mehr mit Leben, von Buchmesse bis Tennisturnier, und kämpft tapfer um schwarze Zahlen. Das Versandzentrum von Quelle mit seinem faszinierenden High-Tech packt Millionen Päckchen und Pakete für ganz Deutschland. Und dann entschied sich auch noch BMW, aus ein paar hundert Bewerbungen Leipzig auszuwählen für sein neues Werk. Das war ein großer Coup der Stadtverwaltung. Denn eine erfolgreiche Bewerbung setzt, neben reichlich Subventionszusagen, generalstabsmäßige Arbeit voraus. Ein Weltkonzern entscheidet sich nicht für nette Leute, sondern für professionelle. Nett dürfen sie obendrein sein.

Die Bürger hatten das Glück oder die Cleverneß, Oberbürgermeister zu wählen, die etwas von ihrem Geschäft verstanden. Der erste nach der Revolution kam aus Hannover und war dort Oberstadtdirektor gewesen. Die SPD suchte und suchte nach einem geeigneten Spitzenkandidaten für die Kommunalwahl 1990. Jemand brachte Hinrich Lehmann-Grube ins Spiel: das sei der geeignete Profi für das Amt! Man lud ihn ein, sich vorzustellen. In der Parteiversammlung, damals noch sehr basisdemokratisch, machte der Mann aus Hannover, wie ein Teilnehmer berichtet, einen sehr guten Eindruck. Man versprach, man werde ihn aufnehmen in die Liste der möglichen Kandidaten. Doch so hatte er nicht gewettet. Er werde, sagte er, mit seiner Frau einen Bummel durch die – ihnen beiden noch fast unbekannte – Stadt machen. In dieser Zeit möge man sich überlegen, ob man ihn als Kandidaten aufstellen wolle oder nicht. Als er zurückkam, war er der Kandidat der SPD – und bald darauf OBM.

Andere Städte strampelten jahrelang um eine professionelle Stadtverwaltung und verschlissen dabei gleich mehrere OBM, oft ehrbare Streiter der 89er Revolution, aber eben unerfahren in Kommunalverwaltung und -politik. Die Leipziger hatten ihren Profi. Als er pünktlich zum 65. Geburtstag ausschied, übergab er dem von ihm selbst aufgebauten „Eigengewächs“ Wolfgang Tiefensee eine funktionierende Verwaltung, die sich wenige wirkliche Pannen geleistet hatte. Und der Neue wird nun schon gehandelt für höhere Aufgaben in der Bundes-SPD.

Um auf die Eingangsfrage zurückzukommen: „Ist Leipzig noch zu retten?“ Ich finde, sie ist inzwischen beantwortet.

46 Der Kantor mußte gehen

Es war purer Zufall, daß ich Hans-Joachim Rotzsch genau an dem Tag besuchte, an dem er den Brief vom Rathaus erhalten hatte: fristlose Entlassung. Wegen Stasi-Kontakten.

Heute redet man in der Stadt nicht mehr davon. Die Zeit ist darüber hinweggegangen. Aber damals wurde der

„Fall Rotzsch“ heiß diskutiert. Die Thomaner und ihre Eltern starteten eine Unterschriftenaktion zugunsten ihres geschaßten Kantors. Obwohl Ferienzeit war, kamen binnen kürzestem 28 000 Unterschriften zusammen. Aber die Stadt hatte nun mal beschlossen: Wer als IM geführt worden war, als informeller Mitarbeiter der Staatssicherheit, der hatte, ob Hausmeister oder Thomaskantor, aus dem städtischen Dienst auszuscheiden. Und was nicht alle wissen: Der Thomanerchor singt zwar in der Thomaskirche geistliche Lieder, ist aber seit Jahrhunderten eine Einrichtung der Stadt Leipzig.

Ich kenne die Stasi-Akte des Kantors nicht. Ich weiß nicht, ob er im Umgang mit der „Firma“ zu leutselig war. Klar ist, daß er spätestens vor der nächsten West-Reise des Chors einbestellt wurde, um die kritischen Punkte zu bereden. Über die Jahre bildete sich dabei fast so etwas wie ein Vertrauensverhältnis heraus. Es gab ja gemeinsame oder zumindest parallele Interessen: Der Chor wollte sich auch international messen und beweisen. Die Partei wollte weltanschauliche Toleranz beweisen und kulturelles Niveau demonstrieren – und natürlich die Devisen einstreichen, die die Thomaner als Exportschlager der DDR im Nicht-Sozialistischen Wirtschaftsgebiet erwirtschafteten. Also wird man, denke ich, versucht haben, sich gegenseitig keine Knüppel zwischen die Beine zu werfen.

Es verwunderte mich, daß nach dem Ende der DDR, als jeder offen reden konnte, nicht einer – wirklich nicht ein einziger! – gekommen ist und öffentlich gesagt hat: Rotzsch hat mir geschadet. Ja, doch, ein Briefschreiber hat mich nach einem Film empört gefragt, ob ich nicht wisse: In einem Fall habe der Kantor einen der jungen Thomaner nicht mitgenommen auf eine West-Reise. Warum nicht? habe ich gefragt. Das wußte der Schreiber auch nicht. Konnte es nicht sein, daß der Kantor diesen einen seiner Sänger zu Hause lassen wollte, um die anderen vor Unannehmlichkeiten zu bewahren? Weil er vielleicht annehmen mußte, daß der eine nicht mit den anderen zurückreisen würde in die DDR? Und daß damit dem Chor die übernächste Reise vermasseln würde? Im nachhinein läßt sich leicht rechten.

Hans-Joachim Rotzsch war als junger Kerl Organist unserer Friedensgemeinde in Leipzig-Gohlis. Der schwerfällige Blasebalg unserer Orgel mußte noch zu Fuß bedient werden. Alle paar Wochen war ich damit an der Reihe. Danach sind wir uns ein paar Jahrzehnte lang nicht mehr begegnet. Erst wieder 1980, als ich einen Film über unsere Heimatstadt machte. Ob denn, fragte ich ihn, seine Thomaner der beste Knabenchor seien? Oh, das sei eine schwere Frage auf nüchternen Magen. Man bemühe sich, erklärte er mit koketter Bescheidenheit. Ich hätte, aus landsmannschaftlicher Verbundenheit, gern von diesem anerkannten Fachmann bestätigt bekommen, daß es weltweit keinen besseren Chor gebe. Zur Motette am Freitag lud er mich ein auf die Empore der Thomaskirche, Aug' in Auge mit seinen Sängern. Ein Hauch von Historie umweht einen dort droben. Der große Johann Sebastian hat hier gestanden und dirigiert. Und jeder Thomaskantor seit 1750 ist immerhin ein Nachfolger von Bach.

Jochen Rotzsch wohnt seit Jahrzehnten in derselben großen Altbauwohnung. Ein Umzug wäre für ihn praktisch unmöglich, weil er seine Modelleisenbahnanlage abbauen müßte. Sie nimmt ein ganzes Zimmer in Anspruch und umfaßt über hundert Lokomotiven und einige hundert Waggons. Kein normaler Mensch wäre in der Lage, sie zu bedienen, ohne daß gräßliche Unfälle passierten. Bei allen West-Reisen, als Kantor oder Sänger, bei denen üblicherweise ein Teil der Gage in Valuta ausbezahlt wurde, trug er einen Teil der begehrten D-Mark in Spielwarengeschäfte: hier eine Dampflokomotive, dort zwei Kesselwaggons. Auch mal ein paar Weichen. Der Nachfolger Johann Sebastians inmitten seines Spielzeugs: ein Bild für die Götter – und für unsere Kamera damals.

Nach dem Hinauswurf, über den man fabelhaft streiten kann, wurde Hans-Joachim Rotzsch vom Salzburger Mozarteum engagiert, als Dozent für evangelische Kirchenmusik. Ob sie denn nicht zurückgeschreckt wären wegen der Leipziger Geschichte? Nein. Das hielten sie offenbar für deutsche Querelen. Man wolle nur einen guten Lehrer. Also raste er ein paar Jahre lang mit seinem Auto hin und her zwischen Leipzig, wo er unverbrüchlich zu Hause ist, und Salzburg, wo man ihn haben wollte.

Eines Abends saßen wir beim Bier auf dem Thomaskirchhof. Dort braust, seitdem alles anders geworden ist, sommers das pralle Leben. Viele Menschen kamen vorbei, erkannten ihren Kantor und begrüßten ihn herzlich. Auch ein Prinz kam vorbei. Man weiß ja: Vier von fünf „Prinzen“ haben das Singen bei Rotzsch gelernt, der neunzehn Jahre Thomaskantor war. Nur einer der Prinzen kam von der innersächsischen Konkurrenz, dem Dresdner Kreuzchor. Herzliche Begrüßung zwischen dem Kantor und dem Plattenmillionär. Man hatte sich lange nicht gesehen. „Also, was ihr da jetzt singt“, sagte der Kantor, „ich weiß ja nicht.“ Der Prinz machte eine entschuldigende Geste: „Wenn die Leute es eben hören wollen...“

Was ist nun mit der IM-Geschichte? Der öffentliche Dienst mußte strenge Maßstäbe anlegen, viel strengere als die „freie Wirtschaft", die manchen Gesinnungslumpen augenzwinkernd eingestellt hat. Ich denke, es kommt mir darauf an, ob einer auf der richtigen Seite gestanden hat. Selbst wenn er dort Fehler gemacht hat. Auch im Fall Stolpe ist es mir relativ gleichgültig, wer ihm wo einen DDR-Orden ans Revers geheftet hat. Es wäre natürlich fatal, wenn sich irgendwann doch noch zweifelsfrei erwiese, daß er uns in dieser Frage hinters Licht geführt hat. Aber entscheidend ist doch: Er hat in der DDR auf der richtigen Seite gestanden. Und sich dort wacker geschlagen. Zum Beispiel beim Kirchentag 1987 in Ost-Berlin.

Was Jochen Rotzsch angeht: Ich habe mich, IM hin, IM her, entschieden, ihn für einen anständigen Kerl zu halten. Es fällt mir nicht schwer.

47 Eine Leipzigerin aus Berlin

Hannelore Kohl nannte sich immer eine Berlinerin. Dabei ist sie nur in Berlin geboren, als Hannelore Renner am 7. März 1933. Aufgewachsen ist sie jedoch, seit ihrem ersten Lebensjahr bis kurz vor Kriegsende, in Leipzig. Vielleicht klingt es aber besser, zu sagen: „Ich bin eine Berlinerin!" Anstatt: „Ich komme aus Leipzig."

Vor vielen Jahren, beim CDU-Parteitag 1978 in Ludwigshafen, der Heimatstadt des neuen Vorsitzenden, beim traditionellen Journalistenabend, fragte ich sie: Wo denn in Leipzig? In der Montbéstraße, antwortete sie, ob ich die kenne? Natürlich kannte ich die Montbéstraße.

Sie ist eine Querstraße der Gohliser Straße und heißt heute Trufanow-Straße. Dieser General der Roten Armee und der Sowjetischen Militäradministration hat sich einen guten Namen gemacht, den seine Straße in Leipzig auch nach der deutschen Einheit noch trägt.

Ich wohnte in den Kriegsjahren als kleiner Junge eine Zeitlang bei meinen Großeltern in der Springerstraße, die parallel zur Montbéstraße verlief. Frau Kohl und ich rekonstruierten, daß wir uns auf kürzeste Entfernung in die Fenster geschaut haben müssen. Und natürlich sind wir uns begegnet, beim Bäcker oder in der Leihbücherei, beim Kolonialwarenhändler Duderstedt (in seinem Geschäft ist heute das Restaurant „Ofenrohr") oder im Schreibwarenladen von Herrn Agricola. Ich war um ein paar Jahre der Jüngere, das Mädchen wird den kleinen Steppke nicht beachtet haben.

Hannelore und Helmut Kohl: Sie war die „Frau an seiner Seite". Sie hat sich nicht in den Vordergrund gedrängt. Sie hielt viel von altmodischem Pflichtbewußtsein. Sie schuf sich ihre eigene Aufgabe mit ihrer großartigen, engagierten Stiftung für hirnverletzte Unfallopfer. Doch aus dem Hintergrund beförderte sie auch Politik.

Es gibt Fotos, die zeigen die Familie Kohl mit ihren beiden noch kleinen Söhnen beim Besuch in Leipzig. Da war Helmut Kohl noch lange nicht Kanzler. Ein pfälzischer Politiker in der DDR. Ganz privat. Soweit man das unter den Augen der Stasi sein konnte. Jedenfalls nicht – noch nicht – herumgereicht bei den Mitgliedern des Politbüros. Die Familie war statt dessen privat zu Besuch bei alten Bekannten aus der Vorkriegs- und Kriegszeit, die, wie nicht anders zu erwarten, anschließend Besuch von den aufmerksamen Wächtern bekamen.

Man mag zur Einladung Erich Honeckers nach Bonn stehen, wie man will: War das wirklich nötig? War das wirklich n o c h nötig? Aber daß Helmut Kohl 1989 und 1990 entschlossen handelte, hat nach meiner festen Überzeugung damit zu tun, daß er die DDR auf andere Weise kennengelernt hatte als die meisten seiner Kollegen. Und das wiederum hatte mit seiner Frau zu tun.

Sie hat das nie öffentlich bestätigt. Im Jahr 1997 hatte ich sie als Gast in der Reihe „Leipziger Gespräche" im Gewandhaus. Auf meine entsprechende Frage antwortete sie: Nein, das glaube sie nicht. Ich hatte aber den Eindruck, daß sie es sehr wohl wußte.

Das Publikum in ihrer, wie wir wissen, Nicht-Heimatstadt war überwiegend sehr angetan von der First Lady aus Bonn und der Pfalz. Gescheit, schlagfertig, auch schnippisch. Doch, sie konnte einem auch mal quer übers Maul fahren. Aber warum hätte sie immer das Heimchen an seiner Seite spielen sollen? Sie war eine eigenständige Persönlichkeit mit ihrer eigenständigen Geschichte, die – genaugenommen – in Leipzig begonnen hatte.

48 Auf der Anklagebank

Einer der vielen Ordner, die meinen Bücherschrank verstopfen, enthält eine lange Liste von Reportagen und Dokumentationen, die entstanden sind in der Zeit, da mir das ZDF voller Vertrauen die Verantwortung für eine seiner zahlreichen Redaktionen übertragen hatte. Filme über alle möglichen Themen und alle möglichen Menschen, Schicksale und Schauplätze. Filme, 30 oder

45 Minuten lang, selten auch länger, von vielen Dutzend Autorinnen und Autoren, eine ganze Menge auch von mir selbst. Bis auf ganz wenige Ausnahmen nicht fertig gekauft, sondern neu produziert, was richtig Arbeit macht. Es sind genau 698 Filme.

„...und plötzlich hatten wir die Ausreise“ hieß einer der ersten Filme der Reihe „Reportage am Montag“. Es war im Frühjahr 1984, als die DDR plötzlich und unerwartet einige tausend Menschen ziehen ließ, vor allem junge, viele aus der südöstlichen Ecke Sachsens. Wollte die Partei einmal „Dampf aus dem Kessel nehmen“? Es wurde auch spekuliert, das habe zu tun mit den Aktivitäten des Pfarrers Heinz Eggert aus Oybin, Studentenpfarrer in Zittau, der Ausreisewillige bei ihren Anträgen beriet und der Partei ein mächtiger Dorn im Auge war. Unser Autor Werner Doyé begleitete drei junge Leute, wie sie mit nichts als einem Rucksack und viel Mut und Hoffnung ihr neues Leben antraten. Ein eindrucksvoller Film, fand ich, musikalisch untermalt immer wieder mit dem wunderbaren Titel „Über sieben Brücken mußt du gehn.“ Doyé verfolgte in weiteren Filmen den Weg der Drei im Westen, geradlinig bei der einen, chaotisch bei dem anderen und mit herben Rückschlägen. Ich besuchte Heinz Eggert in seinem Pfarrhaus, wir unterhielten uns bei schönem Wetter im Freien, in seinem „verwanzten“ Haus wären wir natürlich nicht unter vier Ohren gewesen. Er hat, wie viele, nach dem Ende der DDR nachlesen können, welche Scharen von Spitzeln auf ihn angesetzt waren und was die „Firma“ alles über ihn zusammengetragen hatte, wie sie ihn bedrängt und seelisch verwundet hatten. Unter den Nichtigkeiten am Rande war sogar mein keineswegs konspirativer Besuch registriert.

Ich blättere weiter. Manche Reportage über Themen, die noch nicht öffentlich-rechtlich abgehandelt worden waren. Zum Beispiel das Tabuthema „Inzest". Oder die umstrittene Satanismus-Reportage von Alexander Niemetz: „Ich töte, wenn Satan es befiehlt", die uns schon vor der Ausstrahlung die berühmten Waschkörbe voller Protestschreiben aus obskuren Kreisen einbrachte. Auf der anderen Seite die erste lange Reportage über Karlheinz Böhm und seine Arbeit in Äthiopien: „Menschen für Menschen". Immer wieder auch Rüdiger Nehberg, der Abenteurer, mit seinen spektakulären Aktionen zur Rettung der Yanomami-Indianer im Amazonas-Urwald. Die Reportage über das Wochenende des zehntausendfachen Protests gegen die Wiederaufarbeitungsanlage in Wackersdorf: Das äußerst heikle Thema beschäftigte sogar die Spitze des ZDF, aber immerhin, wir durften eine große Reportage senden – im Gegensatz zu den armen Kollegen des Bayerischen Rundfunks, denen es verwehrt wurde. Die Reportage „Giftig! Ätzend! Explosiv!" von Michael Schomers über die Gefahren bei Giftmülltransporten rief wütende Proteste des Güterverkehrsgewerbes hervor – bis kurz darauf in Herborn ein spektakuläres Unglück genau der Art geschah, wie wir es vorhergesagt hatten. Heinrich Breloer, als er noch nicht so berühmt war wie heute, arbeitete für unsere Redaktion: „Kampfname Willy Brandt", ein Film über Exil und illegale Arbeit des späteren Bundeskanzlers. Und von Irmgard von zur Mühlen sendeten wir „Von Königsberg nach Kaliningrad", den ersten langen Film über die ehemals ostpreußische Stadt. Die Dokumentation über die Umtriebe von Scientology, sie machte den Justitiaren viel Arbeit, aber wir behielten recht.

Unser damaliger DDR-Korrespondent Werner Brüssau hatte bei uns eine lose Reihe von Filmen aus Ost-Berlin, der „Hauptstadt der DDR": über den neuen Friedrichstadtpalast, über das Nachtleben der Metropole, über jüdisches Leben in der Stadt und über die Hackeschen Höfe, die heute jeder Berlin-Tourist kennt.

Eines Tages Mitte der achtziger Jahre stand ein Kollege aus Polen in der Tür und bot an, für unsere Redaktion Filme aus seinem Land zu machen. Stanislaw Krzeminski brachte eine Vorgeschichte mit. Er war im staatlichen Polnischen Fernsehen verantwortlich gewesen für Kindersendungen. Nach Ausrufung des Kriegsrechts durch General Jaruzelski hatte er aber aus Protest seinen Posten geräumt und stand nun buchstäblich ohne Arbeit da. Unser Warschauer ZDF-Studio hatte ihn uns empfohlen. Und wir probierten es miteinander. Staschek, bald ein guter Freund, machte wunderbare Filme. Er hatte es wirklich auf der legendären Filmhochschule Lodz gelernt, gab es nicht nur vor wie mancher Bewerber, der – leider, leider – sein Zeugnis nicht mehr auftreiben konnte. Wir beschlossen einen Film, in dem Rainer Barzel seine Heimat im heutigen Polen besuchte, in Ermland und Masuren. Der Film „Zu Besuch, aber nicht als ein Fremder" war nicht nur wunderschön anzuschauen, sondern warb auf bemerkenswerte Weise für Verständigung zwischen Polen und Deutschen. Diesen Film, sagten wir, müßte man auch in Polen zeigen! Aber das schien aussichtslos in Volkspolen unter Kriegsrecht. Wir fanden jedoch einen Weg, der nicht allzu offiziell wirkte. Die Deutsche Lufthansa und ihr Vorstandsvorsitzender Ruhnau luden uns sowie interessierte Polen zu einer gemeinsamen Vorführung in Warschau ein. Und es kamen einige einflußreiche Leute. Damit war das

Eis gebrochen. Der Film wurde im polnischen Fernsehen gezeigt, mit einer bemerkenswerten Einschaltquote, viel höher als in Deutschland. Es war einer der tausend kleinen Schritte, die am Ende zu politischer Veränderung führten. Nicht mehr, aber auch nicht weniger. Für Staschek und für uns war die Zusammenarbeit ein Glücksfall. Wir zahlten ihm einen üblichen Preis in D-Mark, und das half ihm in Polen zu überleben bis zum Ende des Sozialismus. Heute ist er erfolgreicher Film- und Fernsehproduzent in Warschau. Und wir erinnern uns belustigt an die Geschichte seiner ersten Reise in die BRD. Da er ja so gut wie keine Devisen eintauschen und mitführen durfte, kaufte er vor der Abreise aus billiger Quelle eine Zwei-Kilo-Dose russischen Kaviars und schmuggelte sie nach Deutschland. Hier klapperte er Restaurants und Hotels ab, in der Hoffnung, seinen Schatz in D-Mark zu verwandeln. Aber niemand konnte etwas anfangen mit so einer Riesenportion, und manche waren auch mißtrauisch. So schlug sich Staschek sparsam durch die Tage und nahm seine Dose mit zurück nach Warschau. Und dort geschah es: Auf dem Warschauer Flughafen mußte er einen happigen Einfuhrzoll bezahlen.

Seit dem Herbst 1989 standen – wie auch anders? – die großen deutschen Themen im Mittelpunkt: Revolution in der DDR, Zusammenbruch des SED-Systems, Demokratisierung, Wiedervereinigung, Aufarbeitung von Stasi-Verbrechen, Wiederaufbau des ruinierten Landes. Unsere Reporter, von niemandem mehr kontrolliert und aufgehalten, brachten erstaunliche Ansichten und Geschichten mit nach Hause. Und wir sendeten, sendeten, sendeten. Wenn man freilich die Leute fragte: Müßte mehr über dieses Thema berichtet werden? sagten sie: Ja! Wann immer man

Leute fragte, ob es von irgend etwas – außer von schlechten Nachrichten – im Fernsehen mehr geben müsse, sagen sie: Ja! Unisono: Ja! Deswegen stellen seriöse Meinungsforschungsinstitute auch eine solche Frage nicht.

In unserer Reihe „Ganz persönlich" waren wir mit Erich Loest zurück in seiner Heimatstadt Leipzig. Mit Walter Kempowski in Rostock. Mit Lothar Günther Buchheim in Chemnitz. Mit Stefan Heym in Grünau. Mit Klaus Staeck in Bitterfeld. Mit Gisela May auf der Friedrichstraße. Mit Peter von Zahn in Meißen. Mit Gunther Emmerlich in Dresden. Schade, daß diese schöne Reihe eingestellt wurde, um in anderen Programmen neu erfunden zu werden. Die Quote hatte nicht ganz gestimmt, aber wie auch am Samstagnachmittag?

„Wessis für Mielke" war ein unangenehmes Thema für viele in der alten Bundesrepublik. Die wunderschöne saubere Trennung zwischen dem Spitzelvolk im Osten und den aufrechten Demokraten auf der anderen Seite, wie sie in vielen West-Köpfen umherspukte, sie hielt einer Überprüfung natürlich nicht stand. Halbwegs Einsichtige und Unvoreingenommene wußten das schon immer. Viele Tausende Bundesbürger hatten – aus Geldgier, aus Naivität oder aus politischer Verblendung – für Mielke geschnüffelt. Darüber wollte man aber möglichst nicht reden. Unser Autor Christhard Läpple tat es. Daß unser Film wegen einer belanglosen „bunten" Sendung kurzfristig aus dem Programm genommen und verschoben wurde, hatte aber wahrscheinlich nichts zu tun mit dem zu erwartenden Imageschaden für die westdeutsche Gesellschaft. Eher mit der üblichen Befürchtung, das Thema bringe zu wenig Quote.

Die größte Aufregung in all den Jahren verursachte 1991 unsere Dokumentation „Die Schalck-Connection".

Sie handelte von „bayerischen Verbindungen des SED-Staates“ und ist mir deshalb in zwiespältiger Erinnerung, weil sie einen Irrtum enthielt, der uns auch vor Gericht brachte. Es gibt bei vielen die Vorstellung, Journalisten – alle Journalisten – gingen abgebrüht über ihre Fehler hinweg und stellten leichtfertig die nächsten fragwürdigen Behauptungen auf. Solche Journalisten gibt es zweifellos – wobei die Frage ist, ob sie ihre Berufsbezeichnung zu Recht tragen. Unser Fehler in „Die Schalck-Connection“ wurmt mich jedenfalls bis heute. In dem Film unseres langjährigen Top-Autors Egmont R. Koch ging es um die zwielichtigen Geschäfte der beiden bayerischen Fleischkonzerne Marox und Moksel mit dem staatlichen Fleischhandel der DDR. Geschäfte, bei denen Marox und Moksel – zum Schaden Hunderter kleiner Firmen in der Bundesrepublik – von der DDR ein Monopol bei diesem grenzüberschreitenden Handel eingeräumt wurde. Es ging um die dubiosen Geschäfte des DDR-Staatssekretärs Alexander Schalck-Golodkowski. Und es ging um die zwielichtige Rolle von Franz Josef Strauß bei allen diesen Verquickungen. Ein politisch-geschäftlicher Sumpf tat sich auf, der in vielen Zuschauern die blanke Wut hochkochen ließ. Der Autor hatte alles sauber recherchiert und dokumentiert. Auch die Stasi-Dokumente, die er verwendet hatte, erwiesen sich als Originale; damals war manch dubioses Material auf dem Markt, das stark nach geschäftstüchtiger Fälschung roch. Aber in einem einzigen Punkt lag Egmont R. Koch – und damit wir als Verantwortliche – falsch: als er in seinem Text fragte, ob im Zuge der deutschen Einheit das Bundesfinanzministerium des Bayern Theo Waigel Bestimmungen erlassen habe, die die bayerischen Spezis finanziell begünstigt hätten. Das war nicht der Fall gewesen.

Der Film machte Furore. Die Presse fragte erstaunt, wie so ein Film im öffentlich-rechtlichen Programm habe laufen dürfen. Schulterklopfen im Sender. Die Familie Strauß schäumte: Anzeige! Verleumdung! Schändung des Ansehens ihres Vaters! Das ließ sich jedoch leicht widerlegen, und irgendwann nahmen die Straußens auch ihre Drohung zurück. Aber Theo Waigel legte Protest ein. Die Firma Marox brachte uns vor Gericht. Dort saß ich dann auf einem Bänkchen, zwischen dem Autor Koch und dem Chefredakteur Bresser. Wir konnten nachweisen, daß auch bei kritischer, sorgfältiger Prüfung sehr vieles für unsere Annahme gesprochen habe. Daß die Firmen dem Autor trotz mehrfacher dringender Nachfrage jegliche Stellungnahme verweigert hatten. Und daß die Auskünfte des Ministeriums zwar einerseits von uns unvollständig zitiert worden waren, sie andererseits aber von vornherein irreführend gewesen seien. Freispruch! Aber eben nur zweiter Klasse. Bis dahin hatten wir die klassischen Stationen eines kritischen Projekts erlebt, von der kollektiven Begeisterung bis zur Belobigung der Unbeteiligten.

Die Firma Marox gibt es übrigens nicht mehr. Und Moksel hat zu kämpfen, auch durch den Wegfall des Quasi-Monopols im deutsch-deutschen Fleischgeschäft. Das tut mir leid. Aber nur für die Mitarbeiter.

49 Die Kirche muß weg!

Die Dresdner haben es geschafft. Die Frauenkirche ersteht neu. Die Kulturfreunde und Schaulustigen aus allen Bundesländern und allen Kontinenten strömen zu Hunderttausenden, um den Alt-Neubau zu bestaunen.

Dresden ist „in“, und die entsetzliche Flut konnte zum Glück das Interesse nur kurze Zeit dämpfen. Mancher traut sich nun gar erstmals auf das Territorium der ehemaligen DDR. Auch den Zwinger wollen sie natürlich sehen und das Schloß und die Semperoper, das Grüne Gewölbe und die Alten Meister und die Neuen Meister. Aber die Hauptattraktion, der Mittelpunkt, das ist die Kirche.

Am 13. Februar 1945, das Datum kennt ein jeder, wurde Dresden mit Hunderten von Bombern angegriffen, das Zentrum des weltberühmten „Elb-Florenz“ ausradiert, wie es das häßliche, aber zutreffende Wort beschreibt. Absichtlich ausradiert. Nicht die Industrieviertel oder die Kasernen am Stadtrand waren in den Zielkarten der britischen und der amerikanischen Bomber markiert, sondern eindeutig die barocke Altstadt. Der Angriff sollte offenbar die Bevölkerung zermürben, die, wie man in London und Washington nicht ganz zu Unrecht annahm, auch im Angesicht der unausweichlichen Niederlage zum großen Teil immer noch fanatisch hinter ihrem Führer stand. Über militärischen Sinn oder Unsinn des Angriffs ist in Jahrzehnten Tausende Male diskutiert worden. Die Argumente sind ausgetauscht und abgegriffen. Es scheint, man kommt am Ende immer wieder zu der Erkenntnis, daß Krieg, einmal ausgelöst, unkontrollierbare Grausamkeit zeitigt. Wie das schlichte alte Sprichwort sagt: „Wer den Wind sät, wird Sturm ernten.“

Wir haben eine Reihe von Fernsehdokumentationen über das Thema Dresden gemacht. Bis 1989 mußten wir natürlich hinnehmen, daß „die Organe“ der DDR unsere Aufnahmen genehmigten und zu steuern versuchten. Bei diesem Thema gab es zwar keine großen ideologischen

Barrieren, denn jeder verurteilte den Angriff, aber diese Umständlichkeit, oft auch Unfähigkeit besagter Organe. Zum Beispiel gaben sie uns als Interviewpartner „Zeitzeugen“ an die Hand, die nach der Begrüßung als erstes beteuerten, sie seien im Februar 1945 ganz woanders gewesen und könnten uns über den Angriff nichts berichten. Mit Hartnäckigkeit und oft auf eigene Faust fanden wir jedoch Menschen, die etwas zu berichten wußten und auch dazu bereit waren.

Im Jahr 1995, bei unserem Film zum 50. Jahrestag des Angriffs, hatten wir dieses Problem nicht mehr. Aber ein altbekanntes begegnete uns auch diesmal wieder: der Streit um die Zahl der Todesopfer. Er wurde seit 1945 mit Verbissenheit ausgefochten. Wobei sich nur wenige Menschen seriös um die Wahrheit bemühten. Vielen kam es offenbar darauf an nachzuweisen, daß die Kriegsgegner des Deutschen Reichs ebenfalls Verbrechen begangen hatten, die sich gegen diejenigen Hitlers aufrechnen ließen. Also mußte die Zahl der „Dresden-Toten“ in astronomische Höhen geschraubt werden. Zahlen bis zu 500 000 wurden uns entgegengehalten. Mit „Beweisen“ wie dieser Rechnung: In Dresden waren 1945, einschließlich Flüchtlingen aus dem Osten, mindestens eine Million Menschen, die Stadt wurde zur Hälfte zerstört, also habe es 500 000 Tote gegeben. Man mußte das nicht ernst nehmen, aber man mußte sich allerlei Beschimpfungen anhören. Jüdische Propagandisten! Vaterlandsverräter! Rote Socken! Wir hörten sogar die besonders abstruse Unterstellung, die Kommunisten versuchten den „Fall Dresden“ herunterzuspielen. Ausgerechnet! Mitten im kalten Krieg sollte die Sowjetunion die Partei der Angloamerikanischen Kriegstreiber ergriffen haben.

Oft wird als Zeuge der britische Schriftsteller und Historiker John Irving zitiert. Er hatte von 135 000 Toten gesprochen. Eine Zahl, die seither durch Millionen von Köpfen geistert. Man muß, wie immer, genau hinschauen. Irving hatte sich – was er allerdings nicht hinzuschrieb – auf eine durch nichts belegte Schätzung aus der Nachkriegszeit berufen. Weil ihm diese Angaben später selbst nicht mehr glaubhaft vorkamen, hat er sie in einem Zeitungsbeitrag revidiert: Wahrscheinlich seien sie um 100 000 zu hochgegriffen. Aber wie stets in solchen Fällen, ist die Korrektur nicht zu den Leuten durchgedrungen. Oder sie wollten sie nicht zur Kenntnis nehmen.

Der Berliner Rundfunkjournalist Götz Bergander, aus Dresden stammend, hat schon sehr früh ein fundiertes, seriöses Buch über dieses Thema geschrieben, mit dem unspektakulären Titel: „Dresden im Luftkrieg". Man sollte es lesen, wenn einen das Thema wirklich interessiert. Bergander war erst nach mehrmaligem Bitten bereit, für unseren Film zur Verfügung zu stehen. Zu oft seien er selbst, aber auch seine Frau und sogar seine damals noch kleinen Kinder wegen des Buchs bedroht worden. Anonym, denn diese Leute sind in der Regel Feiglinge. Er kam, nach Prüfung aller damals zugänglichen Unterlagen, auf eine Zahl von 35 000 Todesopfern.

Inzwischen sagen seriöse Untersuchungen, die die Stadt in den neunziger Jahren hat durchführen lassen: 25 000 Todesopfer sind nachgewiesen, mehrere Tausend weitere müssen angenommen werden.

Eine unglaubliche Zahl! Warum streiten immer noch Menschen geradezu fanatisch dafür, daß es viel mehr gewesen seien? Warum kommt ihnen nicht irgendwann der Gedanke, daß man über jeden glücklich sein müßte, der überlebt hat? Immer und immer wieder bleibt nur das eine Argument: Viele Tote in Dresden würden Verbrechen des Faschismus ein Stückchen kleiner erscheinen lassen.

Die Frauenkirche überlebte den 13. Februar. Zunächst. Ganz banal: An einer Kirchenkuppel wie dieser prallen Bomben ab und dringen nicht ein. Aber die Hitze! Es gibt Menschen, die berichten, sie seien mit verbrannten Fußsohlen durch flüssigen Asphalt hinunter zu den Elbwiesen geflohen. Manche sagen sogar, sie seien über rotglühende Straßenbahnschienen gesprungen. Ehe Stahl glüht, muß er weit über tausend Grad heiß sein. Wer soll da über die Schienen steigen? Tiefflieger hätten aus kürzester Entfernung die Flüchtlinge auf den Elbwiesen beschossen. Man habe das Weiße im Auge der Piloten gesehen. Mein Onkel Jochen war Standortarzt der Wehrmacht in Dresden. Er hat mir grauenhafte Geschichten dieser Nacht und der Tage danach erzählt. Man muß sie nicht übertreiben. Und jeder, der das Inferno nicht miterleben mußte, darf sich glücklich schätzen.

Die Frauenkirche, wie gesagt, überlebte zunächst. Eineinhalb Tage. Aber dann drang durch die zersprungenen Fensterscheiben die Hitze und entflammte alles, was brennbar war: das Gestühl, die Balkons, die Orgel. Bis zum großen Knall. Wir interviewten einen Mann, der ihn aus nächster Nähe erlebt hat. Er war eingeteilt und versuchte, aus der Stadt zu retten, was nicht mehr zu retten war. Er stand ein paar Steinwürfe entfernt, als die Kuppel der Frauenkirche – ganz langsam, sagt er, aber mit einem lauten Grollen – in sich zusammensank. Eine weiße Wolke habe alles eingehüllt. Lange habe man nicht das Geringste mehr sehen können. Erst als der Staub sich legte: diesen riesigen Trümmerhaufen.

Den kannten wir, jahrzehntelang. Er strahlte Würde aus, wie die Ruinen des Forum Romanum. Die SED machte ihn zu einem politischen Schauplatz. Dann kamen die anderen in der DDR, die nicht der SED folgen wollten, und machten den Steinhügel zu ihrem Ort des Gedenkens und des Aufbruchs. Und nach Ende und Neuanfang kam die Diskussion: Was machen wir damit?

Es ist nicht wahr, daß der Gedanke, die Kirche wieder aufzubauen, erst nach 1989 erörtert worden wäre. Unmittelbar nach dem Krieg wollte man ohnehin, die Schwierigkeiten unterschätzend, alles rasch wiederherstellen. Aber auch die späte DDR dachte daran. Anfang der achtziger Jahre schrieb die Stadt Dresden einen internationalen Wettbewerb für den Wiederaufbau der Dresdner Altstadt aus. Die Modelle der Stadtplaner aus der DDR und dem Ostblock zeigten fast ausnahmslos in der Mitte – die Frauenkirche! Wir hätten dazu gern den Stadtarchitekten vor der Kamera befragt, aber er wehrte erschrocken ab: Das sei eine Entscheidung von derartiger Tragweite, daß höchstens der Staatsratsvorsitzende öffentlich Stellung nehmen könne.

Die Diskussion ab 1989: So ein Neubau reiche nie an das Original heran, wäre immer nur ein Plagiat. Aber man habe manches in der Geschichte nachgebaut und längst akzeptiert. Aber nur die Ruine könne an den Krieg gemahnen, ein Neubau helfe ihn nur vergessen machen. Aber man müsse gerade durch den Neubau den Krieg besiegen. Und so weiter. Vor allem, sagten auch viele Dresdner Bürger, sei das Projekt viel zu teuer, es gebe Dringenderes zu tun angesichts des Zustands der meisten Fabriken, Werkstätten, Wohnungen.

Zu den Kämpfern für den Wiederaufbau gehörte Professor Hans Nadler, der große alte Mann des Denkmalschutzes in Sachsen. Er kannte alle Argumente pro und contra und achtete sie. Aber er setzte sich durch als Wortführer jener, die Dresden ohne die großartige Kuppel für ein Torso hielten. Und was die Kosten angehe: Gewaltig, aber nicht schlecht angelegt. Die Menschen aus Deutschland und der ganzen Welt, meinte Nadler etwas ironisch, würden nicht nach Dresden kommen, um Toiletten auf halber Treppe zu besichtigen – aber die Frauenkirche, die würden sie sehen wollen!

Und er hat recht behalten! Sie kommen! Zu Millionen. Und die Initiatoren werden sich nicht dagegen wehren können, daß sie in die Geschichte eingehen: Ludwig Güttler, der Trompeter, und Eberhard Burger, der Baumeister. Alle die Unkenrufe sind verstummt: „Ihr seid verrückt, das schafft ihr nie!“ und: „Ihr seid ja größenwahnsinnig!“ So einen Bau, wie ihn George Bähr gewagt hat, hieß es, den wagt man nur einmal.

Vielleicht waren sie wirklich größenwahnsinnig. Aber die Frauenkirche steht.

Werden die Leipziger auch so etwas schaffen? Ein paar engagierte Bürger trommeln und werben seit langem. Aber der Wiederaufbau der Universitäts- oder Paulinerkirche hat keine Lobby unter denen, die etwas zu sagen haben. Auch nicht unter den Bürgern der Stadt. In Leipzig sagten sie: „Na ja, es wäre vielleicht gar nicht schlecht, wenn wir sie wieder hätten.“ In Dresden hingegen sagten sie: „Die Frauenkirche muß wieder her!“

Es sei ja auch nicht zu vergleichen, sagen die Gegner. In Dresden der Bombenangriff 1945. In Leipzig 1968 die Sprengung auf Geheiß von Walter Ulbricht, der in seiner

Geburtsstadt ein „sozialistisches Zentrum“ wünschte und das verhaßte Relikt einer überholten Epoche beseitigt sehen wollte. Das sind zweierlei Dinge, fürwahr. In Dresden hatten ein riesiger, weithin sichtbarer Trümmerberg und zwei hohe Mauerstümpfe über Jahrzehnte an das Geschehene gemahnt. In Leipzig waren ein paar Grabsteine übriggeblieben, integriert, fast versteckt in einen Neubau im Stil der sechziger Jahre. Dennoch: Was machte eigentlich den fundamentalen Unterschied? Und wer wollte beweisen, daß die eine oder die andere Lösung die einzig richtige sei? Wie immer in solchen Fällen setzt sich am Ende eine Stimmung durch, vielleicht geschickt propagiert, pro oder contra, und die ausgeklügelten Beweise der Gegenseite sind rasch vergessen. In Leipzig also: eher contra.

Am 31. Mai 1968, die Älteren in der Stadt vergessen das Datum nicht, wurde die zweitälteste Kirche, vom Zweiten Weltkrieg unversehrt, mit Dynamit in die Luft gejagt. Eine Aktion voller Hektik. Nach mehreren wieder abgeblasenen Anläufen – die Partei traute sich doch nicht so recht – der Beschluß der Stadtverordnetenversammlung, Ulbrichts Wunsch zu entsprechen: Die Kirche muß weg! Hektik bei allen Beteiligten. Rechtfertigende Artikel in der Parteizeitung. Während draußen an den Mauern die Löcher für die Dynamitstangen gebohrt wurden, versuchten drinnen Gemeindeglieder, Professoren, Studenten zu retten, was gerade noch zu retten war. Die kleinere der beiden Orgeln konnten sie in eine andere Kirche verfrachten, die große nur noch aus der Wand reißen und ins Kirchenschiff werfen. Verloren. Den alten Altar konnten sie ausbauen, er steht heute in der Thomaskirche. Pünktlich am 31. Mai um zehn Uhr wurden die Sprengladungen gezündet. Einige tausend Leipziger schauten zu, stumm, manche mit Tränen in den Augen, die meisten erschüttert oder wütend, vielleicht enttäuscht über sich selbst, da sie fast alle nichts dagegen getan hatten. Aber die etwas getan hatten, öffentlich protestiert, gingen ins Zuchthaus. Wir haben darüber nicht zu rechten.

Viele Leipziger sagen, die Sprengung der Universitätskirche und die Revolution von 1989 hätten etwas miteinander zu tun. Erich Loest zum Beispiel, damals gerade als „Politischer" aus dem Bautzner Knast gekommen, hat bis heute nicht verwunden, daß er nicht trotzdem dagegengeredet oder -geschrieben hat. Aber, sagt er, die Stadt hat die Untat nie vergessen, und deshalb – auch deshalb – war sie prädestiniert dafür, das Ende der SED-Herrschaft einzuleiten. Der Kabarettist Bernd-Lutz Lange und andere, die auf dem Platz standen, sehen noch einen Zusammenhang, eine Art Legende, aber man kann daran glauben: Als die Universitätskirche fiel, verhüllte viele Minuten lang aufgewirbelter Staub jegliche Sicht. Aber als er sich langsam legte, erblickten die Menschen, die auf der Ostseite des Karl-Marx-Platzes standen, im Sonnenlicht den Turm der Nikolaikirche. Es gibt Fotos, die das belegen. Und mit den Montagsandachten in der Nikolaikirche begann, wie ein jeder weiß, die Revolution.

Die Sprengung der Universitätskirche war für viele in Leipzig ein traumatisches Erlebnis. Das nächste kam für die DDR-Bürger wenige Monate später: der Einmarsch der Truppen des Warschauer Pakts in der Tschechoslowakei. Das gewaltsame Ende des „Prager Frühlings". Er hatte große Hoffnungen geweckt. Wenn man damals, im Frühjahr 1968, in Prag oder Pilsen oder Budweis mit den

Menschen beim Bier saß und redete, gab es allerdings immer zwei Auffassungen. „Wir wollen nicht den Sozialismus abschaffen", sagten die einen, „im Gegenteil. Wir wollen ihn auf einem dritten Weg zu Ende führen. Das können sie uns nicht verwehren!" Aber die anderen sahen klar voraus: „Das rührt an die Herrschaft der Sowjetunion. Sie werden uns auf keinen Fall gewähren lassen!" Diskussionen halbe Nächte hindurch, bei Schwarzbier oder Pilsner, Knödeln und Kraut.

Der Traum war bald ausgeträumt, die „sozialistischen Brüder" schlugen gnadenlos zu. Jahrzehnte Friedhofsruhe, Betonsozialismus, einundzwanzig Jahre bis zu den Szenen in der deutschen Botschaft in Prag: „Ich bin gekommen, um Ihnen mitzuteilen, daß Ihre Ausreise..."

Vielleicht gibt es wirklich eine geistige Linie von der Sprengung der Universitätskirche 1968 zu den Demonstrationen von 1989.

Die Leipziger Universität begeht 2009 sechshundert Jahre ihres Bestehens. Bis dahin soll am traditionellen Ort am Augustusplatz ein neuer Baukomplex entstanden sein. Beim Wettbewerb der Architekten war nicht vorgesehen, die Universitätskirche, die ja immer auch Aula der Universität war und Begräbnisort großer Professoren, wieder aufzubauen und zu integrieren. Es soll nur „auf angemessene Weise" erinnert werden. Im Augenblick geschieht das durch eine Gedenktafel. Etwas mehr soll es schon werden, aber wieviel mehr?

Am Ort der gesprengten Kirche und des ebenfalls beseitigten, freilich im Krieg großenteils zerstörten Hauptgebäudes der Universität entstand ein Komplex im Stil der sechziger Jahre. Heute ist er außen und innen heruntergewirtschaftet, der Abriß wird niemanden schmerzen. Wahrscheinlich nicht einmal die Schöpfer von damals. Unter ihnen war der Star-Architekt der DDR, Professor Hermann Henselmann, der heute nicht mehr lebt. Ob er denn sehr an seinem Werk hänge, fragten wir ihn im Interview. „Wenn's denen nicht mehr gefällt", antwortete er burschikos auf Sächsisch, „dann solln se's doch eenfach wegruppen!" Aber wohin dann mit der monumentalen Karl-Marx-Plastik über dem Haupteingang? Darüber rätselt man in der Stadt seit über zehn Jahren. Es schien zeitweise eine Lösung zu geben: Karl Marx sollte verbannt werden in den Vorort Probstheida, auf die Wiese vor dem Hügel, zu dem 1968 die Trümmer der Kirche und der Universität aufgeschüttet worden waren. Da sollte er Abbitte tun für das, was er der Welt zugefügt hatte. Aber viele empfanden den Plan als kleinliche Rache, Karl Marx sei schließlich nicht verantwortlich zu machen für Walter Ulbricht. Irgendwann jedoch muß die Plastik weichen. Und irgendwann auch im Inneren des Gebäudes das riesige Wandgemälde von Werner Tübke: „Arbeiterklasse und Intelligenz". Darauf hat der Meister auch einige der Bonzen verewigt, die im Auftrag Ulbrichts die Sprengung der Kirche betrieben. Aber als Staatskünstler mußte man wohl auch solche Kompromisse eingehen.

Die Dresdner, um auf den Ausgangspunkt zurückzukommen, werden glücklich sein mit ihrer neuerstandenen Frauenkirche, und man wird kaum noch jemanden aufspüren, der zugibt, anfangs dagegengewesen zu sein. Werden also die Leipziger ihre Kirche wiederbekommen? Die Staatsregierung in Dresden hat angekündigt, auch in Leipzig solle ein Wunder geschehen – kann sein. Kann auch sein, daß sie sich die nächsten zweihundert Jahre ärgern werden über den Kleinmut in der Stadt. Kann aber auch sein, die neue Universität wird ein derart großartiger Wurf, daß alle damit glücklich sind. Und wie gesagt: Beweisen kann ohnehin niemand, was richtig oder falsch ist. Man kann nur, wenn man alle Argumente gedreht und gewendet hat, sagen: Ich bin dagegen.

Oder dafür.

50 Heldentod im Tunnel

Die junge Kollegin ließ keinen Zweifel daran, daß sie den Film machen werde, den sie sich in den Kopf gesetzt hatte. Und wenn nicht für unsere Redaktion im ZDF, dann für irgendeine andere. Das Thema war auch spannend. Ein Film über Mauer und Tunnelbauer, Flüchtlinge und Grenzsoldaten. Im Unterschied zu anderen Tunnel-Filmen, auch Spielfilmen, gab es einen dramatischen, überraschenden Ausgang. Der Fall war in der Öffentlichkeit bisher kaum bekannt und noch nie in einer großen Fernsehdokumentation dargestellt worden.

Im Leben eines Redaktionsleiters gibt es immer wieder Höhepunkte. Zum Beispiel, wenn jemand mit einer Idee daherkommt – oder auch er selbst eine Idee hat – und es macht: „Klick!" Mensch, das ist es! Genau das! Das machen wir! Und wenn es obendrein noch funktioniert.

Britta Wauer, die da vor mir saß, war eine hübsche, nicht übermäßig großgewachsene Frau von knapp Mitte zwanzig, die noch an der Hochschule für Film und Fernsehen an ihrem Diplom arbeitete, jedoch schon Beiträge fürs Fernsehen gemacht hatte und nun für Regina Ziegler arbeitete, die berühmte Produzentin in Berlin.

Die Geschichte: 1964, also drei Jahre nach dem Bau der Mauer, gruben West-Berliner Fluchthelfer einen Tunnel, ausgehend von der Bernauer Straße, unter der Mauer hindurch bis zu einem Hinterhof des Ost-Berliner Bezirks Mitte. Die Plackerei unter größter Vorsicht und Geheimhaltung dauerte Monate, ein halbes Jahr. Endlich war es soweit: Die Fluchtwilligen im Osten, zum größten Teil Freunde und Verwandte der Fluchthelfer, wurden durch Kuriere zu dem Hinterhof dirigiert, zum Einstieg in den nicht einmal halb mannshohen Tunnel. In zwei Nächten krochen 57 Menschen nach West-Berlin. Bei keinem der zahlreichen Tunnelunternehmen nach dem Bau der Mauer gelangten so viele Menschen in die Freiheit.

Dann geschah, was alle befürchtet hatten: Die Aktion war verraten worden. Eine Einheit der DDR-Grenztruppen versuchte zu verhindern, kam jedoch zu spät. Alle Flüchtlinge waren drüben. Doch es kam am Tunneleinstieg zu einem kurzen Schußwechsel zwischen Fluchthelfern und Grenzsoldaten. Tödlich getroffen wurde Unteroffizier Egon Schultz.

Umgehend machte die DDR-Führung den sympathischen jungen Mann, im Zivilberuf Lehrer in Rostock, zum Helden. Heimtückisch ermordet von „West-Berliner Banditen". (Wobei keine Rede davon war, daß es um Fluchthilfe ging, denn zur Flucht aus dem sozialistischen Paradies bestand ja keinerlei Anlaß.) Egon Schultz wurde rasch im Osten berühmt. Er bekam ein Staatsbegräbnis, bei dem Erich Honecker persönlich die Mutter ans Grab geleitete und bewegende Worte über den Toten sprach, aber auch von den Banditen Genugtuung forderte. Schon bald wurden in der ganzen DDR Straßen nach Egon

Schultz benannt, Schulen, Kindergärten. Ein Buch schilderte sein kurzes Leben.

„Jedes Kind in der DDR", sagte Britta Wauer, „kannte Egon Schultz. Ich selbst ging in eine Egon-Schultz-Oberschule." Das sei übrigens für sie der Anlaß gewesen, sich der Geschichte näher anzunehmen.

Bis hierhin ein höchst bedauerlicher, aber nicht ungewöhnlicher Vorfall aus der Zeit des kalten Kriegs, der gerade an der Berliner Mauer Hunderte von Todesopfern forderte, fast ausschließlich unter Flüchtlingen, einige Male auch unter Grenzsoldaten. Aber die Geschichte geht weiter. Sehr viel weiter.

Nach dem Ende der DDR stellte sich nämlich anhand von Dokumenten, die der Gauck-Behörde vorlagen, heraus, daß im nächtlichen Hinterhof in Berlin-Mitte etwas ganz anderes geschehen war. Bei dem kurzen Schußwechsel mit den Fluchthelfern war Egon Schultz versehentlich von einem eigenen Kameraden erschossen worden. Das geht völlig zweifelsfrei aus dem Obduktionsbericht der Gerichtsmediziner der Charité hervor. Aber dieser Bericht wurde von der Staatssicherheit bis zuletzt unter Verschluß gehalten. Er besagt, daß Egon Schultz von einem Streifschuß aus der Pistole eines Fluchthelfers am Arm getroffen wurde, tödlich jedoch sei die Garbe aus der Maschinenpistole des Kameraden gewesen.

Man muß sich gut anhören, wie Erich Honecker am Grab des hinterrücks Gemeuchelten mit halberstickter Stimme den feigen Mördern ewige Vergeltung schwor. Er wußte genau, daß er log!

In gewisser Weise hatte der Vorfall noch ein zweites Opfer: den Fluchthelfer, der von nun an in dem Glauben lebte, Egon Schultz erschossen zu haben. Er konnte es nicht lange ertragen und nahm sich das Leben – bevor die Wahrheit ans Tageslicht kam.

Das war die Geschichte, die Britta Wauer für uns verfilmen wollte. Normalerweise tut sich eine Redaktion schwer, wenigerfahrenen Autoren so ein großes Projekt anzuvertrauen. Denn wenn es mißlingt, hat man eine sechsstellige Summe in den Sand gesetzt. Die muß man zwar nicht aus eigener Tasche begleichen, aber man weiß: Es darf nicht passieren, und es passiert übrigens auch bei ARD und ZDF – entgegen manchen Gerüchten über Verschwendung von Fernsehgebühren – außerordentlich selten.

Britta Wauer mußte den Film machen. Die Redaktion fügte sich sozusagen.

Es wurde einer unserer besten Filme. Das Thema war spannend, das Konzept stimmte, die Interviewpartner waren eindrucksvoll. Einige wichtige Zeitzeugen sträubten sich bis zuletzt gegen unsere Kamera, zum Beispiel der Kamerad, der versehentlich Egon Schultz erschossen hatte. Die Mutter lebte nicht mehr, hatte die Wahrheit über den Tod des Sohnes nicht mehr erfahren.

Egon Bahr resümierte am Ende des Films: „*Ich sehe nicht, daß irgend jemand wirklich ein großer Held geworden ist. Es waren eigentlich alles Opfer.*"

Für ihren Film „Heldentod" bekam Britta Wauer mehrere Preise, was leider im ZDF kaum wahrgenommen wurde. Der wertvollste war der Förderpreis des „Deutschen Fernseh-Preises", der alljährlich von ARD, ZDF, RTL und Sat1 vergeben wird. Ich bin gespannt auf den weiteren Weg der Autorin.

51 Einkaufszentrum mit Gleisanschluß

„Ja ja, unser Hauptbahnhof ist wirklich ganz ordentlich geworden. Einwandfrei. Aber ob man das alles gebraucht hätte?“

Es ist nicht zu fassen! Mein alter Leipziger Schulfreund Horst, den wir damals natürlich Hotte nannten, er kann oder er will nicht sehen, daß unser oller Hauptbahnhof aus seiner grauen Bedeutungslosigkeit erwacht und eine deutschlandweit bestaunte Attraktion geworden ist. Ach was: eine Sensation! Erinnert er sich nicht mehr an das bombastische rußgeschwärzte Gemäuer, in dem sich zuzeiten ein paar Reisende verliefen? Das selbst zur Messe zweimal im Jahr, also zu den Hoch-Zeiten des Leipziger Kalenders, den Eindruck eines schlabbernden, weil zu groß geschneiderten Anzugs vermittelte?

Nun ist daraus, wie der Volksmund schnell erfand, ein „Einkaufszentrum mit Gleisanschluß“ geworden. Doch, doch, Eisenbahn fahren kann man dort auch noch, ICE sogar, in gut drei Stunden nach Frankfurt. Am Main! Auf neuen Schienen. Bei Gerstungen einfach – wutsch! – durch. Ohne Genehmigung. Ohne Aufenthalt an der Grenze.

„Was hast du denn auszusetzen?“ frage ich mit Beherrschung meinen alten Freund.

„Weißt du“, sagt er, „es ist alles so bombastisch. Typisch West. Was brauchen wir über hundert Geschäfte und Lokale? Früher, wenn ich was brauchte, wußte ich, wo es das nicht gab.“

Na, wenigstens das! Aber früher war wirklich alles übersichtlich. Im Hauptbahnhof gab es Fahrkarten – nur für innerhalb der DDR – und das „Neue Deutschland“

und Bockwürste, die der Volksmund respektlos Dampfriemen nannte. Na ja, Hultsch-Zwieback auch. Das war wirklich sehr übersichtlich.

Jetzt kriegst du hier alles. Hosen und Jacken, Krawatten und Socken, Fotoapparate und CD-Player, Sylter Krabben und Münchner Weißwürste – ach, was soll ich hier einzeln aufzählen? Alles! Völlig unübersichtlich.

Du weißt wirklich nicht, wo du anfangen sollst. Du suchst zum Beispiel Turnschuhe. (Da fällt mir natürlich der herrliche DDR-Witz aus dem HO-Kaufhaus ein: *Endschuldchense, awwer ham Sie keene Durnschuhe? Nee, mir ham keene Beddwäsche. Keene Durnschuhe gibt's in dr zweeten Edage.)* Jetzt hingegen fühlst du dich in einem halben Dutzend Schuhgeschäften herumgeschubst zwischen Dutzenden von Regalen, aus denen dich Hunderte von Turnschuhen höhnisch angrinsen: Na, kennst du dich wieder mal nicht aus, was? Der Mensch braucht nicht Hunderte von Turnschuhen. Er braucht e i n e n Turnschuh. Nein, zwei fast gleiche, nämlich einen rechten und einen linken. Alles andere ist Konsumterror.

Horst hat eigentlich recht. Aber wie sollen wir es zurückdrehen?

52 Zurück zu den Wurzeln?

Eine Lesung im Alten Rathaus!

Seitdem „Für'n Groschen Brause“ erschienen war, seit 1980 also, hatte ich bisweilen die romantische Vorstellung, eines Tages in Leipzig daraus vorzulesen. Am liebsten in unserem unvergleichlich schönen Alten Rathaus. Aber daran war nicht im Traum zu denken. Das Buch, das die Zustände in der DDR fröhlich bis bissig durch den Kakao zog, war dort verboten. Es gab es nicht nur nicht im Buchhandel, es wurde an der Grenze konfisziert oder aus den Paketen entnommen. Die Deutsche Bücherei, die seit 1912 alles in Deutschland oder in deutscher Sprache Gedruckte archiviert, besaß es natürlich, aber es stand mit anderen verbotenen Schriftstellern im „Giftschrank“, war nicht zur Ausleihe zugelassen. Ich konnte mir kurz nach dem Ende der DDR die Regale unter dem Dach einmal anschauen, als die inkriminierten Bücher noch nicht wieder eingeräumt waren in den normalen Bestand. Da standen sie, Rücken neben Rücken: Walter Kempowski, Wolfgang Leonhard, Erich Loest, Gerhard Zwerenz und Hunderte andere. Dazwischen: Dieter Zimmer. Ein tolles Gefühl!

Plötzlich war dann alles möglich. Eine Lesung zur Buchmesse. Im Alten Rathaus! Dort gibt es zwei Säle, den einen, prunkvollen im ersten Stock, mit den Gemälden der Bürgermeister der frühen Jahrhunderte; dort las ein Leipziger Kollege. Den zweiten, schmucklosen Saal oben unterm Dach, dort las ich. Aber das Publikum strömte und strömte – nach oben. Als es dort gerammelt voll war, machten sich der Verleger und seine Mitarbeiter auf und schleppten von unten Stühle herbei, die freigeblieben waren. Es tat mir leid für den armen Kollegen. Aber mein lange gehegter Traum erfüllte sich! Anschließend saßen wir noch in größerer Runde beim Bier in „Zill’s Tunnel“, rechts der Thomaskantor, links unser ehemaliger „Chemie“-Torwart. Ein herrlicher Abend!

Eines Tages Anfang 1994 erreichte mich ein Anruf der Volkshochschule Leipzig: Man habe die Idee, eine Interviewreihe unter dem Titel „Leipziger Gespräche“ im

Gewandhaus zu veranstalten, ob ich sie moderieren wolle? Ich sagte: „Ja". Normalerweise fragt man erst nach den Konditionen, aber ich sagte: „Ja." Alles andere klärten wir später. Im Herbst 1989 hatte Kurt Masur sein Gewandhaus für „Leipziger Gespräche" geöffnet, freie und kritische Diskussionen über den Zustand und die Zukunft der DDR, ein mutiges Unterfangen und einer der vielen Schritte zur Revolution. Wir konnten, in einer ganz anderen Situation, nur mit dem Namen und dem Schauplatz an diesen Vorläufer anknüpfen. Mehr nicht. Aber wir holten viele interessante Gäste herbei. Auch Kurt Masur, der Hausherr, war später darunter.

Beim ersten Mal noch, mit Hans-Dietrich Genscher als Gast, war der Mendelssohn-Saal zu unserer Enttäuschung nur halb gefüllt. Aber schnell sprach sich herum, daß etwas geboten wurde. Bei Landesvater Kurt Biedenkopf drängten sich schon die Besucher; seine Frau hörte kritisch zu und gab uns danach wichtige Hinweise, wie wir es hätten richtig machen müssen. Ignaz Bubis füllte den Saal mit sechshundert Gästen, in einer Stadt, die eine große jüdische Tradition gehabt hatte, aber weit mehr als ein halbes Jahrhundert darüber nicht öffentlich hatte sprechen können. Regine Hildebrandt ließ uns zwanzig Minuten warten, ohne jede Nachricht aus ihrem Ministerauto, dann kam sie hereingerauscht, ohne Erklärung oder gar Entschuldigung, redete als „Mutter Courage des Ostens" unter tosendem Beifall ohne Punkt und Komma, blieb anschließend noch – aber wirklich nur auf ein Bierchen! – bis lange nach Mitternacht bei uns; sie mußte ja noch zurück nach Berlin und hatte am nächsten Morgen um sieben einen Termin irgendwo in Brandenburg. So war sie! Wie sagt man: eine Kerze, die von beiden Seiten brennt. Lothar Späth, der Jenoptik – wenn auch mit riesigen Subventionen – aufs Gleis gesetzt und angeschoben hatte, bekam viel Beifall dafür, daß er den Ostdeutschen mal richtig den Marsch blies: mehr arbeiten, weniger verlangen! Joschka Fischer durfte, bevor unser Gespräch begann, im leeren Gewandhaussaal einer Probe des Orchesters zuhören und schien mir beinahe entrückt, hätte wahrscheinlich lieber weiter Musik gehört als Fragen beantwortet. Lothar de Maizière ließ wenig Sympathie für Helmut Kohl durchblitzen. Bei Gregor Gysi barst der Saal, und im Foyer mußten rasch noch Lautsprecher aufgestellt werden; es gelang auch diesmal nicht, was noch niemals und niemandem gelungen ist: das Naturereignis Gysi zu kanalisieren. Eugen Drewermann löste den quasi vorprogrammierten Ärger aus, als er sich mit Bundeswehroffizieren darum stritt, ob Soldaten Mörder seien. Eine ganz andere Farbe brachte Thomas Gottschalk, mit dem wir von vornherein ins Opernhaus umzogen, und auch das erwies sich als zu klein. Zum Jubiläum des fünfzigsten Gesprächs luden wir uns einen Lokalmatadoren ein: den Thomaskantor Georg Christoph Biller. Wir verabredeten am Ende, uns zum hundertsten Gespräch wieder einzufinden. Er ist noch ein junger Mensch, aber ich muß mir schon Mühe geben, um die Verabredung einzuhalten.

Genug des „name dropping“, wenngleich es auch mal sein muß. Fünfzig Gäste, fast alle sogenannte „Hochkaräter“: ein Haufen Arbeit für die Veranstalter, die Volkshochschule und die Sparkasse Leipzig. Aber ein Haufen Spaß.

Manche Freunde sagen: „Zieh doch wieder nach Leipzig!“ Oder raten mir, wenigstens eine Zweitwohnung zu nehmen. Nein, das ist es nicht. Bitte nicht „Back to the Roots“! Womöglich noch in die Straße von damals, das Haus, gar die Wohnung. Das Leben hat anders gespielt. Wie hatte Rainer Barzel seinen Film über Masuren genannt: „Zu Besuch, aber nicht als ein Fremder“. Das ist es. Möglichst oft zu Besuch. Jeden Monat. Wenn ich in Leipzig ins Auto steige, um zu einem x-beliebigen Ziel zu fahren, muß ich nicht nachdenken oder gar den Falk-Plan entfalten. Die Topographie der Stadt, die freilich keine Weltmetropole ist, hat das Hirn gespeichert. Ich kenne von Mal zu Mal mehr Menschen und freue mich über Einladungen zu hunderterlei. Daß ich mittun kann bei allerlei Unternehmungen. Aber wenn ich mir – bald! – aussuchen kann, wo ich den Rest meiner Zeit leben möchte, dann wird es wohl doch nicht die alte Heimat sein.

Zumal es von Berlin nach Leipzig mit der Bahn nicht viel länger als eine Stunde dauert.

53 Es wird! Was denn sonst?

Als die große Flut kam, die Mulde und die Weißeritz Häuser davonschwemmten und Brücken wegrissen, Pirna und das prächtige Dresden unter Wasser standen, da spendeten die Deutschen wie verrückt und halfen wie noch nie. Warum waren manche darüber so erstaunt? Hatten sie wirklich geglaubt, die einen Deutschen würden die anderen Deutschen buchstäblich im Regen stehen lassen?

Es wimmelte ja, seit Deutschland in zwei Staaten geteilt war, stets von Mißverständnissen und Unverständnissen. Warum, fragten zum Beispiel Steuerzahler im Westen, müssen wir aufkommen für Autobahnbrücken im Osten? Also: „Bonn“ finanzierte sie, damit West-Berlin am Leben blieb und nicht ausblutete. Aber auch wegen dieses verdammten Kriegs, von dem so gern beschönigend gesagt wurde, er sei „von deutschem Boden“ ausgegangen oder „in deutschem Namen“ geführt worden, während ihn die Deutschen geführt hatten, und zwar die Deutschen aus ganz Deutschland. Sollten die Ostdeutschen ihn fast allein bezahlen? Auch deswegen baute „Bonn“ die Transitstrecken aus. Aber das war schwer zu vermitteln.

Ich erinnere mich an heftige Diskussionen mit den Freunden in Oberbayern. Wie könne es die sozial-liberale Bundesregierung als einen Erfolg herausstellen, daß zwischen West-Berlin und Ost-Berlin ein paar läppische Telefonleitungen wieder geschaltet wurden? Stellt euch mal vor, sagte ich, München wäre geteilt, zum Beispiel durch eine Mauer entlang der Isar. Und die Oma aus Schwabing könne den Enkel in Bogenhausen nicht mal zum Geburtstag anrufen... Na ja, wenn das so sei. Es war unser Beruf, immer wieder etwas zu beschreiben, zu erklären, richtigzustellen. Genug haben wir sicher nie getan.

Viele Westdeutsche schauten mit Verachtung auf die ärmliche Gesellschaft „drüben“. Allenfalls mit einem gewissen Mitleid für die „Brüder und Schwestern“. Manche spielten – wenigstens – bei Besuchen den Wohltäter und führten die Verwandten in den Intershop. Andere brüsteten sich, wie sie die Ostler über den Tisch zogen: D-Mark getauscht zum Kurs von 1 : 10 ! Was? Ich habe 1 : 12 gekriegt! Auch außerehelicher Beischlaf auf Dienstreise nach „drüben" war preisgünstig. Vergangenheit! Jetzt können sich die Lumpereien auf anderen Gebieten ausbreiten.

Aber wenigstens, sagten meine Leute im Osten, sind wir eine solidarische Gesellschaft. Und Günter Gaus nannte sie eine „Nischengesellschaft", in der man sich im privaten Kreis einrichte. Während ja im Westen bekanntlich das „Prinzip Ellbogen" das Dasein beherrschte. Ich hatte da immer meine Zweifel. Ich fand, „meine" Leute im Osten lebten isolierter als wir. Vielleicht auch aus Mißtrauen, denn sie wußten nie, welchem Freund – manchmal sogar, welchem Verwandten – sie wirklich vertrauen konnten. Der Krake „Stasi" hatte seine Arme überall, und manch einer erlebte beim Lesen seiner Akte die größten Enttäuschungen seines Lebens. Zumindest das konnte uns im Westen nicht widerfahren. Der beste Freund konnte einem die Frau ausspannen – aber dieses Problem war nicht systemgebunden.

Die Revolution von 1989. Sie hat uns alle unvorbereitet getroffen. Es war keine „Wende". Wenn ein bis an die Zähne bewaffnetes und zu allem entschlossenes politisches System zum Einsturz gebracht wird, ist es eine Revolution. Oder hätte dabei Blut fließen müssen?

Ich habe meine olle „Zone" nie aus den Augen verloren. Ich lebte seit 1953 nicht mehr dort, ich gehörte nicht mehr dazu, ich versäumte viele Entwicklungen. Aber für einen „Westler" war ich ganz gut informiert. Dennoch habe ich von der Revolution nichts geahnt. Wie die Geheimdienste.

Aber mußte es nicht eines Tages zu Ende gehen? Als wir Anfang der achtziger Jahre in Moritzburg ein Kind tauften, ging mir während der Predigt des Pfarrers durch den Kopf: Wenn alles so bliebe, wie es war, dann müßte das Mädchen sechzig werden und „grenzmündig“, um mich zum ersten Mal zu besuchen. Ich müßte dann allerdings hundert werden. Das, sagte ich mir, kann nicht sein!

Aber wie sollte diese DDR zu Ende gehen? Ökonomisch war sie dort schon angelangt. Die achtgrößte Industrienation der Welt! Auf welch abenteuerliche Weise die DDR-Ökonomen auch zu diesem Ergebnis kamen: Unter Fachleuten ernteten sie herzliches Gelächter. Aber da war ja noch dieser riesige Apparat von Partei, Stasi, NVA, Polizei und was noch allem. Lauter Leute, denen ihr Stillhalten mit Privilegien abgekauft wurde. Konnten die denn wirklich ihren Apparat sehenden Auges in den Untergang treiben lassen? Wenn ich in den achtziger Jahren hier und dort als „DDR-Kundiger“ eingeladen war, vertrat ich stets die naheliegende These, eine radikale Änderung könne nur aus den Reihen der Partei erfolgen. Denn die zweieinhalb Millionen mit dem „Bonbon“ am Revers waren doch überwiegend keine Dummköpfe. Karrieristen sicher, die gelernt hatten, daß man ohne „gesellschaftliches Engagement“ seine beruflichen Fähigkeiten nicht zum Tragen bringen konnte. Irgendwann müßten die doch mal aufstehen! Hatten viele geglaubt.

Als dann am 9. Oktober 1989 die berühmten 70 000 um den Leipziger Ring zogen und der Staat sich totstellte, war ein Wunder geschehen. Die andere DDR hatte gesiegt: die Kritischen, die Widerborstigen, die Mutigen! Unorganisiert. Spontan. Die SED: zu spät gekommen und vom Leben bestraft.

In den frühen Jahren der BRD unter Adenauer herrschte das gängige Bild, „wir“ würden eines nicht fernen

Tages die „Zone“ befreien. Und als wir dann seit Ende der fünfziger Jahre zum „Bund“ mußten wie unsere Brüder zur „Fahne“, da hoffte mancher, die Bundeswehr werde eines Tages „mit klingendem Spiel durchs Brandenburger Tor ziehen“. Doch da waren ja die Alliierten und der Status quo. Man stelle sich dennoch vor, die DDR wäre von außen „befreit“ worden. Dann könnte man, wie stets in der Geschichte, dem anfangs umjubelten Befreier alles in die Schuhe schieben, was seither schiefgegangen ist. Nein, die DDR hat sich selbst befreit – und den Kanzler gewählt, der ihr versprach, alles gehe schnell und koste nicht viel. Das baden wir nun aus. Und dabei wäre die Mehrheit der Deutschen im Westen in ihrer ehrlichen Begeisterung zu ziemlich großen Opfern bereit gewesen.

Die „Freie Marktwirtschaft“, die natürlich vor lauter Subventionieren und Kungeln kaum mehr diesen Namen verdient: Sie kam sehr plötzlich über den Osten. Von heute auf morgen sollte man begreifen. Kaum daß die Mauer offen war, kamen die fliegenden Händler und verlangten irgendwelche D-Mark für irgend etwas. „Die Preise müßten doch vorgeschrieben werden“, sagte meine Tante, „ich weiß doch gar nicht, was die Sachen kosten dürfen.“ – „Siehst du“, mußte ich ihr erwidern, „das ist die neue Freiheit.“ Wie wurden sie betrogen und über den Tisch gezogen! Manchmal schien es, alle Gauner und Betrüger seien wie Heuschrecken über den Osten hergefallen. Arme Opfer!

Freilich: Als wir damals geflüchtet waren, abgehauen, weggemacht in den Westen, hat uns auch niemand unterwiesen im sinnvollen Umgang mit unseren paar West-Mark. Wir haben manches Lehrgeld bezahlt, waren oft die Betrogenen. Aber es war ja unsere Sache: Wir hatten freier leben wollen und besser. Das gab's nicht geschenkt.

Die leichtfertig versprochenen „blühenden Landschaften": Es gibt sie ja schon hier und da. Eine davon, wie schon erwähnt, im Nordraum von Leipzig. Und es gibt sie, die erfolgreichen Firmen, auch wenn manche ihren Kapitalgeber im Westen hat. Ganz Deutschland kennt und trinkt „Radeberger". (Ich erinnere mich noch gut daran, daß in West-Berlin die Penner auf der Parkbank „Radeberger" tranken, diesen heißbegehrten Edelstoff der DDR – weil man sich im Westen nicht billiger besaufen konnte!) „Köstritzer" ist auf dem Siegeszug, und „Rotkäppchen" expandiert Richtung Rhein.

Aber da sind eben die Schattenseiten. Früher hatte jeder eine Arbeitsstelle, auch wenn es auf vielen nichts zu arbeiten gab. „Recht auf Arbeit": Eine kapitalistische Wirtschaft kann es nicht gewähren. So geht es Hunderttausenden schlecht, weil sie angeblich zu alt zum Arbeiten sind, aber zu jung fürs Nichtstun und erst recht für die Rente. Denen geht es wirklich nicht gut, auch wenn sie den Trabi eingetauscht haben gegen einen Opel.

Aber die Jungen: Viele sind erstaunlich und erfreulich flexibel. Die alte Grenze haben sie kaum noch im Kopf. Ich erkenne ja meine Landsleute am unverwechselbaren Zungenschlag, wenn sie mich im Lokal bedienen oder uns die neue Waschmaschine montieren. Sie sind fast alle zufrieden mit der neuen Zeit. Ob sie eines Tages zurückgehen? Keine Ahnung. Wenn's dort bessergeht. Ansonsten: Deutschland ist Deutschland. Die Grenze war mal. Vor unserer Zeit. Und die Schlafmützen, die sich nicht heraustrauen aus ihrem Dorf und ihrem rechtsradikalen Mief – das ist der Bodensatz der Gesellschaft. Die Rechtsradikalen: politisch bedeutungslos, bei Wahlen erfolglos, aber verheerend fürs Image des Ostens. Ich hatte – fälschlicherweise – immer gedacht, Ostdeutsche seien immunisiert gegen das braune Gift. Ich selbst hatte alles, was ich in der Schule über Nazis und das Dritte Reich mitbekommen hatte, in der Volksschule in Leipzig gelernt. Danach im Westen: Fehlanzeige. Und nun brüllten meine Ostler „Heil!“ und schlugen Menschen mit dunkler Haut tot. Warum? Eine schlüssige Erklärung habe ich noch nicht gehört.

Immer wenn wir in den letzten Jahren einen Film machten über Ostdeutschland, fragten wir uns: Wieviel Neues, wieviel Modernes sollen wir zeigen, ohne ein rosiges Bild zu zeichnen? Oder wieviel Altes, wieviel Rückständiges, ohne schwarzzumalen? Einen Film über Leerstand und Abriß, über Arbeitslosigkeit und Kriminalität? Oder einen Film über Neubauten und Restaurierung, über Optimismus und Lebensmut? Für alles lassen sich leicht eindrucksvolle Beispiele finden. Die Wahrheit, wenn es sie gibt, liegt freilich irgendwo dazwischen. Man kann wählen.

Immer wieder frage ich mich und andere, wann denn die Wiedervereinigung abgeschlossen sei. Nicht ein Datum will ich wissen, das wäre eine unsinnige Frage, sondern die Kriterien. Man kennt den Scherz: Wenn endlich alle im Osten zu ihrer Kaufhalle Supermarkt sagen. Darin steckt ein Körnchen Ernst, weil es um Anpassung geht und die Anpassung stets die gleiche Richtung nimmt: Westeuropa eifert den Amerikanern nach, Osteuropa den Westeuropäern – und Ostdeutschland den Westdeutschen. Aber ernsthafter: Wenn wir endlich nicht mehr von den „Neuen Bundesländern“ oder den „Neuen Ländern" reden. Sondern zum Beispiel von Ostdeutschland. Und Norddeutschland und Westdeutschland und Süddeutschland. Wenn „Ost" nicht mehr automatisch mit „arm" gleichgesetzt wird. Vor allem im Osten selbst. Wenn endlich Selbstbewußtsein einkehrt. Auch wenn es noch nicht überall boomt.

Peter Sodann, der Schauspieler und Intendant, sammelt in seinem Theater in Halle sämtliche Bücher aus der DDR. Man erinnert sich: Am Ende des „zweiten deutschen Staats" wurden diese Bücher zu Hunderttausenden eingestampft und auf den Müll gekippt. Als könne man sich auf diese Weise einer Geschichte entledigen. Aber das kann man nicht. Nicht mal seiner persönlichen.

Ich war kurz davor, meine alten Stadtpläne zum Altpapier zu werfen: Leipzig, Dresden, Bautzen, Neuruppin. Natürlich Berlin, „Hauptstadt der DDR", mit West-Berlin als weißem Fleck. Ich hatte ja inzwischen die Falk-Pläne, neueste Auflage. Was machst du da, dachte ich. Alte Karten, das ist doch auch Geschichte. Sogar deine eigene. Und wie willst du eines Tages feststellen, wo die „Straße des Komsomol" war? Ich habe die Pläne nicht weggeworfen.